PRODUCT LEADERSHIP

PRODUCT LEADERSHIP

프로덕트 리더십

최고의 프로덕트 매니저가 멋진 프로덕트를
출시하고 성공적인 팀을 구성하는 방법

리차드 밴필드 · 마틴 에릭손 · 네이트 워킹쇼 지음

전우성 · 고형석 · 김동희 옮김

i!i
에이콘

프로덕트 리더십에 대한 찬사

우수한 프로덕트에 대한 인기 있는 이야기는 아이디어, 단순함, 디자인에 초점을 맞추지만, 프로덕트 개발 과정에서 일어난 일을 드러내는 경우는 드물다. 이 책은 우수한 프로덕트 팀과 프로덕트 리더들이 어떻게 일하는지 설명하고 있다. 프로덕트를 만들 계획이라면 당신에게는 이 책이 필요하다.

– 데스 트레이너(Des Traynor), 인터콤 공동 창립자 겸 최고 전략 책임자

리차드와 네이트, 마틴은 고객 주도 프로덕트 관리 사례를 바탕으로 프로덕트 리더십에 관해 중요한 교훈을 준다. 세 사람은 현장에서 인간 중심의 디자인 원칙을 오랫동안 반복적으로 적용하면서 함께해 왔다. 그들의 메시지는 많은 유용한 사례에서 무엇을 중요하게 보는지 알 수 있다. 수십 개의 고객 맞춤형 나스닥NASDAQ 애플리케이션을 다루는 기술 선도 업체로서, 안정성을 유지함과 동시에 지속적으로 프로덕트 혁신을 실행해야 하는 도전에 항상 직면하고 있다. 실질적이고 풍부한 경험을 바탕으로 하는 『프로덕트 리더십』은 수많은 사용자를 위한 우수한 프로덕트를 제공하고 발전시키는 데 필수적인 참고 자료이다!

– 해더 애봇(Heather Abbott), 나스닥 기업 솔루션 상임부사장

리더십의 도약을 목표로 하는 디자이너와 엔지니어, 프로덕트 매니저는 더이상 보이지 않는다. 『프로덕트 리더십』은 업계 권위자와 전문가의 통찰력으로 과거와 미래를 만들고, 여러분의 능력과 실행력을 높이는 귀중한 가이드를 제공한다.

- 라이언 프레이타스(Ryan Freitas), 페이스북 디자인 디렉터

머리말

"그래서 당신은 세제 상자의 색깔을 결정하는 사람이 되기를 원합니까?"

몇 년 전 내가 엔지니어에서 프로덕트 매니저로 전환하고 싶다고 했을 때, 실리콘밸리의 한 베테랑이 물어본 말이다. 이것이 닷컴 시대 초기 프로덕트 매니저의 역할이었다. 1장에서 알게 되겠지만, 수년 동안 프로덕트 매니저가 해오던 일이었다. 그러나 프로덕트 매니저의 역할이 첨단 기술에까지 확대되면서 그 역할은 다양한 의미로 적용되고 변화됐다. 일부 회사에서는 아웃바운드Outbound 마케팅 기능을 의미했다. 다른 곳에서는 좀 더 기술적인 의미로 사용돼 일부는 프로그램 매니저로, 또 다른 회사에서는 프로젝트 매니저라고 불렀다(용어가 혼란스러워지자 모두 'PM'으로 부르게 됐다).

첫 대화 이후 20여 년에 걸쳐 프로덕트 관리는 성숙해졌다. 오늘날 디지털 세계에서 프로덕트 매니저가 비즈니스와 기술, 사용자 경험을 묶는 필수적인 역할을 한다는 데 대부분 동의한다. 마이크로소프트, 구글, 페이스북과 같은 프로덕트 우선product-first 기업 덕분이라고 생각한다. 나는 매년 프로덕트 매니저가 되기를 희망하는 수백 명의 대학생을 만나고 있다. 프로덕트 매니저가 무엇인지도 모르던 나의 대학생 시절을 생각해보면 정말 놀랍다(심지어 프로덕트 매니저가 됐을 때도 프로덕트 매니저를 알지 못했다).

기술 산업이 프로덕트 관리를 통합하면서 새로운 문제가 발생했다. 바로 '어떻게 프로덕트 팀을 이끌어야 할까?' 하는 문제다. 필자의 경우 소프트웨어 엔지니어에서 프로덕트 매니저로의 도약도 무척 힘들었지만, 프로덕트 매니저에서 프로덕트 리더가 되는 것은 더욱 어려웠다. 프로덕트를 관리하는 역할에서 프로덕트를 관리하는 사람을 선도하는 역할로 전환하는 것은 미지의 영역처럼 느껴진다. 비전 하나로 사람들을 모을 수 있으려면 사람들과 먼저 소통할 줄 알아야 한다. 사람들을 이끄는 것은 어렵다. 그렇다면 프로덕트 매니저를 이끄는 것은 어떨까? 나는 많은 실수를 저질렀음을 고백하고 싶다.

여러분이 프로덕트 매니저나 프로덕트 리더, 스타트업 창업자, CEO, CTO가 되는 것은 내가 지나온 경로보다 쉬울 것이다. 나는 가져 본 적 없는 이 책이 프로덕트 리더십을 헤쳐나가는 지침이 돼 줄 것이다. 리더십에 관해 훌륭한 충고를 해주는 책은 많지만 험난한 프로덕트 세계에 깔끔하게 부합하진 않았다. 이 책은 성공하고 존경받는 프로덕트 리더의 다양한 생각과 통찰력을 제공해, 여러분이 팀을 이끌어 탁월한 프로덕트를 창조할 수 있게 도와준다.

우수한 프로덕트를 만드는 올바른 방법은 없다. 이 책의 프로덕트 리더에 대한 설명과 인터뷰를 통해 우수한 프로덕트를 만드는 적절한 사고와 접근 방식을 알 수 있다. 우리는 남들과 다를 바 없이 많은 실수를 하고 있다. 그러나 이 책을 읽고 나면 여러분은 내가 했던 실수를 반복하지 않을 것이다.

2017년 3월 27일 캘리포니아에서

켄 노튼(Ken Norton)

지은이 소개

리차드 밴필드Richard Banfield

보스턴을 기반으로 한 사용자 경험 대행사 프레시 틸드 소일Fresh Tilled Soil 의 공동 창립자이자 CEO다. 아프리카에서 가장 큰 방송 통신 인터넷 회사 인 멀티초이스MultiChoice에서 기술 경력을 시작으로 멀티초이스 퇴사 후, 국 제 광고 기술 사업을 하는 Acceleration(현재는 대기업인 WPP 광고사 소유)을 공동 창립했다. 프레시 틸드 소일은 그의 리더십을 바탕으로 디지털 프로 덕트 디자인과 프로덕트 전략을 전 세계 7백여 고객에게 제공해오고 있다. C. 토드 롬바르도C. Todd Lombardo, 트레이스 왁스Trace Wax와 함께『디자인 스프 린트』(비즈앤비즈, 2017)를 공동 출간했으며, 『Design Leadership』(O'Reilly, 2016)을 썼다.

마틴 에릭손Martin Eriksson

소규모 스타트업부터 몬스터Monster와 「파이낸셜 타임스The Financial Times」 등 글로벌 브랜드까지 전 세계의 주요 온라인 프로덕트를 20년 이상 경험한 프 로덕트 관리 전문가다. 전 세계 100개 이상 도시에 있는 5만 명 이상의 회 원을 보유한 프로덕트 사용자의 글로벌 소셜 미팅(meetup)의 장인 프로덕트 탱크ProductTank의 창립자다. 또한 샌프란시스코, 런던에서 연례행사를 개최

하는 세계 최대의 프로덕트 관리 커뮤니티, 블로그, 콘퍼런스 마인드 더 프로덕트Mind the Product의 공동 창립자이자 큐레이터다. 컨설팅 수석 프로덕트 책임자로서 스타트업과 대기업에 성공적으로 프로덕트 팀을 구축하는 방법을 조언하고 있다.

네이트 워킹쇼Nate Walkingshaw

플러럴사이트Pluralsight의 최고 경험 책임자CXO, Chief Experience Officer다. 2004년 첫 번째 창업 후에 스트라이커 메디컬Stryker Medical이 인수한 패러슬라이드Paraslyde의 의료 후송에 혁명을 일으켰다. 그 후 사이클페이스Cycleface(Strava가 인수)를 포함하는 모바일, 웹 응용 프로그램에 초점을 맞춘 프로덕트 개발 기업인 브라이트페이스Brightface를 창립했다. 태너 랩스Tanner Labs에서는 연구와 혁신 담당 책임자가 되어 O.C. 태너O.C. Tanner의 최초의 인간 중심 프로덕트 개발 팀을 설립했다. 온라인 기술 학습 최대 공급 업체 플러럴사이트에 CPOChief Product Officer로 입사했고, 2016년 2월부터 CXO로서 개발, 콘텐츠 및 프로덕트 마케팅을 감독하고 있다.

감사의 글

프로덕트 리더들이 어렵게 얻은 경험과 그들의 소중한 시간이 없었으면 책을 쓰는 게 불가능했을 것이다. 우리와 인터뷰를 한 프로덕트 리더들은 자신의 통찰력과 의견, 값진 실수와 실패까지 함께 공유했다. 힘들게 얻은 교훈을 우리와 여러분에게 나누어 준 것에 대해 커다란 감사의 빚을 졌다.

리차드로부터

책을 쓴다는 것은 삶의 모든 면을 다루는 것이다. 친구와 가족의 도움 없이 집필을 끝내기는 불가능하다. 책을 쓰는 동안 새로 태어난 아기 제임스를 돌보는 아내 크리스티의 지원과 이해는 특별히 기쁘고 고마웠다. 아내는 쉽지 않은 일을 해줬다. 고마워, 자기. 사랑해. 또한 프레시 틸드 소일 팀에 감사를 전하고 싶다. 글을 쓰고, 인터뷰를 위해 여행을 하는 동안 든든한 요새가 돼줬다. 너희 정말 멋진 녀석들이야. 창작은 진공 상태에서 이뤄질 수 없다. 책 쓰기는 주변의 도움 없이는 할 수 없다. 수년간 조언과 격려, 잘하라는 의미의 채찍질로 인도해주신 모든 훌륭한 리더들에게 감사드리고 싶다. 하고 싶은 얘기가 너무나 많지만 이만 줄인다. 여러분 모두에게 감사드린다.

마틴으로부터

책을 쓰려면 주변의 진정한 지원이 필요하다. 무엇보다 먼저 확고한 지지와 믿음을 보내 준 애널리사에게 감사를 전하고 싶다. 당신의 힘과 격려, 사랑은 나를 점점 더 갈망하게 만들고, 내가 그것을 성취할 수 있으리란 믿음을 심어줬다. 마인드 더 프로덕트Mind the Product의 친구와 동료에게 우리의 미친 꿈을 믿어 주고, 책을 쓰는 동안 시간과 공간을 마련해준 것에 감사를 전하고 싶다. 또한 내가 만나고 함께 일했던 위대한 리더들에게 감사드리고 싶다. 특히 배울 기회를 제공한 존 베인브리지는 처음으로 진정한 리더십이 무엇인지 보여주고 나에게 더 좋은 리더가 될 수 있다는 영감을 줬다. 운이 좋아 참여할 수 있었던 세계 프로덕트 커뮤니티에 감사의 말씀을 전하고 싶다. 커뮤니티의 우애와 끊임없는 열정은 우리의 기술을 향상시키는 데 격려가 됐다. 마지막으로 아버지, 어머니께 감사를 드린다.

네이트로부터

무엇보다 먼저 내 멋진 아내 새라와 네 명의 아들 애반, 엘리, 마일스 라이더에게 고마움을 표한다. 책을 쓸 수 있는 기회를 줬을 뿐 아니라 아버지로서 일과 책임을 다할 수 있게 해줬다. 가족은 나의 영감과 동기이며 성공을 위한 유일한 이유다. 다음으로 아버지, 어머니에게 제 인생의 훌륭한 모범이 돼 주셔서 감사를 드리고 싶다. 학습자의 사고방식, 섬김의 리더십, 가능한 모든 곳에서 영감을 얻으려는 의지를 모델링했다. 내 가장 친한 친구 길버트, 켄지, 알, 브라이언, 클리프, 크리스. 항상 나를 지지해주고 많은 응원을 해줘서 감사하다. 끝으로 나의 멘토 마이크 크리거와 유타에 있는 프로덕트, 사용자 경험, 엔지니어링 커뮤니티에 큰 인사를 전한다. 우리가 되고 싶은 모든 것에 영감을 줘서 감사하다.

우리 모두로부터

마지막으로 실제보다 프로세스를 쉽게 느끼도록 만들어 주신 오라일리 O'Reilly의 지칠 줄 모르는 편집자 안젤라 루피노에게 감사한다. 안젤라와 리차드는 세 번째로 함께 책을 쓰고 있는데, 이보다 더 좋은 파트너를 상상할 수 없다. 진심으로 고맙다.

옮긴이 소개

전우성(specialcase@naver.com)

kt ds에서 오픈소스 기반의 시스템 모니터링 관련 제품을 담당하고 있다. 데 브옵스DevOps, 오픈소스, 빅데이터, 인공지능에 관심이 많으며 시스템 모니 터링에 인공지능 적용을 연구 중이다. 숭실대학교에서 소프트웨어 공학 석 사 학위를 받았으며, 동 대학 IT정책경영학 박사 과정 중에 있다.

고형석(light211@gmail.com)

IT 컨설턴트로서 공공 영역에서 다양한 정보화 전략 계획 수립, 엔터프라 이즈 아키텍처 컨설팅 프로젝트를 수행하고 있다. 빅데이터, 챗봇에 대해 지속적으로 연구하면서 관련 분야에서 프로젝트를 준비하고 있다. 또한 프 로젝트 관리, PMO, 정보시스템 감리 경험을 담아『공공기관 정보화 사업 관리 방법론』(아이티엠지, 2014)을 출간한 바 있다. 정보관리기술사, 정보시 스템감리사 자격을 취득했고 현재 숭실대학교에서 IT정책경영학 박사 과 정 중이다.

김동희(diamond-02@daum.net)

무역업을 하면서 제품 제조부터 기획, 마케팅, 서비스, 해외 영업, 유통까지 다뤘던 경험으로 회사를 사고 파는 일에 관심 갖고 2004년부터 M&A 실무 전문가 양성 및 협상 교육을 시작해 2천여 명의 수료생을 배출했다.

현재 ㈜M&A포럼 원장, ㈔한국M&A 진흥협회 부회장, 한국리더역량개발원 이사다. 비즈니스 코칭, 협상과 리더십 강의, M&A 중개 및 컨설팅, 엔젤투자, IR과 관련한 일을 하면서 기업의 성장 동력을 찾고 리더 양성과 인재 역량 개발 교육에 관심을 갖고 숭실대학교에서 IT 정책경영학을 공부 중이다.

옮긴이의 말

2015년 지금 다니는 회사에 입사할 때 일이다. "넌 우리 회사에서 무슨 일을 하고 싶니?"라는 팀장님의 질문에 "우리 회사는 많은 서버를 위탁 운영하고 있으니 성능 관리 솔루션을 개발했으면 좋겠습니다"라고 대답했다. 그리고 지옥은 시작됐다.

먼저 무(無)의 상태에서 다른 성능 관리 제품들을 비교하고 어떤 기능이 필요한지 파악했다. 그리고 사용자 인터뷰를 통해 제품의 방향성을 결정했다. 결정된 방향대로 제품을 개발하기 위해서는 리소스(인력) 확보가 필요했다. 내부 투자 심의를 거쳐 투자 승인을 받은 후 본격적인 프로덕트 개발이 시작됐다. 우리 프로덕트는 다양한 이해관계자가 존재했다. 운영 팀에서는 요구 사항을 제시하고, 개발 팀과 ITSM 관리 팀과 협업을 통해 개발을 완료해야 했다.

개발이 완료된 솔루션은 다시 판매를 위해 상품화 단계를 거쳐야 했다. 사실 가장 힘들었던 단계가 상품화 단계였다. IT 회사라 상품화 단계는 익숙하지 않아 라이선스나 가격을 어떻게 결정해야 하는지 명확히 방향을 제시할 수 있는 인물이 없었다. 결국 경쟁사의 가격과 다양한 라이선스 정책들을 비교해 최적의 라이선스 정책을 결정한 후, 프로덕트를 판매하고 있다.

고객 피드백을 받아보면 사용자의 요구 사항을 기반으로 제품을 개발했는데도 새로운 요구 사항이 많이 발생한다. 돌이켜보면 우리의 개발은 고객의 요구 사항을 개발자의 렌즈로 변형해서 개발했던 것은 아닌가 싶다. 당시에는 고객에게 필요한 프로덕트를 어떻게 개발해야 하는지 잘 알지 못했고, 관리하는 방법과 이해관계자들과의 소통 방법 또한 이해가 부족했다.

이 책은 프로덕트 리더십을 통해 프로덕트를 성공으로 이끄는 방법을 다룬다. 고객 요구 사항 관리, 팀 설계 등 내부 인원 관리를 비롯, 성공을 측정하는 방법이 정리돼 있다. 만약 3년 전에 이 책을 읽었으면 지금보다는 조금 더 사용자가 꼭 필요로 하는 솔루션을 개발했을 것 같다는 생각이 든다. 현재 프로덕트를 관리하거나 새로운 프로덕트를 준비하고 있다면 한 번쯤 읽어보기를 권한다.

차례

1부 |
프로덕트 리더

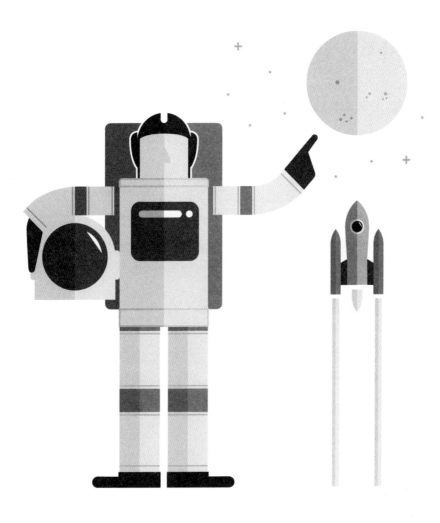

오늘날, 빛과 같이 빠르게 변하는 기술 세계에서 우수한 프로덕트 관리는 경쟁 우위를 유지하는 데 중요하다. 프로덕트 리더는 기업 성공의 중추가 되고 있다. 프로젝트 리더는 사업 목표 달성과 관계되는 결정, 실행을 선택한다. 프로덕트 관리 팀은 빠르게 성장하고 있지만, 그 팀의 역할과 책임은 제대로 정의되지 않고 있다. 빠르게 성장하는 시장 발굴에 있어서 성공적으로 프로덕트 리더십을 개발하고 발휘하는 것은 중요한 도전 과제다. 프로덕트 리더가 성공과 실패에 대해 모든 책임을 지고 있는 경향 때문에 프로덕트 리더십은 더욱 복잡해졌다. 그러나 성과 달성에 필요한 자산과 자원에 대한 권한은 거의 없다.

프로덕트 리더십은 프로덕트 관리와 구별되지만 포괄적인 개념이다. 리더십은 많은 실행 책임을 수반하고 있지만, 언제나 경영진으로부터 권한이 주어지진 않는다. 훌륭한 리더는 항상 훌륭한 관리 기술을 가지고 있다. 반대로 식별할 수 있는 리더십 기술 없이도 관리가 이뤄질 수 있다. 좋은 프로덕트 매니저는 나쁜 프로덕트 리더일 수 있지만, 좋은 프로덕트 리더는 좋은 프로덕트 매니저다.

성공적인 프로젝트 설계와 개발은 강력한 프로덕트 리더십에 달려 있다. 조직은 내부 팀과 외부 파트너를 조합해 세계적인 수준의 프로덕트를 설계하고 개발한다. 인간을 관리하고 복잡한 프로덕트 로드맵을 탐색하는 것은 쉬운 일이 아니다. 실제로 개념 설정에서 출시까지 주요한 시행착오 없이 프로덕트를 관리할 수 있는 프로덕트 리더를 찾는 것은 매우 어렵다. 그렇다면 몇몇 프로덕트 리더는 어떻게 성공했을까? 우리는 수십 년 동안 훌륭한 리더가 되기 위해 프로덕트 설계 및 개발 분야에서 필요한 것을 배워 왔다. 탁월한 리더 수십 명과의 협업을 통해 접근 방식, 스타일, 통찰력, 기술을 이 책에 담아 우수한 프로덕트 매니저가 되기를 바라는 이들에게 가이드를 제공하고자 한다.

이 책에서 얻을 수 있는 통찰력은 좋은 리더십에 대한 넓은 의미의 정의에 부합한다. 이 점은 어쩔 수 없다. 프로덕트 리더십은 독립된 것이 아니며, 책에서 알 수 있는 많은 부분은 리더십의 역할과 관련이 있다. 그러나 프로덕트 리더십은 유사한 리더십과 다르게 몇 가지 매우 구체적인 도전 과제도 있다. 이 책은 위대한 리더들이 보편적 기술과 특징을 공유한다는 아이디어에 충실하면서도 프로덕트 리더십만의 구체적인 도전 과제를 깊게 들여다보고자 한다.

누구에게, 왜 필요한 책인가?

초보자에게는 프로덕트 리더가 소프트웨어 프로덕트 설계와 개발의 정글에 새롭게 나타난 참여자로 보일 수 있다. 진실은 프로덕트 리더가 지난 수십 년 동안 조용히 디지털 조직을 성공적으로 만들어 왔다는 것이다. 새로운 것은 프로덕트 리더에 대한 인기와 프로덕트 리더가 주목하는 관심 사항이다. 수년 동안 여러 측면에서 프로덕트 리더십을 지켜보고 있지만 디지털 프로덕트 분야에서 프로덕트 리더의 역할이 최근까지 인정되지 않고 있다.

때로는 리더 역할은 프로젝트 매니저의 역할과 다르다. 리더는 항상 다른 사람들을 관리하지 않으며, 가끔은 리더의 기여도가 경로에 따라 조직을 확장하는 다른 경영진의 일—감독 또는 그룹 작업에 초점을 두지 않은—과 같아 보이기도 한다. 리더에게 관리할 팀이 없을 수도 있다. 어떤 경우에는 개별 기여자로 참여하기도 한다. 경영진의 리더십과 마찬가지로 최고의 프로덕트 리더는 일에서 배우고, 회사와 시장에서의 경험 등 다양한 배경과 환경에서 만들어진다.

프로덕트 리더에게 닥친 진정한 과제 중에서 가장 중요한 것은 정체성이다. 앞에서 언급한 리더십은 관리와 같지 않다. 현재의 프로덕트 환경에서는 더 좋은 매니저보다 더 좋은 리더가 필요하다. 이는 프로덕트 역할에도 적용된다. 그동안 프로덕트 매니저를 배출하고, 교육하고, 고용하는 데 너무 많은 노력을 하고 있다는 것을 알게 됐다. 그러나 프로덕트 리더십은 충분하지 않다. 프로덕트 매니저가 리더십 역할에는 거의 관심을 두고 있지 않다는 것은 프로덕트 매니저의 등장을 다룬 많은 문헌과 논평에서 명백하게 나타난다. 기술 프로덕트 역할은 잘 묘사되고 문서화됐다. 반면 프로덕트 조직의 리더십 역할은 여전히 불분명하고, 명확하게 정의되지 않고 있다. 이 책의 목적은 이러한 모호함을 명확히 하고 훌륭한 프로덕트 리더십의 특성을 밝히는 것이다.

이러한 애매모호함이 항상 존재했던 것은 아니다. 소프트웨어가 어느 곳에나 있기 전에는 프로덕트 리더십은 기술 인력의 영역이었다. 엔지니어와 프로그래머가 핵심 소프트웨어 프로덕트를 만들었으므로 그들이 프로덕트 팀을 관리하는 것이 합리적이었다. 하지만 소프트웨어가 기업의 존재 이유가 되는 것보다는 점점 경험을 위한 플랫폼이 되면서 마케팅과 비즈니스, 디자인 관련 배경을 가진 프로덕트 매니저의 등장이 일반화되고 있다. 이상적인 프로덕트 매니저가 가져야 하는 특정한 배경과 교육은 없다고 믿지만, 성공한 프로덕트 리더의 유사점은 존재한다. 프로덕트 리더십은 픽셀 이동, 코드 작성, 프로젝트 일정 관리보다는 사람을 리딩하는 것이 더 중요하다.

이 책은 프로덕트 리더 직책자와 실질적으로 프로덕트 리더 역할을 하는 사람을 위해 작성됐다. 리더는 결코 공백 상태에서 활동하지 않으므로 프로덕트 리더, 프로덕트 리더의 팀, 심지어 프로덕트 리더를 채용하는 사람을 위한 책도 될 수 있다.

이 책은 프로덕트 리더가 프로덕트 조직이 새로운 프로덕트를 제작하도록 만들거나 오래된 프로덕트군을 혁신하는 방법을 모색해 어떻게 성공을 가져오는지 설명한다. 책에 담긴 통찰력은 수백 개의 소프트웨어 프로덕트를 다룬 경험과 세계 최고 프로덕트 리더와 가진 수십 번의 인터뷰 내용에 기초한다. 세계 최고 프로덕트 리더는 어도비Adobe, 유튜브YouTube, 우버Uber, 구글Google, 에어비앤비Airbnb, 베이스캠프Basecamp, 집카Zipcar, 인튜이트Intuit, 인터콤Intercom, 소노스Sonos, 드리프트Drift, 루랄라Rue La La, 트랜스퍼와이즈Transferwise, 업데어Upthere, 로컬리틱스Localytics, 신치 파이낸셜Cinch Financial, 프로덕트플랜ProductPlan과 같은 프로덕트 조직에 있다. 켄 노튼Ken Norton, 마티 케이건Marty Cagan, 미나 라드하크리슈난Mina Radhakrishnan, 데이비드 캔슬David Cancel, 바네사 페란토Vanessa Ferranto, 조슈아 포터Joshua Porter, 재나 바스토Janna Bastow, 조시 브루어Josh Brewer, 멜리사 페리Melissa Perri, 콜린 케네디Colin Kennedy와 같은 숙련된 프로덕트 전문가와 GV(예전 Google Ventures), 마인드 더 프로덕트Mind the Product, 플러럴사이트Pluralsight, 프레시 틸드 소일Fresh Tilled Soil, 클리어레프트Clearleft, 로켓인사이트Rocket Insight 같은 프로덕트 파트너의 통찰력까지 포함하고 있다.

이 책은 기업의 성장 단계를 분류하고 관리자, 팀, 조직 및 고객을 위한 통찰력으로 분리함으로 가능한 많은 지식을 활용할 수 있도록 했다. 경력을 막 시작하는 시점이나 경력 개발 도중에라도 새로운 요구에 직면했을 때 프로 덕트 리더는 자신의 요구 사항에 가장 관련된 부분을 표시해둘 수 있고, 해 당 장으로 돌아갈 수도 있다.

이 책은 일회용 핸드북이 아니다. 프로덕트 매니저가 되기 위한 방법을 단 계별로 제시하는 가이드도 아니다. 프로덕트 리더의 어려움에 대한 가드 레일을 제공하고 이전에 많은 사람이 겪었던 실수를 방지하기 위한 프레 임워크다. 이 교훈은 프로덕트 리더의 다양한 단계에 적합하다. 소규모 벤 처 기업에 있든지 글로벌 기업에서 프로덕트 부문을 맡고 있든지 간에 조 직의 각 성장 단계에서 사용될 수 있다. 구성된 이야기는 상황, 조직의 요 구 사항, 프로덕트 성숙도 수준에 가장 적합한 방법으로 읽고 내재화해 적 용될 수 있다. 각 주제는 직업을 바꾼다든지 상황이 새롭게 바뀌었을 때 다 시 살펴볼 수 있다.

확실히 실행할 수 있는 통찰력이 있더라도 모든 것이 지금 당장 유용하진 않 다. 그러나 여기에 있는 통찰력은 시간과 크게 상관없고 트렌드나 기술과도 무관하다. 통찰력은 플랫폼, 마켓, 직책과 관계없이 리더가 현재와 미래에 도 사용할 수 있는 기술이다.

권한이 없는 모든 책임?

많은 프로덕트 리더의 직장 생활은 한 그룹에 원하는 가치를 제공하고도 원 하는 가치를 갖지 못했다고 말하는 다른 그룹 사이에서 끊임없는 긴장을 가 져야 한다. 프로덕트에 연관된 가치를 제공하는 것이 프로덕트 리더가 일하 는 이유다. 간단한 얘기처럼 들리겠지만 어려움이 없는 것은 아니다. 이 어 려움은 기능적이기도 하고 개념적이기도 하다. 프로덕트 리더가 항상 프로덕트 매니저가 아니라는 미묘함도 있다. 실제로 진정한 프로덕트 리더는 전통적인 관리 역할을 잘 수행하지 못할 수도 있다. 책 전체에서 매니저와 리더의 차이점을 살펴본다.

프로덕트 리더는 여러 이해관계자의 기대를 관리하면서 가치를 제공해야 한다는 긴장감 아래 업무를 수행하고 있다. '프로덕트의 CEO'가 이상적인 비유는 아니지만 이 표현은 프로덕트 리더의 위상에 맞는 높은 수준의 책임감을 나타낸다. 그러나 C 레벨 경영진은 많은 권한과 책임을 가지고 있지만 프로덕트 리더는 CEO가 갖는 것과 같은 절대적인 권한이 없다. 프로덕트 리더가 CEO가 될 수 있는 초기 단계의 기업에는 예외가 될 수 있지만 리더십은 항상 권한에 대한 것만이 아니다. 사실 현대적인 합의 주도의 작업장에서 권한은 진정한 리더에게 보장되지 않는다. 어도비 마케팅 클라우드 Adobe Marketing Cloud의 모바일 부사장 맷 아사이 Matt Asay는 "나는 사람들에게 일을 지시할 수 있는 실질적 권한이 없다. 영향력을 행사하고 설득할 수 있지만 사무실에 들어가 어떤 일을 하도록 위협하거나 해고할 수는 없다"고 고백한다. 권위주의적 리더십은 시대에 뒤떨어진다. 아사이가 지적한 것처럼 훌륭한 프로덕트 리더는 영향력과 모범으로 선도한다.

권한은 종종 업무가 함께 동반된다. 프로덕트 리더는 프로덕트 배포 주기 같은 특정 부분에 대한 권한을 갖고 있지만 전통적인 매니저와 동일한 개인과 팀에 대한 권한은 필요하지 않다.

프로덕트 리더가 매일 수행하는 일이 조직의 성공에 중요하지만 모범 사례와 시장에서 검증된 지식에 대한 예제가 부족하다. 아마도 모든 회사가 가진 프로덕트 도전 과제가 다르기도 하고, 각자 고유한 문화를 보유하고 있기 때문일 것이다. 그러나 모든 프로덕트 조직에 적용되는 모범 사례와 보편적 진리가 있다. 전문가의 관점과 수십 년간의 업계 경험을 담은 이 책은 모든 프로덕트 리더에게 유용한 통찰력을 채워 줄 것이다.

프로덕트 리더를 위한 모범 사례를 확인하는 것 외에도 광범위하게 리더십을 다루는 것이 이 책의 목표다. 리더는 공백 상태에서 활동하지 말아야 하고, 성공을 위해서는 반드시 더 큰 조직과 연계해 활동해야 한다. 조직의 성숙도에 따라 프로덕트 전문가의 작업이 회사 비전, 고객의 요구, 팀의 능력과 항상 일치하진 않는다. 같은 곳에서 모두를 모이게 하는 것이 성공적인 리더십의 핵심이다. 이 책에서는 도전과 단절을 이해하고 프로덕트 전문가가 비즈니스에 최상의 가치를 제공하기 위해 더 나은 위치를 위한 통찰력과 지식을 얻을 수 있는 방법을 정의한다.

프로덕트 리더십은 다음과 같다.

- 프로덕트 리더십을 마케팅, 운영, 엔지니어링 및 다른 도메인과 차별화하는 것과 프로덕트 리더십이 어떻게 동작하는지 이해
- 조직의 고유한 가치를 파악하고, 그 가치를 제공
- 프로덕트와 기업의 가치를 연결해 일관성 보장
- 고객에게 가치를 제공하고 시장에서 조직의 위상을 확보
- 사업의 성장과 성숙 단계에서 조직이 필요로 하는 프로덕트 관리와 리더십 유형을 결정하고, 그 특정 기술을 획득하기 위한 구인 활동, 채용, 교육
- 조직에 적합한 팀을 구축하는 방법을 배우고, 팀 육성과 지원을 확보하는 프로세스 마련
- 조직 업무에 적합한 프로세스 도입(모든 회사가 동일한 프로세스를 필요로 하지 않음)
- 업무 지원 체계를 구축하는 데 필요한 이해관계자와 광범위한 조직에 호소하는 방법을 배움

- 회사의 미션, 비전, 가치에 부합하는 프로덕트 팀 획득 방법 습득
- 팀 작업의 성공 여부 측정, 평가
- 책임 있는 자율성을 포용하는 프로덕트 문화 확립

무엇이 프로덕트 리더십을 독창적으로 만들까?

프로덕트 리더십이 전통적인 마케팅, 운영, 엔지니어링 등과 왜 다른지와 프로덕트 리더십이 여러 도메인 안에서 어떻게 동작하는지 이해하는 것은 중요하다. 앞서 말했듯이 리더십은 경영 및 관리와 같지 않다. 리더십과 경영이 중첩되기도 하지만 리더십의 역할은 전통적인 관리 역할과 크게 다르다. 개인은 리더가 될 수 있다. 리더는 직접적인 보고를 하지 않을 수 있다. 매니저는 규정에 따라 관리 책임을 져야 하며, 관리해야 할 팀이 있음을 의미한다. 많은 조직이 이 차이점을 간과하고 있는데 이는 큰 문제다.

또한 프로덕트 리더는 비즈니스를 운영할 필요가 있다. 프로젝트 리더는 사용자와 회사의 요구 사항을 해결하는 솔루션을 제공해야 한다. 그 공통 부분은 사업의 모든 요소에 따라 정의된다. 프로덕트를 둘러싸고 있는 재무, 마케팅, 운영, 법과 규제 환경을 이해하는 것은 프로덕트 리더의 책임이 된다. 프로덕트 리더에게 각 분야의 학위와 경력이 필수 요건은 아니지만, 각 분야의 언어를 사용해 말할 줄 알고 각 역할의 우선순위를 이해해야 한다.

올바르게 접근하는 경우 프로덕트 리더의 위치는 진실의 원천이며, 조직에 대한 편견이 없는 지식 전달의 가장 순수한 형태 중 하나일 수 있다. 그러나 올바르지 않게 접근하면 조직에서 프로덕트 리더 역할은 치명적인 문제가 될 수 있다. 우리는 많은 조직에서 상당한 시간을 보내면서 나쁜 리더에게서 보이는 유사한 패턴을 발견할 수 있었다. 대부분은 데이터에 의존하

지 않고 기존의 편향된 확신을 가지고 반복적으로 추측했다. 조직에 해로운 리더는 광범위하게 영향을 끼친다. 팀에는 이러한 나쁜 특징이 많이 추가되기 시작하는데, 그 사실을 파악하기 오래전부터 조직은 매우 나쁜 방향으로 나아가게 된다.

프로덕트 관리와 프로덕트 리더십은 조직에서 매우 독특하다. 그 둘의 역할은 비즈니스의 여러 부분에 영향을 미치기 때문이다. 일부 업무는 사업부와 팀과의 제한된 상호작용을 통해 성공적으로 동작할 수 있지만, 프로덕트는 사업의 모든 측면과 긴밀하게 연계돼 있다. 이어서 성공적인 프로덕트 리더는 포괄적 접근 방식을 사용하고 비즈니스의 모든 측면을 고려한다. 프로덕트 로드맵 및 배포 일정을 개발하는 도구인 프로덕트플랜ProductPlan의 CEO이자 공동 창업자 짐 세믹Jim Semick에 따르면 "문제는 프로덕트가 단순히 기능의 집합이 아니라는 점이다. 프로덕트는 프로덕트를 말하는 방법이고, 고객을 획득하는 방법이며, 실제로 고객과 계약에 이르게 하는 판매 프로세스이고, 프로세스를 수행하면서 얻은 경험이다. 최소한 고객에게는 모두가 프로덕트의 일부다."

세믹의 책임에 대한 목록은 프로덕트 리더가 가질 수 있는 광범위한 영향력에 대한 역할의 복잡성을 강조하면서, 프로덕트 리더의 권한 부족을 강조한다. 어떤 모자를 써야 하는지 아는 것은 책임을 지고 있는 프로덕트 또는 비즈니스 라이프 사이클과 관련된 문제다. 각 단계에서 최상의 접근 방식을 아는 것은 빠르게 성장하는 조직에서 가장 까다로운 부분이다. 조직에서 제대로 지원받는 훌륭한 프로덕트 리더는 프로덕트 비즈니스의 성공 또는 실패에 대한 단일 원인이 될 수 있다. 프로덕트 리더는 조직의 지원 없이는 영향력을 갖지 못할 것이다. 조직의 지원을 개발해 내는 것이 우리가 다룰 주제다.

프로덕트 단계별 이상적인 프로덕트 리더십 스타일

조직에서 프로덕트 관리와 리더십에 대한 유형을 이해하는 것이 팀을 성공적으로 이끌어 내는 시작점이 된다. 이론적으로는 올바른 리더가 올바른 팀을 구성하고 올바른 결과를 이끌어 낸다. 하지만 현실에서는 올바른 사람들을 찾는 것이 어려울 수 있다. 프로덕트 리더의 태도와 경험, 기술, 적응 능력에 따라 프로덕트 조직의 성공과 실패가 결정된다.

모든 사람이 리더가 되는 것은 아니다. 모든 리더가 비즈니스 성장의 매 단계에서 잘하는 것은 아니다. 최고의 엔터프라이즈 프로덕트 매니저가 최고의 스타트업 리더가 되지 못할 수도 있으며, 그 반대도 마찬가지다.

매니저와 리더의 궁극적인 역할은 다른 사람이 결과를 내도록 만드는 것이다. 이 책에서 하나의 핵심 사항이 있다면, 바로 개인적 성공이 아니라 다른 사람들을 최대한 활용하는 것이다. 그것이 리더의 책임이다. 더 성공한 개인 또는 더 성공한 인간이 되는 법에 대한 훌륭한 책이 많지만, 이 책은 그런 유형의 책이 아니다. 이 책의 초점은 다른 사람과 함께 그리고 다른 사람들을 통해서 전체 팀을 훌륭하게 만드는 것이다.

이 책의 구성

조직이 현재 속한 단계와 연관된 통찰력에 쉽게 접근할 수 있도록 세 부분으로 구성했다. 1부에서는 프로덕트 리더십 개념을 소개하고 광범위한 프로덕트 리더십의 역할 및 스타일에 대한 공통적인 특징을 정의한다. 또한, 어떤 특성들이 리더와 팀을 갈라놓는지 고려한다. 2부에서는 프로덕트 환경을 다양한 단계로 나눈다. 규모가 다르고 성숙도 수준도 다른 다양한 조직의 리더에게서 얻는 교훈이 2부의 대부분을 차지한다. 마지막 3부에서는 프로덕트 리더가 외부의 팀과 자원을 사용해서 작업할 때 마주하게 되는 문제에 대해 살펴본다. 쉽게 참고할 수 있도록 책의 각 부는 사업이 발전하면서 일반적으로 겪는 단계인 스타트업, 신생 기업, 중견 기업 등을 포함한다. 책 전체에서 참조하는 기업의 단계를 분류하는 기준이 명확하지 않음을 인정한다. 그러나 이런 분류가 과도하게 단순화됐음에도 불구하고 프로덕트 리더와 함께 일하는 사람들이 조직, 팀 및 프로덕트에 가장 큰 영향을 미칠 특성과 전략을 신속하게 파악할 수 있다는 점에서 유용하다.

이 책은 프로덕트 리더가 과제를 선택할 수 있도록 구성돼 있다. 기업 단계에 맞게 프로덕트 리더에게 필요한 통찰력과 조언을 제공한다. 즉, 프로덕트 리더를 팀, 조직, 고객의 영향력 중심에 둔다. 고객과의 의사소통이 팀과 조직의 대리인을 통해야만 이뤄져야 한다는 것이 아니다. 프로덕트 리더의 주된 관심사는 최고의 팀을 성공적으로 개발하고 경영진과의 적절한 의사소통을 통해 고객에게 적합한 가치를 제공해 고성과 문화, 프로세스, 프로덕트를 마련하는 것이다. 조직의 단계별 가이드를 세분화해 프로덕트 리더가 고객에게 가장 적절하고 타당한 지침을 안내할 수 있게 한다.

과거와 현재의 프로덕트 리더는 기업의 성장 단계를 거치면서 프로덕트 팀을 이끄는 방법에 대한 통찰력과 권고 사항을 제공한다. 각 성장 단계에는 다른 접근법, 기술, 경우에 따라서는 다양한 사람들이 요구된다. 성장 단계를 거치는 동안 팀을 유지하고 있는 리더에게는 개인적인 발전이 필요하다. 한 단계에서 다른 단계로 전진하기 위해서는 각 단계에서 적절한 리더십 기술을 개발하면서 전략을 추진할 수 있는 능력이 있어야 한다.

프로덕트 리더가 스타트업에서 중견 기업까지 계속 함께하는 것은 매우 드물다. 프로덕트 리더는 자신의 전문 분야에 맞는 조직이나 프로젝트에 집중하는 경향이 있다. 이 책에서는 프로덕트 리더가 자신의 상황에 적용할 수 있는 템플릿을 제공한다.

성장통을 딛고 이끄는 힘

기업의 초창기 단계에서는 창립자 또는 초기 구성원 중 한 명이 프로덕트 리더가 될 수 있다. 새롭게 구성된 회사에는 단단한 프로덕트 팀이 없어서 리더십 유형이 다소 산만하게 된다. 프로덕트 리더는 현실을 이해하면서 미래를 설계해야 하는 책임을 가지고 있다. "우리는 우리의 최종 단계에 대해 말하고, 어느 팀이 스스로 직접 고객과 작업을 할 것인지 결정했다"고 드리프트Drift의 공동 창립자 겸 CEO 데이비드 캔슬David Cancel은 스타트업 현황과 비전 달성을 위한 여정에서 다음과 같이 말했다. "초기 단계에서 우리는 아직 존재하지 않는다. 우리는 목표로 가기 위해서 진진하고 있다." 캔슬은 여러 스타트업의 베테랑으로 프로덕트 비즈니스 라이프 사이클의 초기 단계에서 가장 편안함을 느낀다. "초기 단계나 무료 고객 단계로 돌아가려면 약간의 조정이 필요하다. 프로덕트 디자인과 고객의 작업에 의존하는 시스템에 익숙할 때, 고객이 없다면 어떻게 해야 할까?"

이 책에서는 이런 유형의 질문과 답에 초점을 맞춘다. 이상적인 단계와 현재 단계의 긴장은 프로덕트와 조직의 성숙도와 무관한 일관된 주제다. 현재 어느 단계에 있는지 확인하는 것이 성공의 절반이다. 나머지 절반은 아무 장애물 없이 고객에게 가치를 제공해 가상의 경계를 매끄럽게 넘어가는 것이다.

각 단계를 통과하는 동안 장애물과 방해가 있을 것이다. 그게 정상이다. 성공적으로 프로덕트 비즈니스를 성장시키는 데 문제가 없을 수는 없다. 투쟁해야 한다. 인내심 있는 운동 선수는 항상 역경을 받아들이라고 말한다. 양

탄자 밑에 숨어 있는 나쁜 것을 무시하거나 문제를 없애는 것만을 뜻하진 않는다. 오히려 성공하기 위해 얼마나 열심히 일해야 하는지 이해하라고 격려하는 것이다. 의미 있는 성공을 얻기 위해 직면한 문제들은 무엇일까? 불가피한 힘든 대화를 기꺼이 할 의향이 있는가? 도전 없는 여정은 가치가 없고, 프로덕트 리더가 자신과 팀에게 도전을 요구하는 것은 당연하다.

데이비드 캔슬 같은 리더는 어려운 질문을 하고 수용하려는 열망을 보여준다. 그의 리더십 스타일은 초기 단계 기업들의 애매모호함에 아주 적합하다. 단계에 적절한 리더십을 선택하면 방향을 제시하는 데 큰 도움이 된다. 비슷한 좌절감을 극복하고 성공을 이뤄 낸 사람에게서 배우는 것도 유용하다. 이 책은 자신의 길을 발견하고 자신의 이야기와 경험을 나눌 수 있는 리더들이 어렵게 얻은 조언을 담고 있다. 캔슬은 초기 단계 프로덕트 리더십의 모호함과 다음 단계별 비즈니스와 다른 점을 설명한다. "초기 단계 비즈니스의 경우 리더로서 몇 가지 가설을 세워야 했다. 우리는 초기 시스템을 얻기 위해 조금은 고객의 역할을 해야 했다. 시스템이 준비되고 나면 우리는 베타 사용자를 구하고, 일일 사용자는 고객의 대리인이 된다." 이와 같은 전환을 위해서는 모든 프로덕트 매니저가 진화하는 리더십 스타일을 갖춰야 한다. 캔슬은 프로덕트 매니저가 고객(아직 고용되지 않은 팀)의 대리인에서 비전 지킴이로 전환할 것이고, 권위는 팀으로 반환될 수 있을 것으로 믿는다고 말한다. "이제 우리는 실제 고객을 보유하고 있으며, 다양한 고객을 확보하는 데 주력하고 있다. 비즈니스에 관계하는 중요한 어떤 방법이라도 얻을 수 있기 때문에 조금씩 사업에서 손을 떼고 팀이 스스로 전진할 수 있도록 한다." 책에는 유사한 프로덕트 리더의 통찰력을 가득 담고 있다. 읽어나가면서 단계와 전환이 어떤 모습인지 이해해야 한다.

팀 구성과 교육 방법 배우기

모든 프로덕트 팀은 프로덕트 조직 단계별로 다른 과제가 존재해 프로덕트를 지원하는 비즈니스와는 다르다. 새로운 단계마다 특정 요구에 적합한 팀을 찾고, 고용하고, 교육해야 하는 것을 염두에 둬야 한다. 신생 기업에게는 성숙한 조직이 누리는 자원은 없겠지만, 민첩성과 속도를 갖고 있다. 적합한 팀을 육성하기 위해서 환경적 장점을 이용해 프로덕트 성공에 커다란 영향을 줄 수 있다. 환경적 요인에 딱 맞는 인물을 찾는 것은 프로덕트 리더의 일이다.

예를 들어 초기 단계 팀의 특성은 고도로 전문 역할을 가진 성숙한 사람들보다는 더 일반적인 사람들로 구성될 것이다. "스타트업의 경우 적응력이 뛰어나고 빠르게 변화할 수 있는 인물을 고용하는 것이 중요하다"라고 프로덕트 플랜의 짐 세믹은 말한다. "불확실한 환경에서 활동해야 하는 것이 첫 번째 고려 사항이다. 두 번째는 주어진 역할을 맡을 수 있고, 그 역할을 해낼 수 있는 능력 있는 인물을 고용하는 것이다." 많은 프로덕트 리더가 공감하는 것과 같이 팀 구성원 간에는 상호 존중이 중요하다고 세믹은 누차 강조한다. 초기 단계의 기업에는 높은 긴장감이 있기 때문에 존중과 공감은 팀을 생산적인 장소로 만들고 유지하는 데 중요한 특성이다. 팀 구성원의 요구와 도전을 존중하는 팀을 구성하는 것은 프로덕트를 출시하는 데 커다란 힘이 된다.

기업의 급속 성장 단계에 맞는 프로덕트 팀으로 전환할 때에는 새로운 과제를 마주하게 된다. 보스턴 소재 소노스Sonos의 프로덕트 매니저였고, 현재는 업데어Upthere의 프로덕트 매니저 콜린 케네디Colin Kennedy는 급성장하는 팀들이 자원의 제약과 새로운 요구에 부응하는 방법을 설명한다. "우리는 중간 규모 기업 수준의 자원을 보유하고 있으며, 성장과 발전을 가속화하면서 점점 빠르게 성장하고 있다. 그러나 프로덕트 팀의 핵심 리더십 역할은 프로덕트 관리, 설계, 엔지니어링 분야의 소수 이해관계자가 함께하는 현장에 여전히 묶여 있다." 스타트업이 이용할 수 있는 자원의 한계와 '자유분방한' 심리를 아우르는 균형 잡힌 성장은 과학보다는 예술에 가깝다. 케네디와 같은 성공적인 프로덕트 리더는 균형에 대한 요구를 어떻게 달성할 수 있는지 통찰력을 제공한다. 리더십은 사람들이 최고의 기량을 발휘하도록 돕는 것이다. 좋은 리더가 팀에 집중해 동기를 부여하고 가이드하는 기술은 다른 팀과 차별화되게 만든다.

규모가 크고 안정적인 기업에서도 프로덕트 팀을 대화의 중심에 두고 있다. "나는 매일 팀에서 일한다." 퀵베이스^{QuickBase} 소재 인튜이트^{Intuit}의 제이 리베라^{Jay Rivera}는 말한다. "일일 스탠드업 미팅이나 주간 프로그램 리뷰에서 조직 간 대화는 버스에 적합한 인물이 있는지 살피고 대기실 안에 적합한 사람들이 있는지 확인하는 것이다. 조직 간 기능은 프로덕트 마케팅, 프로덕트 개발, 운영, 영업, 프로덕트 관리, 인사 업무와 관계가 있다." 매일 또는매주, 장기적인 의사 결정을 내릴 수 있도록 적합한 인물을 선택하는 것은 성공적인 프로덕트 팀에서 흔히 볼 수 있다. 리베라가 말했듯이, 프로덕트 팀 구성은 적합한 팀을 갖는 것뿐만 아니라 팀 구성원이 함께 매일 과제를 처리하도록 하는 것이다. 효율적인 의사소통과 의사 결정은 훌륭한 팀의 핵심 요소다. 구성원 간의 의사소통 부족은 훌륭한 인물을 선택한 목적에 어긋난다.

프로세스 적용과 목적 중심의 방향성

프로세스는 생산성을 위한 발판이다. 프로세스가 현명한 사람이나 고객 지향의 통찰력을 대신하는 것은 아니지만, 현명한 사람들이 효율적으로 작업할 수 있도록 프레임워크를 제공한다. 얼마나 많은 프로세스가 필요한지는 프로덕트 단계의 기능과 팀의 경험에 달려 있다. 작고 숙련된 팀에게는 매우 느슨하게 정의된 프로세스로도 충분한다. 구성원의 이탈율이 높은 대형 조직에서는 프로덕트 출시를 위한 빈틈없는 프레임워크가 필요하다. 프로덕트 디자인 에이전시, 기업 혁신 그룹과 같이 독립된 팀에서는 채용한 프로세스에 대해 높은 유연성을 가지며, 특정 프로세스를 강요하는 것보다 높은 재능을 가진 인재를 채용할 수 있다. "우리는 영리한 사람들을 고용할 것이다. 그들은 사용할 도구의 전체 툴킷을 갖고 있지만 구조적 프로세스를 적용하는 것을 강요하지는 않을 것이다"라고 영국의 주요 프로덕트 디자인 기업 클리어레프트Clearleft의 설립자 겸 전무이사 앤디 버드Andy Budd는 말한다. "우리는 그들을 신뢰한다. 그들에게 흥미로운 문제를 제기하고, 방해가 되지 않도록 하고, 최선의 방법으로 문제를 풀 수 있게 할 것이다. 모든 프로젝트는 매우 다르다. 그래서 우리는 매번 새롭게 프로젝트와 프로세스를 시도하고 디자인한다. 모든 문제가 다르기 때문에 동일한 프로세스를 적용하는 것은 쉽지 않다." 버드의 접근 방식은 신뢰 기반 문화를 바탕으로 탄탄한 기술력을 지닌 소규모 조직에 효과적이며, 프로젝트마다 다를 수 있다. 단일 프로젝트 또는 프로젝트에 집중하는 대규모 팀에게는 더 많은 구조가 필요할 수 있다.

결론은 단순히 프로덕트, 팀, 시장의 모든 상황을 다루는 적합한 프로세스나 단 하나만의 방법론은 없다는 것이다. 크고 작은 조직에서의 경험을 통해 똑똑한 사람, 신뢰 기반 문화, 가이드 프레임워크의 세 요소로 결과를 현저하게 향상시킬 수 있다. 큰 성과를 내는 팀의 공통점은 다기능적이고 결합적이고 자율적이라는 점이다.

현실에서는 프로덕트 리더가 구성원들을 그들이 만든 프로덕트처럼 상대하고 있다. 구성원 간의 상호작용은 점점 커져서 관리하기 어려워지고 있다.

우리의 공통된 철학에서 성공은 프로세스의 모든 단계를 완벽하게 실행하는 것이 아닌, 훌륭한 태도를 지원하고 만드는 환경적 기능이다. 궁극적으로 팀이 프로세스에 참여하면, 모든 사람이 예상되는 상황을 파악하고 불가피한 문제를 해결하기 위한 공통 언어를 공유하는 것이 핵심이다.

기업과 기업이 지원하는 프로덕트 조직은 그 목적이 명확할 때 더 성공에 가까워진다. 의미 있는 작업은 관계된 모든 사람이 참여할 때 향상된다. 댄 핑크Dan Pink와 사이먼 사이넥Simon Sinek 같은 노동 문화에 대한 사려 깊은 리더들은 성공한 조직과 팀이 목적 중심의 작업을 어떻게 실행해야 하는지 그 청사진을 제공해줬다. 계획을 운에 맡기는 것은 좋은 전략이 아니다. 조직의 존재 이유에 일치하는 프로세스를 생성하고 채택하는 것은 훌륭한 프로덕트 리더가 하는 일이다. 이 책에서는 최고의 프로덕트 리더가 개인적인 과제를 추진하는 것보다는 전체 목표를 위해 어떻게 팀과 프로세스를 구축하는지 조사한다. 로켓 인사이트Rocket Insights의 설립자이자 허브스팟HubSpot의 UX 담당 이사였던 조슈아 포터Joshua Porter는 강력한 고객 중심의 관리 환경을 구축하는 데 중점을 둔다. "우리가 인력을 채용할 때, '고객 중심'은 확실히 중요한 특징이다. 직원들 입장에서는 자기 중심을 버리는 것에 동의하는 것과 같다. 우리는 뛰어난 재주로 자기 자신이 유명해지려 하지 않고, 고객을 잘 대변해 훌륭한 프로덕트를 만드는 데 주력하는 인물을 찾고 있다." 고객에 대한 관심은 프로덕트 조직의 표준은 아니지만, 꼭 해야 하는 일이다. 고객과 고객 요구 사항을 팀에 일깨워주는 프로세스 개발은 리더의 역할 가운데 중요한 부분이다.

목적에 집중해 프로덕트와 비즈니스 단계에 적합한 프로세스를 결합하면 팀이 성공할 수 있는 도구를 제공할 수 있다. 둘 중 하나만 선택하는 것은 충분하지 않다. 높은 성과를 내고 있는 팀원은 왜 열심히 노력하고 있으며,

그들이 입력을 최적화하기 위해 무엇을 활용할 수 있는지 알아야 한다. 팀에 명확하게 표현된 비전이 없다면 차별성을 만드는 방법을 알기가 쉽지 않다. 팀이 프로세스를 이해하면 결과를 최적화하는 방법을 이해하게 된다.

작업의 성공을 평가하는 방법 이해하기

성공은 주관적이지만 측정 방법은 상당히 객관적이다. 조직의 목표를 달성하는 방법을 정의한 명확한 지표와 기준을 보유하는 것이 프로덕트 리더의 역할에서 필수적이다. 일부 리더는 비즈니스 목표를 고객 획득, 순수 고객 추천 지수NPS, Net Promoter Score, 생애 가치LTV, Life Tme Value와 같은 측정 가능한 지표로 구성할 것이다. 특히 복잡하거나 성숙한 프로덕트를 관리하는 일부 프로덕트 매니저의 지표는 매우 세부적이다. 궁극적으로 모든 측정 지표는 프로덕트 가치 제공을 위한 방법과 연결돼야 한다. 데이비드 캔슬은 다음과 같이 설명한다. "모든 측정 지표는 사용 여부에 상관없이 고객에 맞춰 조정된다. 고객에게서 듣고 있는 것, 고객이 실제로 말한 것과 같은 질적인 항목이 실제로 더 중요하다. 우리는 매일 고객과 대화한다."

성공과 실패를 측정하는 것이 전적으로 정량적인 활동이 아니라는 생각은 인터뷰에서 여러 차례 나타났다. 벤처 디자인 파트너 제프 빈Jeff Veen은 이러한 트렌드를 재확인했다. "일종의 포스트 애자일/린의 세계에서 우리는 지나치게 정량적이었다고 본다. 하지만 점점 정성적으로 개선되고 있다고 생각한다." 데이비드 캔슬은 프로덕트 결정을 이끌어 내는 질적 피드백을 지지한다. "우리는 우리가 가진 모든 종류의 질적 피드백을 이해하고 있다. 고객이 겪고 있는 고통을 해결하는 데 더 가까워지고 있는가? 그렇다면 규모에 맞게 시작한 것일까? 새로운 어려움에 직면하게 될까? 새로운 어려움에 집중할 때, 우리가 정상적이라고 생각하는 방법을 사용할 수 있을까? 이 질문에 대한 사용 사례도^{Use Case}는 다를 수 있으므로 초기에는 잘못됐을 수 있다. 잘못됐다면, 이에 대한 올바른 방법은 무엇일까? 우리는 지속적으로 고객 수준, 집단 수준, 기능 수준, 계획 수준, 구매자 수준, 사용자 수준에서 각각 다른 방법으로 모든 것을 고민한다. 그리고 모든 팀은 고객 목표에 맞춰 측정된다."

질적, 양적인 균형을 맞추는 것은 진정한 고객 통찰력을 확보하는 열쇠다. 이를 충분히 강조하는 것은 쉽지 않다. 어느 쪽도 다른 쪽보다 중요하지 않으며, 양쪽 모두를 수용하는 것이 답이다. 더 많은 측정 기준을 추구하는 팀은 질적 연구 중심 방식으로 도약하기 위해 고심할 수 있다. 우리는 인터뷰에서 고객의 피드백을 받는 데 너무나 많은 작업과 시간이 소요된다는 불평을 들었다. 그 해결책은 작업을 재구성하는 것이다. 질적 연구는 미래의 저축이며 가치에 대한 투자다. 기술을 연습하고 연마해 미래의 실패 가능성을 줄일 수 있다. 선행 작업으로 엄청난 가치를 입증할 수 있으며, 업무를 기록하면서 초기의 성실함이 더 좋은 작업 결과를 나타내는 것을 확인할 수 있다. 프로덕트 출시를 위해서는 개인과 팀이 올바르게 작동하기 위한 시간과 노력이 필요하다. 그 다음 당신의 영향력을 측정할 수 있다.

우리는 훌륭한 프로덕트 리더를 만드는 것에서부터 시작한다. 최적의 결과를 얻기 위한 팀의 구성, 가이드, 팀을 멘토링하는 방법을 모색한다. 모든 팀은 미묘한 차이와 독특한 특성을 가지고 있다. 1부의 목표는 모든 성공적인 팀에서 나타나는 공통 패턴을 확인하는 것이다. 구체적인 결과물은 각 팀별로 다르기 때문에 논의하지 않겠지만, 성과에 대해서는 논의할 것이다.

프로덕트 리더

1부에서는 무엇이 프로덕트 리더를 차별화시키며 그들이 어떻게 성공을 달성했는지에 중점을 둔다. 프로덕트 리더 역할의 중요성을 파악하기 위해 프로덕트 관리 이력을 살펴보고, 어떻게 계속 진화해 나갈 것인지 논의할 것이다. 프로덕트 리더의 업무 수행이 조직의 큰 그림에 어떤 영향을 미치는지 알아보기 위해 프로덕트 리더가 대형 조직에서 어떻게 운용되는지 면밀히 살펴볼 것이다. 1부는 프로덕트 리더를 위해 가장 성공적인 리더를 대표하는 주제와 패턴, 그 특성을 어떻게 얻는지 세부적으로 다룬다. 프로덕트 리더를 고용하거나 프로덕트 리더를 개발하는 업무 담당자에게는 특성을 찾고 육성할 방법을 제공한다.

1부는 프로덕트 관리가 무엇인지, 오늘날 프로덕트 관리가 왜 중요한지, 우수한 프로덕트 리더가 되는 법이나 성공 공식이 있는지를 다루는 몇 개의 장으로 구성돼 있다. 여기서는 프로덕트 생산 영역 안에서 프로덕트 리더십이 어떻게 유지되는지와 어떻게 리더가 성과에 영향을 미치는지 단계별로 설명한다.

1

프로덕트 관리

프로덕트 리더가 된다는 것의 의미를 파악하기 전에 프로덕트 관리의 의미를 명확히 할 필요가 있다. 프로덕트 관리 자체가 지속적으로 진화하고 있으므로 이미 말했듯이 프로덕트 리더십과 프로덕트 관리는 똑같지는 않지만 서로 밀접한 관련이 있다. 프로덕트 관리가 무엇인지 이해하는 것은 프로덕트 리더십을 얘기하는 데 도움이 된다.

실리콘 밸리 프로덕트 그룹Silicon Valley Product Group의 창립 파트너이자 30년 경력의 프로덕트 관리 전문가 마티 케이건Marty Cagan은 "프로덕트 매니저의 역할은 가치 있고, 사용할 수 있고, 실행할 수 있는 프로덕트를 찾는 것이다"라고 말한다. 마찬가지로 공동 저자 마틴 에릭손Martin Eriksson은 자주 인용되고 있는 그의 프로덕트 관리에 대한 정의에서 프로덕트 관리를 비즈니스, 기술, UX의 교집합으로 부르고 있다(그림 1-1. 오로지 프로덕트 매니저만 그림에서 자신의 위치를 정의한다). 우수한 프로덕트 매니저는 최소한 한 가지 영역에서 경험이 풍부하고, 세 가지 영역에서 열정적이고, 세 영역의 전문가를 잘 알고 있어야 한다.

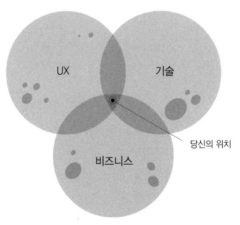

그림 1-1. 프로덕트 관리는 비즈니스, 기술, UX 사이의 교집합
(출처: **마틴** 에릭손, 2011(http://www.mindtheproduct.com/
2011/10/what-exactly-is-a-product-manager/))

비즈니스

프로덕트 관리는 무엇보다도 프로덕트의 비즈니스 가치를 극대화하는 데 중점을 둔 비즈니스 기능이다. 프로덕트 매니저는 기본적으로 비즈니스 목표를 달성하고 투자 수익을 극대화하기 위한 프로덕트를 최적화하는 데 집중해야 한다.

UX(User eXperience, 사용자 경험)

프로덕트 매니저는 비즈니스 내부에 있는 고객의 목소리이므로, 고객과 그들이 해결하고자 하는 특정한 문제에 대해 열정적이어야 한다. 풀타임 연구원이나 디자이너가 돼야 한다는 의미는 아니지만, 중요한 UX 작업을 하는 데 시간을 할애해야 한다. 내/외부에 있는 UX 설계자, 연구원과 긴밀한 협력을 하면서 고객과 대화하고 프로덕트를 테스트하고 피드백을 얻는 일이 포함된다.

기술

빌드 방법을 모를 경우 빌드할 대상을 정의할 필요가 없다. 프로덕트 매니저가 코딩할 수 있는 능력을 필요로 하지 않더라도 기술 스택을 이해하고 필요한 일에 대해 올바른 결정을 내릴 수 있어야 한다. 빠르게 변하는 세계 속에 있는 프로덕트 매니저는 개발 팀과 더 많은 시간을 보내고 엔지니어와 언어를 공유하고 이해해야 한다. 팀 개발, 마케팅, 전략 계획 수립과 같은 다른 기능도 일부 담당해야 하지만 비즈니스, 기술, UX 기능이 매일 수행해야 하는 핵심 업무 요소다.

프로덕트 관리의 역할

앞서 훌륭한 매니저는 우수한 리더의 충분조건은 아니라고 말했다. 그러나 우수한 리더에게 훌륭한 매니저는 필요조건이므로 이 절에서는 프로덕트 매니저의 역할과 프로덕트 리더의 역할이 얼마나 겹치는지를 얘기해보겠다.

프로덕트 매니저가 비즈니스, UX, 기술 영역의 재능을 필요로 하는 이유는 무엇일까? 기본적으로 역할 자체가 매우 광범위하고 다양하기 때문이다. 트랜스퍼와이즈TransferWise의 프로덕트 앤 그로스Product and Growth 부문 부사장 닐런 페이리스Nilan Peiris는 프로덕트 매니저가 "해야 할 일은 무엇이든 해야 한다"고 말한다. 영국 일간지 「가디언Guardian」의 전 최고 디지털 책임자 타냐 코드리Tanya Cordrey 또한 다음과 같이 설명한다. "프로덕트 관리에서 정말 큰 스트레스 요소면서도 환상적인 일 가운데 하나는 프로덕트 관리는 매우 광범위한 역할을 하는 것이다. 매니저는 전략에 능숙하고, 창조적이고, 장기적인 전체 목표를 이해할 수 있어야 한다. 그와 동시에 실행하고 운영 측면에도 능숙해야 한다."

프로덕트 관리는 프로덕트 비전을 설정하면서 시작한다. 프로덕트 매니저는 시장, 고객, 고객의 문제를 조사해야 한다. 고객의 질적인 피드백, 분석 도구와 통계의 정량적 데이터, 연구 보고서와 시장 동향 등 엄청난 양의 정보를 이해하고, 수집한 모든 정보에 창의력을 적절히 섞어 프로덕트 비전을 정의해야 한다.

비전을 완성하게 되면 프로덕트 매니저는 비전을 조직 전체에 전파해야 한다. 프로덕트를 믿고, 프로덕트 비전이 나타내는 목표를 열렬히 퍼뜨려야 한다. 비전 전파에 열정을 갖지 못하면 비전에 투자하지 않게 될 가능성이 높다. 극단적으로 이런 상황은 프로덕트와 비전이 명확하게 일치하지 않음을 의미한다. 비전을 실행하는 것이 관리와 리더십이 중첩되는 첫 번째 영역이다. 리더십 직무는 주도권, 지도, 일상적 의사소통 경로와 그 경로를 강화하는 시스템이 필요로 하는 관리 직무를 의미한다. 팀은 리더의 비전을 바라보고 매니저의 실행을 이해해야 한다. 프로덕트 매니저의 성공은 영업에서 개발까지 모든 팀 구성원이 비전을 이해하고 비전에 대해 최소한의 열정을 갖는 것에 달려 있다.

프로덕트 매니저는 점증적 개선, 문제 검증 및 반복 설계 로드맵 등이 포함된 실행 가능한 전략 계획을 수립하고 및 최종 비전에 한 걸음 다가가, 제품을 한 걸음 더 나아가게 하는 개발 방법을 수립해야 한다. 이때 프로덕트 비전을 전파하는 고된 작업의 성과가 나오고, 프로덕트 매니저가 주도해 전체 팀이 더 좋은 디자인, 더 좋은 코드, 더 좋은 솔루션으로 고객의 문제를 해결하게 된다.

이 단계에서 프로세스는 매우 상세해지고, 프로덕트 매니저는 프로덕트 오너로서 개발 팀과 함께 하루 종일 일하게 된다. 매니저는 끊임없이 프로덕트가 진화하는 동안 정의하고 반복하고, 갑자기 발생된 문제를 해결하고, 프로덕트를 시간과 예산에 맞게 시장에 출시하도록 면밀히 관리한다.

프로덕트가 시장에 출시되면 프로덕트 매니저는 데이터를 자세히 보면서 고객이 프로덕트를 어떻게 사용하는지 알아내기 위해 고객과 직접 대화해야 한다. 문제를 올바르게 해결했는지? 고객이 프로덕트의 가치를 이해하고 있는지? 기꺼이 프로덕트에 지불할 것인지? 프로덕트 매니저는 이 과정을 계속해서 반복한다.

이 과정이 최적화돼 수행된다면 폭포수 프로세스[1]가 될 수 없다. 짧은 주기로 반복하면서 얻게 되는 것이 많다. 성숙한 프로덕트 라인을 가진 대규모 프로덕트 조직의 프로덕트 매니저와 리더는 아마도 하나의 프로덕트와 기능에 대해서는 이러한 반복 작업을 수행하지 않을 것이다. 한 번에 수십 가지 프로덕트와 기능에 대해 프로덕트별 라이프 사이클의 각 단계에서 필요에 따라 전략과 전술을 바꿔 가면서 반복 작업을 하고 있다. 롤라[Lola]의 프로덕트 담당 부사장 엘렌 치사[Ellen Chisa]는 "프로덕트 매니저는 계속해서 1만 피트 뷰와 2인치 뷰 사이를 오가고 있다"고 강조한다.

우버[Uber]의 프로덕트 담당 책임자 미나 라드하크리슈난[Mina Radhakrishnan]은 프로덕트 매니저를 이렇게 설명한다. "많은 사람들은 프로덕트 매니저가 CEO나 선장과 같다고 말한다. 하지만 나는 그렇게 생각하지 않는다. 여러분이 프로덕트 리더를 선장이라 말하는 것은 여러분이 결정을 내리는 것처럼 보이게 하거나, 모든 것들을 어떻게 동작할지 주도하는 것처럼 보이게 하기 때문이다. 나에게 프로덕트 매니저는 다른 사람들과 함께 일하면서 '이것이 어떻게 동작할지, 왜 이렇게 동작해야 하는지'를 정의하고 말하는 사람이다."

"프로덕트 관리는 접착제 같이 서로 다른 언어로 말하는 기업 내 다양한 기능과 역할을 결합하게 한다"고 GV(예전 구글 벤처스[Google Ventures])의 프로덕트 파트너 켄 노튼[Ken Norton]은 덧붙인다. "프로덕트 관리는 드라마 〈스타 트렉 Star Trek〉의 서로 다른 그룹 간 통신 허브인 보편적 통신기와 같다. 프로덕트는 팀들을 서로 연결하는 접착제 없이는 성공할 수 없을 것이다." 프로덕트 매니저에게는 앞에서 언급한 지식에 관한 하드 스킬보다는 설득력, 협

---

1   폭포수 프로세스(waterfall process): 소프트웨어 개발 프로세스다. 개발이 순서대로 진행되고 다시 되돌아갈 수 없는 구조로 일하는 방식이 마치 폭포수가 지속적으로 아래로 향하는 것처럼 보이는 것에서 유래했다. - 옮긴이

상, 스토리텔링, 비전 수립, 의사소통에 관한 소프트 스킬이 가장 큰 과제임을 강조한다.

훌륭한 프로덕트 리더는 명확하고 간결한 방법으로 다른 사람들에게 아이디어를 발표하고 전달해야 한다. 소프트 스킬은 모든 리더에게 중요하지만 프로덕트 리더에게는 더욱 중요하다. 기업가이자 베스트셀러 작가 세스 고딘Seth Godin은 '소프트' 스킬이라고 부르는 것이 소프트 스킬의 중요성을 약화시키고 있다고 지적한다. "소프트가 아니라 진짜 기술로 불러야 한다. 이것은 대인 관계 스킬이고 리더십, 통솔력, 근면성, 공헌에 관한 스킬이다. 그러나 '소프트'라는 수식어는 업무적인 기술, 채용 기술, 학교에서 획득하는 기술에서 멀리 떨어진 것처럼 느끼게 한다. 그렇기 때문에 불편하더라도 진정한 스킬이라고 불러야 한다."

프로덕트 관리의 진화

프로덕트 매니저의 불투명하고 빠르게 움직이는 역할을 정확하게 기록하지는 않았지만, 그 역할의 시작과 진화 과정을 살펴보는 것은 중요하다. 프로덕트 관리의 변화가 일어나는 동안 역량과 사고 측면에서 일어난 조직의 변화를 이해하고 지금까지도 존재하는 잠재된 문제를 설명하는 데 도움이 된다.

프로덕트 관리의 탄생

현대의 프로덕트 관리는 1931년 피앤지P&G, Procter&Gamble의 닐 H. 맥엘로이Neil H. McElroy가 작성한 메모에서 시작됐다. 이 메모는 모든 리더에게는 익숙한 고통인 더 많은 인력 고용이 정당한 이유가 됐을 뿐만 아니라 브랜드 관리와 궁극적으로는 프로덕트 관리에 있어 현대적 사고의 초석이 됐다.

8백 개의 단어로 쓰인 맥엘로이의 메모는 "Brand Men"과 하나의 브랜드를 판매 추적에서 프로덕트의 관리, 광고, 판촉 활동까지 절대적 책임을 기술한 간결한 설명이다. 특이하게도 맥엘로이는 철저한 현장 테스트와 고객과의 상호작용을 실천 방법으로 삼아야 한다고 강조했다.

맥엘로이는 2명을 고용할 수 있었다. 그의 생각은 피앤지를 브랜드 중심의 조직으로 재구성하고 FMCG^{Fast-Moving Consumer Goods}(빠르게 소비되는 상품) 분야에서 프로덕트 매니저의 탄생을 이끌었다. 맥엘로이는 훗날 국방부 장관으로서 나사^{NASA} 설립을 지원했다. 스탠포드대학에서는 고문으로서 젊은 기업가 빌 휴렛^{Bill Hewlett}과 데이비드 패커드^{David Packard}에게 영향을 주었다.

휴렛패커드^{Hewlett and Packard}는 브랜드 맨 정신을 가능한 고객의 입장에서 의사 결정을 내리고 프로덕트 매니저를 회사 내에 있는 고객의 목소리로 만드는 것으로 해석했다. 1995년 발행된 『The HP Way』(HarperBusiness)에서 이 정책은 1943년에서 1993년 사이 전년 대비 20% 성장이라는 깨지지 않는 50년간 기록을 유지하게 했던 정책이라고 평가한다. 휴렛패커드는 프로덕트 그룹별로 프로덕트의 개발, 제조, 마케팅을 책임지는 자립형 조직 구조를 도입하는 등 여러 최초의 시도를 했다. 500명이 넘는 조직으로 성장하게 되면 언제나 분할해서 작은 크기로 유지했다.

한편 2차 세계대전 후 일본에서는 물자 부족과 현금 흐름 문제가 산업을 적시^{just-in-time} 생산을 하는 산업으로 변화하게 했다. 타이치 오노^{Taiichi Ohno}와 에이지 토요다^{Eiji Toyoda}(토요타^{Toyota} 창립자의 조카이자 토요타 모터스^{Toyota Motors} CEO 겸 회장)는 30년간 지속적인 개선을 통해 토요타 프로덕션 시스템과 토요타

웨이Toyota Way를 개발했다. 생산 과정에서 폐기물을 줄이는 것뿐만 아니라 현대의 프로덕트 매니저가 알아야 할 두 가지 중요한 원칙, 즉 항상 혁신과 진화를 추진하는 비즈니스 개선 활동 '카이젠kaizen'과 정확한 의사 결정을 하려면 실체를 파악하기 위해 현장으로 가야 된다는 '겐치 겐부슈genchi genbutsu(현지현물주의)'에 초점을 두었다.

토요타 프로덕션 시스템 원칙의 가장 좋은 예는 북미 시장에서 토요타 시에나Toyota Sienna 미니 밴의 새로운 시대를 연 엔지니어링 책임자 유지 요코야Yuji Yokoya이다. 그는 이전 모델의 내부 데이터와 피드백을 상세히 보지 않았지만 기존 고객과 이야기를 나누고, 알래스카 앵커리지에서 멕시코 국경까지, 플로리다에서 캘리포니아까지 미국 전역을 가로질러 5만 3천 마일 이상 운전했다. 그의 경험을 토대로 새로운 모델에 상당한 개선 사항을 적용했고, 새로운 판매 실적을 기록했다.

물론 적시 생산 방식이 서부에 이르렀을 때 휴렛패커드는 그 가치를 인정하고 가장 먼저 받아들인 회사 중 하나였다. 휴렛패커드 동문들은 고객 중심, 수직적 브랜드, 린Lean 생산 방식을 미래의 자신들의 일로 도입하고, 빠르게 성장하는 실리콘 밸리에 똑같은 정신으로 침투한다. 거기서부터 프로덕트 관리가 글로벌화되고 진화하는 모든 하드웨어, 소프트웨어 기업으로 확산됐다.

프로덕트 관리와 기술

본래의 프로덕트 매니저, 오늘날 FMCG 분야의 대부분의 매니저는 마케팅 기능의 상당 부분을 담당한다. 그들은 고객 요구 사항을 이해하고 전통적인 "4p: 프로덕트product, 유통place, 가격price, 판매 촉진promotion" 마케팅 기법을 사용해 만족시키는 방법을 찾는 데 집중했다.

4p의 핵심 지표는 매출과 이익이었지만, FMCG 분야의 새로운 프로덕트의 개발과 생산에 걸리는 긴 리드타임 때문에 마지막 "3p: 유통place, 가격price, 판매 촉진promotion"에 집중하거나 시미즈Shimizu의 "4c: 상품comodity, 비용cost, 소통communication, 유통 경로channel"에 집중하게 됐다. 그리하여 FMCG 분야에서 프로덕트 관리는 주로 패키징, 가격 책정, 프로모션, 브랜드 마케팅 등을 적절하게 혼합하고 기본 프로덕트 개발을 외부에 맡기는 마케팅 역할이었다.

프로덕트 관리 역할이 기술 영역으로 이동하면서 프로덕트에서 개발과 생산을 구분하기 어렵게 됐다. 기술 영역의 신생 회사 대부분은 완전히 새로운 산업을 발명하고 있었는데, 상품에 대한 포장과 가격 책정만으로는 성공할 수 없었다. 이러한 이유로 프로덕트 개발은 다시 프로덕트 관리 역할의 중심으로 되돌아갔다. 프로덕트 개발은 고객과 고객의 요구 사항을 이해하는 것은 물론, 프로덕트 개발에 직접적으로 이어져야 하는 것은 필수적이다.

오늘날에도 여전히 마케팅과 프로덕트 관리 간의 구분은 많은 기술 조직에서 여전히 나타나고 있다. 두 조직 모두 고객과 시장을 이해하고 있다고 느낀다. 그러나 대부분의 기술 조직에서 마케팅 부서는 브랜드와 고객 확보에 대한 주도권을, 프로덕트 부서는 가치 제안과 개발 주도권을 갖고 있다.

프로덕트 관리는 신속하게

기술 산업에서 원래 프로덕트 개발은 폭포수 프로세스에 따라 진행하는 느리고 힘든 과정이었다. 먼저 연구하고 몇 달에 걸쳐 엄청난 프로덕트 요구 문서를 작성한 다음, 엔지니어링 부서에 던지듯이 넘기고 몇 달 후 요구 사항과는 완전히 다른 무언가를 얻게 되면 다시 모든 프로세스를 시작하는 과정이 반복됐다.

2001년 17명의 소프트웨어 엔지니어가 스키 리조트에 모여서 애자일 선언문을 작성했다. 그것은 엄격하고 프로세스 중심인 폭포수 방식의 소프트웨어 개발 방법에 대한 대안으로서 1970년대 만들어진 작업을 기반으로 하고 있다. 애자일과 애자일 선언문은 스크럼과 연관돼 있다. 스크럼은 실제로 DSDM^{Dynamic Systems Development Method}과 XP^{eXtreme Programming}와 같이 다른 방법론처럼 선언문 없이 개발돼 같은 목표를 달성하는 데 사용되고 있다. 칸반^{Kanban}은 또 다른 훌륭한 방법론으로 1953년 이래 토요타 생산 시스템에서 타이치 오노와 에이지 토요다가 적용한 이래 오늘날 프로덕트 개발에 널리 사용되고 있다.

출발이 무엇이었든, 애자일 선언문은 다양한 방법론의 원칙을 훌륭하게 표현했으며 오늘날에도 여전히 매우 큰 영향력과 가치가 있다.

우리는 소프트웨어를 개발하는 더 나은 방법을 찾고 다른 사람들을 도와주고 있다. 이 일을 통해 우리는 가치를 얻게 됐다.

- **개인과 상호작용** : 프로세스 및 도구 사용
- **소프트웨어 작업하기** : 종합적인 문서 사용
- **고객과 협력** : 계약에 대한 협상
- **변화에 대응하기** : 계획 실행

오른쪽 항목이 가치가 있지만, 우리는 왼쪽 항목에 더 가치를 둔다.

애자일 선언문은 개발 프로세스의 중요한 전환점이 됐고 프로덕트 개발에 큰 영향을 줬다. 생각 없이 정해진 명세대로 찍어 내듯이 만드는 컨베이어

벨트 코더로부터 소프트웨어 엔지니어를 해방시켰을 뿐만 아니라, 프로덕트 관리를 명세서와 같은 결과물 대신 고객과의 협업에 집중하도록 했다.

이러한 관심의 이동은 많은 계층에 영향을 줬다. 첫째, 프로덕트 관리와 엔지니어링 사이를 적대 관계에서 협업 관계로 바꿨다. 스크럼은 프로덕트 소유자의 역할을 고안했고, 애자일 방법은 프로덕트 관리와 엔지니어링 사이에서 고객 문제의 최적의 솔루션을 찾고 구축하기 위한 최상의 방법으로 빈번하고 직접적인 소통을 채택했다.

두 번째로 고객에 초점을 맞추면서 프로젝트의 연구, 명세, 개발 단계 사이의 인위적인 분리가 완화됐다. 격차가 완전히 제거되지는 않았지만 그 간격을 줄이는 긍정적인 방향으로 변화하고 있다. 이런 움직임은 나중에 검토하던 UX 요소를 프로젝트 초기부터 고려하는 대상이 되도록 했다. 이것은 결국 진행 중인 발견과 개발 프로세스에서 필수적인 역할을 수행하게 했다. 아직 업계가 완전히 통합된 고객 중심 프로세스로 전환되지는 않았다. 시간이 흐르면 애자일이 프로덕트 리더십에 얼마나 깊은 영향을 주게 됐는지 알려줄 것이다.

마지막으로, 이러한 원칙은 린 사례 생성과 린 스타트업과 린 엔터프라이즈 개발 과정을 통해 비즈니스에 스며들었다. 앞서 언급한 지속적인 개선 방식의 일본 카이젠 전통 위에 애자일을 도입하고, 프로덕트 개발과 비즈니스 그 자체에도 반복적인 접근이 이뤄졌다. 새롭게 나타나는 패턴은 우리 기술을 진보하게 하는 흥미롭고 고무적이고 매력적인 것이다.

프로덕트 관리는 독립된 기능으로

최근까지 프로덕트 관리는 통상 마케팅이나 엔지니어링 기능의 일부로 간

주돼 왔다. 이런 계층 구조를 통해 보고된 내용은 자연스럽게 하나 이상의 다른 영역과 연계됐고, 이러한 모호함 때문에 우선순위와 집중 영역을 두고 다른 부서와 충돌에 휘말리게 됐다.

오늘날 프로덕트 관리는 상당한 관리 영역을 가지고 CEO에게 직접 보고하는 독립된 기능이다. 이 시점에서야 프로덕트 관리가 프로덕트 리더십이 된다. CEO와 직접적인 관계가 있는 프로덕트 리더(경우에 따라 CEO 자신)는 비전과 실행을 묶는 구심점이 된다. 프로덕트 팀을 직접 비즈니스 비전과 목표에 연계하고, CEO를 비전에 대한 내부 및 외부 전도자가 되게 하고, 그들에게 어려운 조력을 요청할 수 있게 하는 독립성을 제공한다.

이러한 사례의 대표적인 것이 프로덕트 출시 가격을 결정하는 판매와 마케팅 간 경쟁이다. 최근 이 중요한 결정권이 프로덕트 리더에게로 이동하고 있다. 프로덕트 리더는 사용자의 이익을 가장 잘 대변하고, 적합한 고객에게 적절한 가격으로 적절한 솔루션을 판매해 높은 예상 수익을 위해 노력하고 있다. "프로덕트 관리는 적어도 엔지니어링과 마케팅의 동료가 돼야 한다." GV의 켄 노튼의 말이다. "그건 CEO에게 보고돼야 한다. 회사를 운영하는 사람이 직접 책임져야 한다."

공동 저자이며 마스터 매니저인 네이트 워킹쇼는 감독된 발견[2] 프로세스에서 묻는다. "프로덕트를 발견하고 제공한 팀이 회사의 비전이나 전략, 문화, 프로세스를 변경할 수 있는 권한을 부여받았습니까?" 이는 프로덕트 리더가 물어볼 수 있는 가장 중요한 질문일 수 있다. 대답이 '아니오'인 경우 프로덕트 그룹은 시작부터 엉망이 될 것이다. 프로덕트 관리가 어떻게 프로덕

---

2 감독된 발견(directed discovery): 진정한 고객의 문제를 이해하고 해결해 프로덕트에 반영하는 기법. 고객의 소리(VOC, Voice Of the Vustomer), 고객 선호 테스트(CPT, Customer Preference Testing), 고객 확인 테스트(CCT, Customer Confirmation Testing), 출시 네 단계로 구성된다. – 옮긴이

트 조직의 전반적인 문화와 리더십에 영향을 미치는지는 프로덕트 리더십과 관리의 관계에서 알 수 있다. 이 관계가 도전과 기회를 제공하며, 이 책에서 이를 다룬다.

프로덕트 관리를 위한 다음 단계는 무엇인가?

훌륭한 프로덕트 관리는 지속 가능한 경쟁 우위를 확보하고 있으며 계속 진화하고 있다. 이 프로덕트 관리는 현재 시장에서 빠르게 최고의 성과를 내는 혁신적인 많은 기업(프로덕트와 사용자 중심 전략과 문화에 대한 분명한 시각을 유지)의 프로덕트와 기술 전략으로 논의될 수 있다.

프로덕트 관리는 계속해서 많은 조직에서 사용자 확보 활동을 프로덕트의 일부로 만들고, 우수한 프로덕트가 가장 비용 효율적이고 가장 빠르게 성장하는 방법이라는 것을 인식해 마케팅의 일부 기능을 흡수하고 있다. 사용자 경험 요소를 지속적으로 파악해 사용자 흐름과 경험을 시각적 디자인에서 분리한다. 팀, 프로덕트, 마켓에 스크럼, 칸반, 그밖의 모든 것, 또는 언급한 모두를 조합한 가장 잘 맞는 유연한 프로세스를 수용한다.

무엇보다 중요한 것은 프로덕트 관리가 조직 내에서 널리 인정받고 있다는 것이다. 여러분이 엔지니어, 디자이너, 창업자 또는 프로덕트 매니저가 될 수 있는 분야가 됐다. 중요한 것은 프로덕트에 초점을 맞추고, 어떻게 프로덕트가 고객 요구를 충족시키느냐는 것이다. 성공적인 프로덕트 관리와 리더십의 미래는 프로덕트 조직이 고객 경험에 기반해야 한다는 것이 우리의 강한 믿음이다. 엔지니어, 설계, 마케팅 또는 단위 경제에 관한 것이 아니라 고객의 문제를 진정으로 해결하는 것이다. 프로듀스 랩스Produx Labs의 프로덕트 관리 전문가 멜리사 페리Melissa Perri는 말한다. "가치는 고객의 문제를 실제로 해결하는 데 있다. 가치는 결과물이 아니라 성과물이다."

프로덕트 리더들은 사용자 중심의 전체론적 기반 위에 회사의 구축 능력을 변화시킬 수 있는, 새롭게 나아갈 길을 정의하는 최정점에 있다. 이러한 기반을 가진 기업은 끝없는 지구력을 얻게 될 것이다. 이러한 조직에서 프로덕트의 성공은 단기 비즈니스 결과가 아닌 사용자의 최대 관심사와 프로덕트가 지원하는 에코시스템의 건강이다. 이 지식은 기업이 지속 가능하지 않을 수도 있는 단기 성과에 연연하지 않도록 도움을 줄 수 있다. 운영, 판매, 마케팅 등 필수 관리 영역이 있지만, 프로덕트 조직에는 이 모든 관리 영역이 사용자 경험을 지원하기 위해 필요하다. 이러한 관리 영역은 프로덕트의 효과성을 지지하는 데 필요하지만, 프로덕트 관리, 사용자 경험, 디자인, 프로덕트 엔지니어링은 지속적으로 진화하는 프로덕트 마켓에 맞게 방향을 이동해야 한다. 출시한 날에 역사가 만들어졌다는 업계의 격언이 있다. 프로덕트를 출시하는 순간은 당신이 역사다. 그 순간은 진화하고 개선해야 하는 신호일 뿐이다. 이것을 잘할 수 있는 프로덕트 관리 조직을 구축하면 전체 비즈니스가 성공할 수 있다.

2

프로덕트 리더십이 중요한 이유

프로덕트 리더의 영향력

프로덕트 리더는 프로덕트의 성공과 실패에 대한 책임을 지고 있으며, 넓게는 기업의 성공 여부에 책임이 있다. 그 영향력을 과소평가하면 안 된다. 켄 노튼에 의하면 프로덕트 리더는 "기업의 비전을 실천하는 자"로서 항상 회사를 이끌면서 "회사에서 비즈니스로 성취하고자 하는 것과 성공을 얻기 위해 해야 하는 가장 중요한 것에 초점을 맞춘다"고 한다. 노튼의 GV에서의 시간은 프로덕트 리더십의 중요성을 확신하게 했다. 그는 프로덕트 리더가 프로덕트에 대한 비전을 가지고 1년 후, 5년 후, 10년 후의 위치를 파악하고 비전을 리더십 팀과 조직에 넓게 분명히 밝혀야 한다고 생각했다. 프로덕트 비전을 수립하고 비전 달성을 위한 계획을 세우는 것은 조직의 성공과 관련이 있다.

성공적인 벤처 캐피탈 회사 앤드리슨 호로위츠Andreessen Horowitz의 벤 호로위츠Ben Horowitz는 15년 전 넷스케이프Netscape의 프로덕트 매니저로 일하면서 다음과 같이 말했다. "훌륭한 프로덕트 매니저는 프로덕트의 CEO로 간주되고 CEO처럼 행동한다. 우수한 프로덕트 매니저는 현실적인 비전을 가지고 있으며, 비전이 무엇이든지 실현되도록 보장한다. 모든 프로덕트 팀원은 우수한 프로덕트 매니저를 프로덕트의 리더로 생각한다." CEO에 대한 비유는 문제가 있을 수 있지만 성공적인 프로덕트 리더는 CEO와 같다. 프로덕트 매니저는 단지 관리자가 아니라 리더라는 것을 이해하는 것이 이 책의 핵심이다. 이러한 내용이 책 전체에 반복되더라도 용서하기 바란다. 이 점은 강조할 가치가 있다.

진화하는 조직

프로덕트 팀은 프로덕트의 제작, 마케팅, 지원, 세일즈 팀에 대한 권한이 거의 없지만 거대한 영향력을 발휘해야 하는 독특한 위치에 있다. "프로덕트 매니저는 상관이 아니다. 자신의 역할이 아니라 행동과 리더십 스킬을 통해 권한을 획득하는 것이다"라고 노튼은 말한다. 매니저가 직책의 힘으로 의사 결정과 팀에 대한 권한을 갖던 이전 세대와는 다르다. 시대는 바뀌었고, 새로운 관리 방식이 등장하고 있다. 노튼의 말처럼 현대의 관리 체계는 적극적인 행동으로 성과를 얻고 있다.

프로덕트 리더는 역할에 부여된 권한으로 다른 사람을 이끄는 자격이 있다고 생각하면 안 된다. "책임진다는 것은 책임을 지는 팀이 있음을 의미한다. 내 역할은 팀이 일하도록 하는 것이다." 트랜스퍼와이즈의 닐런 페이리스의 말이다. "그들은 팀 안에서 채용, 문화, 리더십에 대한 솔직한 생각으로 함께 일한다." 이런 협력은 우연히 발생하지 않는다. 프로덕트 매니저와 리더에게는 높은 수준의 전략과 비전은 물론 평범한 일상에서 문화를 만들고 팀을 이끌어 가는 데 적극적으로 참여하는 자세가 기대된다.

프로덕트 팀을 다른 부서와 동료로 보는 것에 대해 "엔지니어링, 프로덕트, 마케팅 간의 건강한 긴장감과 각 부서가 생각하는 다양한 방식을 만든다. 이 건강함이 프로덕트 관리가 프로덕트와 회사를 위해 모든 안을 종합해서 최적의 결정에 이르게 한다"라고 노튼은 거듭 말한다. 다른 팀과 외부에서 오는 피드백에 대응하고 마찰을 조정하는 것이 역할의 일부다. 진화하는 조직은 마찰을 없애는 것이 임무가 아니라는 것을 깨닫고, 마찰에서 오는 결과에서 통찰력을 얻어야 한다. 스티브 셀저Steve Selzer는 혼란은 막으면서 마찰을 다뤄야 한다고 열정적으로 주장한다. 에어비앤비Airbnb의 경험 디자인 매니저는 빈약하게 설계된 UX에서 오는 마찰을 언급하는데, 그의 통찰력은 프로덕트의 모든 측면과 관련이 있다. "일반적으로는 마찰을 제거하는 것이 좋지만, 성장하는 데 도움이 되는 마찰은 유지해야 한다. 도움이 되는 마찰이 유지되면, 변화를 잘 다룰 수 있게 되고 튼튼해진다"고 셀저는 말한다. 프로덕트 생산 시 흔한 사례처럼 성공적인 프로덕트 디자인에 적용되는 규칙은 성공적인 프로덕트 팀 리더십에도 적용된다.

팀

팀이 없으면 프로덕트 리더도 존재하지 않을 것이다. 성공적인 리더의 실력은 팀의 성공에 반영된다. 마찬가지로 실력이 부족한 리더는 그 실력이 팀의 실패로 드러난다. 프로덕트 리더가 팀의 효과성에 따라 보상을 받는다면 좀 더 성공적인 프로덕트를 갖게 될 것이다. 어떻게 팀을 구성하고 개발, 지도할지는 프로덕트 리더의 가장 중요한 역할 중 하나다. 의심의 여지없이 직무에서 가장 어려운 부분이다. 다음은 드리프트의 CEO 겸 공동 창업자 데이비드 캔슬의 말이다. "모든 팀은 개성을 다룬다. 세일즈와 마케팅은 리더십 관점의 개성을 갖고 있다. 그러나 프로덕트는 매우 다르고 무척 흥미롭다. 우선 프로덕트 매니저, 엔지니어, 디자이너가 전 세계 모든 프로덕트 선택권을 가진 시장에 있다. 그러면 왜 다른 프로덕트들과 비교해서 당신의 프로덕트를 위해 일해야 할까?" 퍼포머블Performable과 허브스팟에서 프로덕트 팀을 이끌고 있고 컴피트Compete(WPP가 인수) CTO이기도 했던 캔슬은 프로덕트 리더십에 대해 탁월한 견해를 갖고 있다. "매우 하향식이고 규칙 중심적인 리더십은 다른 팀에서는 다를 수 있다."

프로덕트 리더는 경영진의 비전과 실제 작업을 연결하는 구심점으로서의 책임이 커지고 있기 때문에 점점 더 중요해지고 있다. 로컬리틱스Localytics의 프로덕트 관리 이사 브라이언 던Bryan Dunn은 회사 초창기 시절을 회상했다. "회사가 작았을 때는 CEO와 COO가 프로덕트에 대한 많은 결정을 내렸다. 그러나 회사가 성장하면서 결정 범위는 크게 확장되지 않았다. CEO와 COO는 몇 가지 결정을 내리기는 했지만, 그 결정이 가진 모든 결과와 절충점을 이해할 수 있는 세부적인 부분까지는 파악할 수 없었다. CEO와 COO가 잠재적인 가치를 볼 수 있었겠지만, 시장이 원하는 것을 엔지니어링 팀에게 전달하기 위해 고객과 함께 타당성과 유용성을 파악하는 충분한 시간과 깊이가 없었다."

프로덕트 리더는 실행 가능성, 타당성 및 유용성의 균형을 맞춰야 한다. 이를 위해 성공 측면에서는 경영진에 기대어 실행 가능성을 타당성과 유용성으로 해석해 접근한다. CEO는 기업의 일반적인 방향을 설정해야 한다. 일부 초기 단계 기업은 CEO가 자금을 마련하고 능력 있는 관리자를 모집하는 등 또 다른 많은 일을 할 수도 있다. 던은 "나는 프로덕트 매니저가 해야 하는 구체적인 일에 대해 고객과 많은 대화를 통해 달성해야 하는 목표에 대한 의견을 내기 시작했다"고 말한다. 던의 사례는 고객과 가장 가까이 있는 사람이 프로덕트 결정에 가장 적합하다는 것을 보여준다. 즉, 프로덕트 리더가 프로덕트의 방향성을 마련하는 데 가장 적합함을 보여준다. 프로덕트 리더는 고객 경험에 대해 직접적인 통찰력을 가지고 있다. 이러한 통찰력은 조직 내 모든 고위 임원은 이용하지 않거나 염두에 두지 않을 수도 있다. 프로덕트 리더는 반드시 조직의 프로덕트 방향을 이끌 수 있는 권한을 가져야 한다.

제조업체

정보 흐름을 관리하고 고객을 지원하도록 조직을 지휘하는 것은 프로덕트 매니저의 중요한 역할이다. 내부 팀을 지휘하는 것은 가장 본질적인 업무다. "프로덕트 팀에서는 제조업체를 상대해야 한다"고 캔슬은 말한다. "제조사는 서로 다르고 때로는 까다롭거나 이상하다. 프로덕트 팀은 모두가 제조사이므로 각 팀에서 다뤄야 하는 문제는 팀 구성 방법, 팀 내의 조정 방법, 팀 구성원에게 동기를 부여하는 방법 등으로 매우 다르다." 제조사는 재료를 만들고 문제를 해결할 때 중단이 없어야 한다. 일부 프로세스는 집중해야 하는 시간을 방해할 수 있다. 모든 매니저와 리더는 팀의 결과물에 따라 평가를 받아야 하며 프로덕트 리더도 다르지 않다. 제조사 팀을 관리하는 경우라면 팀을 산만한 환경 속에서 얼마나 잘 관리했나와 팀원이 무엇을 만들었는지에 따라 하루가 평가된다. 이 관점으로 프로덕트 리더를 과거의 관리와 구별한다. 더 이상 부하에게 명령하지 않고, 서로에게 가치가 있는 목표를 향해 창조적인 인격체에게 감정적인 동기를 부여한다. 제작자와 문제 해결사가 일할 수 있는 안전하고 정신적이고 신체적인 장소를 만들고, 팀을 영웅으로 만든다. 리더는 팀의 후원자, 코치, 가이드, 멘토, 치어리더라는 것을 의미한다. 어떤 임원급 프로덕트 책임자는 "내가 수석 엔지니어링 매니저였을 때의 임무는 기술과 프로세스에 관한 것이었는데, 이제는 최고 프로덕트 책임자CPO, Chief Product Officer로 사람과 감정을 다루는 임무를 수행한다"고 말한다.

프로덕트 리더십에 관한 특별한 과제: 자리 이상의 그 무엇

프로덕트 관리와 프로덕트 리더십은 새로운 역할이 아니다. 프로덕트 리더십은 과거 어느 때보다 더 분명히 정의되고 가시화됐지만, 얼마 동안은 주변에만 머물러 있었다. 우리의 인터뷰 대상자들은 1990년대 후반부터 인터넷과 웹 프로덕트를 마케팅하고 설계, 개발해왔다. 그때도 프로덕트 매니저와 프로덕트 리더가 비즈니스를 관리하고 있었다. 그때보다 개선된 사항은 프로덕트 리더의 역할이 전반적으로 비즈니스 회의 안으로 점차 통합돼 왔다는 것이다. 과거 프로덕트 매니저는 때때로 라인 매니저 또는 기능 리더였다. 현재의 시장은 프로덕트 조직의 최고위층과 함께하는 프로덕트 리더를 볼 수 있다. 새로운 직함과 새로운 권한이 언제나 새로운 책임을 의미하지는 않는다. 프로덕트는 계속 출시돼야 한다. 하지만 이 변화를 통해 프로덕트 리더가 우선순위를 표현하는 데 필요한 가시성을 확보했다. 도전 과제는 비슷할 수도 있지만, 적절하게 다루기 위한 주의가 필요하다.

프로덕트 리더와의 대화에서 들었던 것은 프로덕트 리더가 가진 가치와 역할은 명확하지만 비즈니스 내 다른 사람에게도 언제나 명확하지는 않았다는 점이었다. 최악의 시나리오는 프로덕트 리더가 전통적인 디자이너, 경험 디자이너, 개발자, 엔지니어, 마케팅 담당자와 혼동되는 경우다. 이런 상황은 이해할 수 있다. 중소기업과 스타트업에서 주로 나타나는 현상인데, 이러한 혼란이 발생하는 원인 중 하나는 프로덕트 리더가 종종 여러 역할을 하기 때문이다. 이러한 젊은 조직에서는 프로덕트 리더가 UX 디자이너를 이끄는 역할로 참여할 수 있지만, 프로덕트 결과물의 모든 범위를 계속해서 관리해야 한다. 프로덕트 매니저가 여러 가지 일을 해야 하는 것을 지지하진 않지만 그런 일이 일어난다. 때로는 그냥 훌륭한 팀 리더가 아닌, 정말 훌륭한 팀 리더라도 그들이 필요한 업무에 뛰어들 수 있다. 최고의 리더는 조직 여기저기에서 긍정적인 영향을 미치므로 프로덕트 매니저와 리더가 모든 곳에 있는 것처럼 보일 수 있다. 프로덕트 리더는 실제로 프로덕트를 성공적으로 출하하는 데 필요한 모든 조치들을 취하고 있다. 프로덕트 리더 입장에서는 그러한 일들이 중요하기 때문이다.

"다른 리더십 역할을 위해서 최상의 마케팅 방법, 최상의 아키텍처 결정, 서비스 팀을 위한 최선의 선택을 이끌어 내기 위한 다양한 관점을 논의해야 할 책임이 있다." 롤라의 프로덕트 담당 부사장 엘렌 치사의 말이다. "프로덕트 관점에서 볼 때, 이것은 모든 조각을 한데 모으는 것에 불과하기 때문에 이것이 프로덕트를 위한 최선이라고는 할 수 없다. 각 리더가 가진 전문성을 종합하고 이해해 가장 효과적인 전략을 만들어 내는 것이 리더의 역할이다."

프로덕트 리더십이 아닌 것

프로덕트 리더가 모든 것에 대한 답을 할 수는 없다. 특히 역동적인 환경에서는 모든 해답을 얻을 수 없다. 프로덕트 조직은 믿을 수 없을 만큼 복잡한 장소이며, 한 사람이 모든 솔루션을 내놓을 수 없다. 프로덕트 리더는 자기 직무의 세세한 기술 항목을 모두 암기할 수 없으며, 시간 낭비일 뿐이다. 대신, 시간을 생산적으로 사용해 핵심을 묻는 질문이 무엇이고 이러한 질문에 대한 답을 어디서 찾을 수 있을지 파악해야 한다. 모든 팀원이 "잘 모르겠지만 해결할 수 있다"고 말하는 긍정적인 문화는 책임감과 성숙함을 키운다. 인간 검색 엔진이 되는 것보다는 훨씬 더 좋은 전략이다.

프로덕트 리더십을 전략적으로 만드는 요인

프로덕트 리더십은 "모든 유형의 리더십 역할과 공통점이 많은데, 무엇인가를 달성하기 위해서 팀을 이끄는 방법보다 일상적인 업무는 덜 중요해지고 있다"고 우버의 프로덕트 제1책임자이며, 5백 개 스타트업의 멘토인 미나 라드하크리슈난은 말한다. 프로덕트 리더십, 마케팅 리더십, 엔지니어링 리더십 여부와 상관없이 모든 리더십 역할에 요구되는 공통적인 요인은 내가 얼마나 많이 하는지와 남을 얼마나 많이 할 수 있게 하느냐다. 라드하크리슈난은 "프로덕트 리더십의 차이점은 전략에 초점을 맞추고 서로 다른 모든 요소가 어떻게 기업 전략에 통합되게 할까를 고민하는 것이다. 본질적으로 프로덕트 전략은 기업의 전략이다"라고 덧붙인다. 궁극적으로 프로덕트 리더는 프로덕트 전략의 책임을 지고 있지만 앞서 말한 것처럼 권한 없이 회사의 전략 아래 있는 엔지니어링, 마케팅, 디자인 등 다른 팀을 이끌어야 한다.

프로덕트 리더를 밤에 깨우는 것

최근 설문 조사에서 마인드 더 프로덕트와 유저뮤즈UserMuse의 창립자이자 프로덕트 매니저인 크리스천 보닐라Christian Bonilla는 프로덕트 매니저와 리더가 직면한 문제점을 조사했다. 그 결과 시장 조사 없는 로드맵 결정이 가장 높았고, 다음으로 경영진을 대하는 것, 인력을 고용하고 인재를 개발하고 전략을 조정하는 것으로 나타났다.

아이디어, 기능, 프로젝트의 우선순위 정하기

아이디어와 기능의 우선순위 결정이 프로덕트 리더가 직면한 과제라는 것은 놀라운 일이 아니다. 프로덕트 매니저의 가장 어려운 역할은 시간, 비용, 에너지를 소비할 대상을 결정하는 것이다. 이것은 매우 격론을 일으키는 주제이기 때문이다. 이것은 단지 아이디어나 기능을 의미하지 않는다. 사람들은 프로젝트를 소중히 생각하고 감정적으로 깊숙히 연결돼 있다.

마인드 더 프로덕트 조사에서 프로덕트 매니저의 49%가 시장에서 진정으로 필요로 하는 프로덕트인지 여부를 확인하기 위한 시장 조사를 최우선 과제로 꼽았다. 엔터프라이즈 소프트웨어 PM의 응답에서는 이 수치가 최대 62%까지 올라간다. 즉, 엔터프라이즈 프로덕트 리더 중 거의 3분의 2가 항상 어떤 프로젝트가 필요한지 고민하고 있다. 이를 바탕으로 엔터프라이즈 프로덕트 리더는 프로젝트의 우선순위를 정하고 다른 사람들에게 프로덕트 릴리스를 알리는 데 필요한 시간을 할애해서 소통해야 한다. 그것은 만족하지 못하는 많은 사람들과 해야 하는 힘든 의사소통이다. 사람들을 실망시킬 수도 있는 힘든 결정을 내리는 일은 스트레스가 많다.

그것이 전부는 아니다. 크든 작든 모든 조직에서는 이해관계자를 상대해야 한다. 이따금 경영진은 최고결정권자의 의견에 대한 이해나 필요한 데이터 없이 자신의 선택이나 의견을 강요할 것이다. 그래서 경영진은 경멸적인 의미인 HiPPO^{Highest Paid Person's Opinion}(보수를 가장 많이 받는 사람의 의견)로 알려져 있다. 그러나 불행한 상황이 이 용어처럼 경영진으로부터 오는 것은 아니다. 고위 임원은 거의 악의가 없으므로, 그들에게 생각이 없다고 치부하는 것은 단지 고정관념을 강화하는 것이다.

현실에서 증거 없는 이해관계자의 불확실한 의사 결정은 가장 잘 짜인 계획조차 흐트러뜨릴 수 있다. 높은 수준의 아이디어가 필수 항목으로 로드맵에 추가될 때 누구도 좋아하지 않는다. 특히 검증되지 않는 경우에는 더욱 그렇다. "팀이 또 다른 경영진의 급습을 경험했다." 유저 인터페이스 엔지니어링^{User Interface Engineering} 설립자이며 센터센터^{CenterCentre}의 공동 창업자 자레드 스풀^{Jared Spool}은 이러한 경영진의 결정을 갈매기 공격에 비유했다. "경영진이 프로젝트에 뛰어들어 팀 디자인의 모든 부분을 망가뜨리고, 빠르게 지나가면서 잔해를 남긴다." 유머러스한 스풀의 과장법이다. 팀과 리더는 더 자주 공통의 목표를 향해 노력하고 있으며 잔재물과 잔해가 남는 것을 기대하지 않는다. 증거의 부재는 극적인 것 없이 설명할 수 있다.

많은 프로덕트 전문가들에게 프로덕트의 로드맵이 다른 긴급 사안으로 대체되는 상황은 불가피하다. 2015년 오라일리에서 펴낸『Articulating Design Decision』의 저자 톰 그리버^{Tom Greever}는 이러한 로드맵 대체 결정을 'CEO 버튼'이라고 부른다. "경영진의 비정상적이고 예기치 못한 요구는 프로젝트의 균형을 완전히 파괴하고 디자이너의 존재를 불필요하게 하는 기능을 추가한다." 프로덕트 로드맵이 다른 긴급 사안으로 대체되는 상황은 가끔은 무해할 수도 있지만, 계속 점검하지 않으면 결국 프로덕트를 탈선시킬 것이다. 다행히 해결책이 있지만 빨리 해결되지는 않는다.

우선순위 지정은 여러 아이디어에서 한 사람의 아이디어를 선택하는 것으로 종종 인식되기 때문에 양극화될 수 있다. 바로 처리해야 할 아이디어와 기능에 개인적인 시간 등을 투자하게 되면 감정이 이입될 수 있다. 솔루션은 여러 관점에서 협력하는 것이다. 프로덕트 리더의 역할은 모든 이해관계자를 연결하고 모두에게 왜 그런 선택을 했는지 설명하는 것이다. 즉, 프로덕트의 비전과 목적을 공유할 수 있도록 개발하는 것부터 시작해야 한다. 팀이 큰 그림에 동의하지 않으면, 아마도 아주 작은 기능에도 동의하지 않을 것이다.

"프로덕트 매니저의 임무는 회사가 올바른 프로덕트를 만들고 있는지 확인하는 것이지만, 대다수는 우리가 그렇게 하고 있지 않다고 느낀다." 유저뮤즈의 크리스천 보닐라의 말이다. "우선순위 버킷에 있는 거의 모든 응답은 시장에서 유효성 검사를 할 시간이 전혀 없다는 걸 보여줬다." 보닐라는 반복되는 단조로움에 갇혀서 프로덕트 성공에 가장 가치 있는 것을 잊어버린 모두를 상기시킨다. "시장이 원하지 않거나 필요로 하지 않는 기능을 구축하기 위해 얼마나 많은 시간과 돈, 에너지가 낭비되고 있는지 생각할 때 조금은 냉정해질 수 있다. 또한 많은 프로덕트 리더의 경력 개발이 당연히 해야 할 일보다 느리다는 것을 알 수 있다." 그래서 프로덕트 리더가 우선순위를 설정하는 예술과 과학을 배우는 것이 강조된다.

미나 라드하크리슈난은 다음과 같이 덧붙인다. "프로덕트 리더십의 큰 부분은 왜 우리가 이것을 해야 하는지 생각하고, 그것을 기반으로 '우린 지금 그것을 해서는 안 된다. 그 일은 지금 우리의 큰 전략에 문맥적으로 맞지 않는다'고 말하는 것이다. 나는 그것이 정말 중요하다고 생각한다."

미래의 좌절을 피하는 한 가지 방법은 계획 중인 아이디어, 기능, 상호작용에 대해 시험 가능한 프로토타입을 만드는 것이다. 프로토타입은 대부분의 디자인 기능, 상호작용을 가능하게 한다. 프로토타입을 수행하는 가장 쉬운 방법은 디자인 스프린트나 감독된 발견Directed Discovery을 사용하는 것이다. 두 가지 접근법은 가설 검정을 개발한 다음 결과를 생성하기 위해 적절한 테스트 사이클을 실행하고 가설에 대한 즉각적인 증거를 제공하는 과학적 방법을 기반으로 한다. 자레드 스풀은 디자인 스프린트에 대해 이렇게 말한다. "팀이 프로토타입을 위해 실제 사용자를 초청하면 설계된 디자인을 지지하는 사용자의 요구 사항을 수집할 수 있고, 팀은 경영진에게 설계서와 함께 데이터를 제시할 수 있다. 경영진에게 팀은 데이터와 데이터에서 나온 디자인을 함께 제시할 수 있다. 디자인 결정에 대한 데이터는 경영진이 주장할 수 있는 부정적인 영향을 감소시키며, 현명한 경영진은 이 접근 방식을 채택할 것이다."

효과적이고 생산적인 협업

협업은 성과를 얻는 방법이다. 협업의 성과는 통찰력에서 온다. "협업이 합의가 아니라는 것을 기억해야 한다. 모든 사람이 동의해야 하는 것이 아니다. 사실, 합의는 거의 일어나지 않는다." 프레시 틸드 소일의 수석 디자인 전략가이자 『Design Sprint』(O'Reilly, 2015)의 공동 저자 C. 토드 롬바르도 C. Todd Lombardo는 말한다. "로드맵 우선순위 접근법은 최고 수준의 공동 창조로 이케아IKEA 효과와 유사하다. 우리가 직접 만들었기 때문에 우리는 이케아 가구를 사랑한다. 프로덕트 로드맵 구성에도 동일하게 적용된다. 전체 팀을 참여시켜야 하고 엑셀 파일을 이메일로 보내면 안 된다. 그렇지 않으면 갑자기 격렬한 분노로 이메일과 슬랙 채널이 갑자기 폭발하는 것을 보게 될 것이다."

수백 가지 프로덕트 디자인 세션을 주도해온 롬바르도는 협력의 장애물을 극복하는 방법을 구조화되고 반복 가능한 방식으로 각 사람의 관점과 의견의 세부 사항을 공유하는 것이라고 믿는다. 디자인 스프린트 또는 감독된 발견 접근법에는 팀 리더가 협업 세션을 만드는 데 사용할 수 있는 수십 개의 개별 연습이 있다(그림 2-1 및 그림 2-2 참조). 예를 들어 CEO가 기능을 추가하려는 경우 프로덕트 리더는 CEO가 기능을 추가해야 하는 이유에 대한 세부 정보를 제공받는다. 이 정보는 다른 모든 기능과 관점에 매핑돼 전체 팀은 누가 왜 어떤 기능을 원하는지 확인할 수 있다. 데이터, 증거, 테스트가 없는 아이디어는 연구와 테스트를 거친 아이디어에 대항할 수 없다. 투표 및 순위 지정 연습을 통해 가시성을 높이고 약한 부분을 찾을 수 있다. 엄격한 조사에 노출된 경영진의 결정은 더 쉽게 패할 수 있다. 그러나 이러한 것이 보장되지 않으면 프로덕트 리더는 더 어려운 협상을 준비해야 한다. 롬바르도는 "작업은 개인적인 것이므로, 로드맵 작성 프로세스에 팀을 포함시켜야 한다"고 상기시킨다.

그림 2-1. 길버트 리(Gilbert Lee, 중앙에 서 있음) 플러럴사이트(Pluralsight) 프로덕트 관리와 UX 팀. 각 프로덕트 팀은 교차 기능으로 공동 배치를 한다. 팀은 매주 2시간 동안 경험을 최상의 결과에 이르기 위해 서로의 경험을 연구한다.

그림 2-2. 플러럴사이트의 맷 머릴(Matt Merrill, 왼쪽에 서 있음)은 팀의 지속적인 발견과 배포를 설명하기 위해 노력한다. 성공이란 각 팀의 업무와 모두가 함께 일하고 협력해야 하는 의존성을 이해하는 것을 의미한다.

프로덕트 리더는 관련 분야에 대한 교육을 받고, 팀원에게는 협력 세션을 수행하는 방법을 지도해야 한다. 도구가 없이는 프로덕트 매니저와 리더는 경영진의 의지에 따라 나쁜 선택을 하게 될 수 있다. "그것이 경영진이 직접 디자인 스프린트에 참여할 때의 보너스다." 스풀은 말한다. "경영진은 엄격한 프로세스를 경험하게 되고, 경영진의 지식과 경험을 직접 기여하게 한다." 구조화된 프로덕트 공동 작업 프로세스의 이점은 조직 내 정치를 무력화시키고 주니어의 목소리를 더 많이 들을 수 있게 하는 것이다. 공평한 경기장은 최고의 아이디어를 돋보이게 해서, 우선순위 결정 과정을 무한히 쉽게 만든다. "각 단계마다 진행자가 참가자에게 역할에 상관없이 힘을 실어주도록 고안된 기술을 사용해 활동을 이끌어 낸다. 스프린트 팀의 최하위 멤버의 아이디어와 공헌은 경영진 및 상위 멤버와 같다."

프로세스 기반 솔루션을 사용하는 리더의 통찰력은 리더십 기술(특히 영향력과 관계 구축 기술)을 필요로 한다. 때로는 CEO가 모든 증거가 마련되고 프로세스 작업이 끝난 후에도 그들의 요구 사항이 구현되기를 원한다. 톰 그리버는 자신의 방식을 고집하지 말라고 제안한다. "신뢰를 얻고 CEO와의 관계를 구축하는 것이 그들이 잘못됐다고 이해시키는 것보다 낫다고 주장한다."

또 다른 핵심 기술 프로덕트 리더는 일상의 업무에서 사용자 연구 경험을 사용해 진정한 CEO의 관점과 요구 사항의 이유를 이해한다. 이유를 이해하는 것은 일반적인 이해를 얻고 해결이 필요한 진짜 문제로 되돌아가는 데 도움을 준다.

프로덕트 팀 교육과 개발

팀은 스스로 팀이 되지 않는다. 돈으로 가장 똑똑한 사람들을 얻을 순 있겠지만, 그 똑똑한 사람들이 협력하지 않으면 함께하지 못한 것과 같다. 훌륭한 프로덕트 팀을 만들려면 프로덕트 팀 구성을 프로덕트로 생각해야 한다. 이것은 객체화가 아니라 오히려 사고 연습이다. 프로덕트 팀은 프로덕트를 만드는 프로덕트다. 프로덕트 팀 없이는 프로덕트도 없다. 놀라운 팀이 놀라운 프로덕트를 만든다. 이러한 관점에서 보면 고용, 탑승, 훈련, 개발하는 방법은 다른 프로덕트 설계 문제가 된다. 성공적인 리더가 훌륭한 프로덕트를 만드는 접근법은 훌륭한 프로덕트 팀을 만드는 방법과 동일한 것이다.

프로덕트 디자인의 첫 번째 단계는 목적과 문제를 정의하는 것이다. 팀 개발에서는 발견과 이해의 원칙이 적용된다. 팀 멤버의 구조화된 세션에서 가장 큰 도전 과제와 앞으로 강조할 팀의 목표에 대한 차이를 토론할 수 있다. 디자인 스프린트와 같은 기간이 고정된 도구는 이 교육을 통해 가이드로 사용할 수 있다. 문제를 이해하고 해결책을 찾는 프로세스를 통해 팀을 가이드하고 있는 한, 특정한 접근법은 별로 중요하지 않다. 이상적으로 성과는 팀에서 해결하려는 문제로 결정해야 하며, 이러한 통찰력을 바탕으로 팀이 솔루션을 구현하는 방법에 대한 전략을 세울 수 있다.

협업하는 팀을 얻는 것이 이 작업의 근본적인 이유이므로 서두르면 안 된다. 문제를 이해하고 문제에 기여하는 환경 조성에는 시간이 걸릴 수 있다. 월요일 아침 한 시간은 빠듯할 것이며, 일부 팀은 서로 이해하기 위해 여러 시간이 필요할 수 있다. 지속적이고 일관된 교육이 팀의 주간 일정에 포함돼야 한다. 시간이 오래 걸리겠지만 팀이 공동 의제를 목표로 생산적으로 협력하면, 장기적으로는 시간과 비용을 절약하게 된다.

리더와 팀원을 위한 개인별 성장 계획은 팀 훈련만큼 중요하다. 성장하고 배우기 위해서 모두가 긍정적인 방법으로 자극을 받아야 한다. 안타깝게도 개인별 성장 계획은 첫 번째 회의를 거의 통과하지 못하고, 잘 설계된 성장 계획도 대부분 무시되거나 잊혀진다. 이를 방지하기 위해 분기별 또는 연례 리뷰에서 팀원의 활동에 초점을 맞춘 렌즈를 사용해 짧지만 빈번하게 계획을 확인한다. 이는 개인의 관심을 유지하게 한다. 팀 구성원에게 OKR^Objectives and Key Results(목표 및 주요 결과) 중 하나를 상기시켜주는 것은 생각에서 산만함을 제거해주는 효과가 있다. 또한 정말 중요한 것에 초점을 맞추게 한다. 분기별 검토와 연례 검토는 너무 넓어서 빠르게 움직이는 프로덕트 팀에 필요한 영향을 미치지 못한다.

성공하는 리더에게 스마트한 도구와 프로세스만으로 충분하지 않은 것처럼, 스마트한 사람을 고용하는 것만으로는 충분하지 않다. 올바른 지침과 방향 없이는 훌륭한 사람과 완벽한 프로세스로도 좋은 결과를 얻을 수 없다. 지속적이고 정기적이며 일관된 교육은 팀에게 프로세스의 가치를 가르치는 이익을 제공한다.

3장에서는 다양한 유형의 조직이 직면한 다양한 문제를 좀 더 자세히 알아볼 것이다. 스타트업 팀은 엔터프라이즈 팀과 매우 다르다. 그러나 팀이 성공하기 위한 접근 방식은 모두에게 공통적일 수 있다. 잘 표현된 공통된 문제에 초점을 맞추고, 그 초점을 강화하는 구조를 구축하는 것이 모든 팀의 발전에 공통적으로 필요하다. 좀 더 큰 팀의 목표와 개인별 OKR을 명확하게 연결하는 것은 프로덕트 리더가 시간과 노력을 들여 매일, 매주 실행해야 한다.

외부와 상위 조직 관리하기

프로덕트 리더는 임원, 투자자, 이사회 멤버 등 영향력 높은 이해관계자와 프로덕트 팀 내 설계자, 개발자, 마케팅 담당자 사이에 샌드위치처럼 끼게 된다. 또한 다른 부서, 고객, 파트너, 미디어의 의견까지도 다뤄야 한다. 프로덕트 환경에 대한 전체적인 관점을 개발하고 프로덕트가 고립되면 안 된다는 사실을 이해하면 명확해질 수 있다. 선도적인 프로덕트 창출은 기술에 관한 것이 아닌 생태계에 관한 것이다. 집카^{Zipcar}의 프로덕트 책임자 바네사 페란토^{Vanessa Ferranto}는 "프로덕트는 소프트웨어와 하드웨어가 아니라, 모든 경험과 공동체로 이해해야 한다"라고 설명했다. 어떤 수준의 리더십도 공동체에서의 지위다. 프로덕트 리더에게는 주어진 중요한 역할보다 공동체에서 지위를 가졌다는 사실이 더 중요하다.

주요 이해관계자의 기대치 관리는 간단하지 않지만 가능하다. "경력을 시작할 때는 고객의 입장에서 생각하려고 집중했다. 이제는 이해관계자들에 대해서도 의식하려고 노력한다." 그럽허브^{GrubHub}의 수석 프로덕트 매니저 로즈 그라보스키^{Rose Grabowski}는 이해관계자와의 공감대를 이렇게 설명한다. "이해관계자를 움직이는 것을 생각하는 것보다는, 내가 이해관계자라고 가정하고 내가 원하는 것이 무엇인지 깊이 생각해본다. 내가 세일즈 팀, 엔지니어, 마케팅 담당자, 모든 내부 이해관계자라면 어떨까? 나는 이해관계자의 우려에 대해 정말로 공감하고, 그러한 우려를 깊은 수준에서 고려하도록 노력하고 있다. 나는 다른 사람의 입장을 이해하려고 노력한다."

프로덕트 리더는 다양한 사람을 대하고 개인의 요구 사항과 각각의 독특한 개성까지 다룬다. 페르소나 연습을 사용해 이해관계자의 생태계를 매핑하면 리더에게 프로덕트 생태계의 인물을 시각화하고 자질을 할당할 기회를 줄 수 있다. 누가 장애물이 될지 혹은 의사 결정자가 될지 파악하게 되면 리더는 각 개인을 대하는 전략을 개발할 수 있다. 한걸음 더 나아가 조직과 환경에 대한 경험 맵을 개발하면 프로덕트 리더의 통찰력은 더 깊어진다. 이 작업은 많은 추가 작업이 필요할 수 있지만, 그 작업도 유용한 이익을 가져온다. 장애물을 찾아 해결책을 마련하는 것은 판매가 될 것이냐, 아니냐의 차이를 만든다. 페르소나 지도, 역할/기능, 공감 지도, 경험 지도(그림 2-3 참

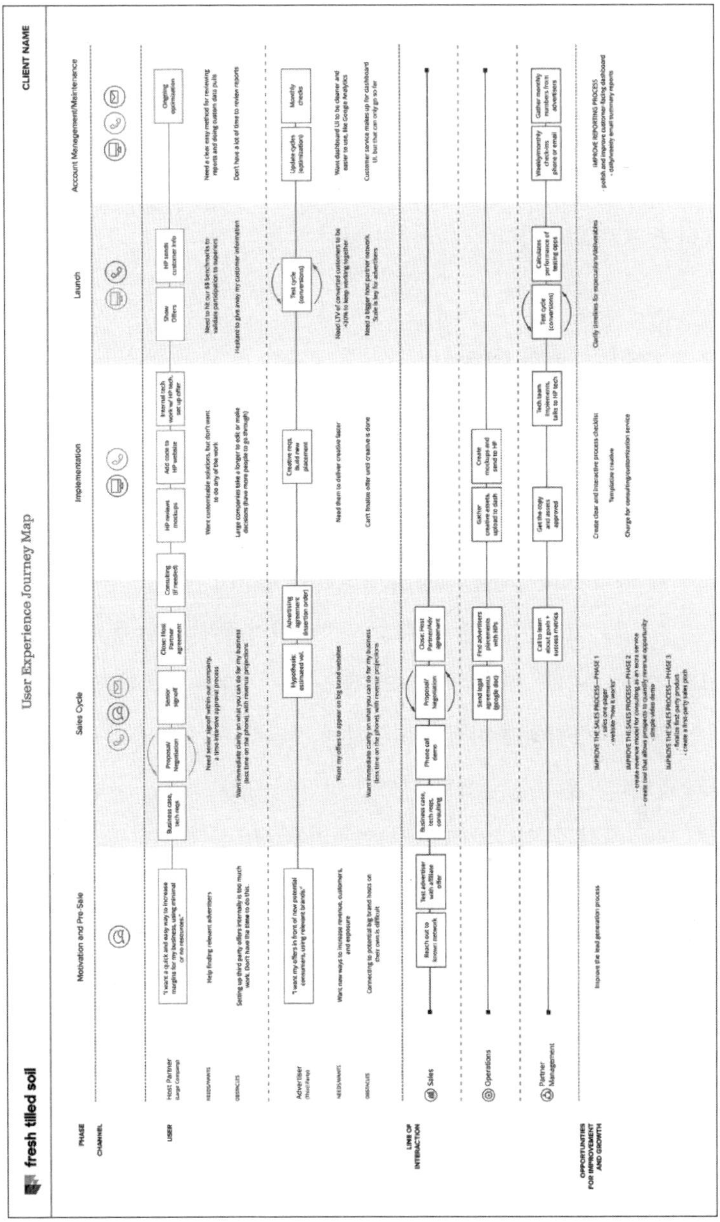

그림 2-3. 체험 지도(출처: 프레시 틸드 소일)

조)는 복잡할 필요가 없다. 이러한 상황을 구성하거나 스케치하는 몇 시간으로 프로덕트 리더는 좌절감을 주는 모호성을 처리할 탄약을 장착할 수 있다.

다시 말하지만, 우리가 사용하는 프로덕트 작성 도구는 프로덕트 리더에게도 똑같이 유용하다. 성공적인 프로덕트 설계와 팀 관리를 위한 개발 연습을 활용하면 프로덕트 리더에게 상당한 이점을 줄 수 있다.

조직을 정렬하고 초점 맞추기

채용, 팀 구성, 다른 그룹 관리를 조직을 공통의 비전에 맞추는 주제에 대해 여러 번 논의했다. 이 주제는 좀 더 주목할 가치가 있다. 공통 비전은 모든 활동과 의사 결정이 연결되는 허브이기 때문이다. 비전은 조직이 초점을 찾고 전체 팀의 에너지와 관심을 조정하고 중요하지 않은 것을 상기시키는 렌즈다. 비전은 조직이 미래에 무엇이 될 것이며 무엇을 덜 중요하게 여길 것인지 분명히 한다. 트루 벤처스의 제프 빈Jeff Veen은 다음과 같이 말한다. "팀의 모든 구성원에게 비전을 명확하게 전달해 팀에 어떻게 기여할지 이해시켜야 한다." 인간은 앞으로 나아갈 방향에 대해 명확한 설명이 있는 상황에서 더욱 잘할 수 있다. 이러한 자연스러운 행동은 비즈니스와 프로덕트 비전으로 이해할 수 있다. 비전에 연계된 팀의 일상 활동은 팀원들을 연결하고 그 경로를 더 명확하게 한다. "사람들을 서로 연결할 수 있다면, 모두가 매우 행복해질 것이다"라고 빈은 말한다. "다른 많은 요인이 있지만, 하고 있는 일이 공유하는 비전에 기여할 것임을 안다면 그때가 황금기다."

비전은 사무실 벽에 붙은 포스터나 팀으로 배달되는 주간 뉴스 레터가 아니다. 미래를 밝히는 데 필요한 에너지와 팀에 정기적으로 전달돼야 하는 개념이다. 정기적인 전체 회의 온보딩Onboarding(신규 직원 적응 훈련)은 비전이 어떻게 전달되는지 보여주는 예다. 기업 비디오를 한 번 보는 것만으로는 충분하지 않다. 기업의 비전은 팀 회의와 전체 회의에서, 가능한 한 매주 언급하고 발표해야 한다.

페이션츠라이크미PatientsLikeMe의 프로덕트 매니저 마이크 브라운Mike Brown은 비전 공유가 얼마나 중요한지 강조한다. "개발 중인 모든 프로덕트의 사람들을 전부 시스템 안에서 연계하는 것이 중요하다. 비전은 UX 측면에서 이상적인 경험을 창출하거나, 연구 또는 엔지니어링 측면에서 올바른 데이터 구조를 갖추는 것에 관한 것도 아니고, 비즈니스 개발 측면에서 돈을 버는 것에 관한 것도 아니다. 이런 모든 것을 함께 모아서 가져와야 한다. 일이 어떻게 동작하는지, 특정한 문제를 해결하는 데 무엇을 해야 하는지 서로 다른 의견을 가진 다양한 사람이 모인 그룹이 있다. 프로덕트 담당자로서 자신이 하고 있는 일에 대해 열정이 없다면, 해결하려는 문제를 정의하는 아이디어와 그 아이디어가 어떻게 동작할지 견해를 가진 매우 영리한 사람들로 구성된 다양한 그룹을 한데 모으는 것은 정말로 어렵다."

비전의 중요성은 과장될 수 없다. 3장에서는 비전 설정에 대해 자세히 살펴볼 것이다.

3

훌륭한 프로덕트 리더

관리는 일을 올바르게 하는 것이다.

리더십은 올바른 일을 하는 것에 관한 것이다.

– 피터 드러커Peter Drucker

프로덕트 원칙 설정

규모에 맞게 팀을 구성하려면 조직의 핵심 프로덕트와 설계 원칙을 팀원 모두가 이해하고 작업에 적용할 수 있도록 개념을 명확히 해야 한다.

인터컴Intercom 프로덕트 담당 부사장 폴 애덤스Paul Adams의 말을 들어보자. "우리에게는 모든 것을 시작하는 세 가지 원칙이 있다. 첫 번째 원칙은 크게 생각하고, 작게 시작하는 것이다. 먼저 큰 시야로 생각하고 범위를 한정해 출시한다. 두 번째 원칙은 출시하기 위해 배우는 것이다. 빨리 출시한다는 것은 빨리 배울 수 있음을 의미한다. 세 번째 원칙은 첫 번째 원칙으로 설계하는 것이다. 경쟁자를 베끼거나 세계 최고의 솔루션이 이미 존재한다고 가정하지 않고 공백 상태에서 시작하는 것이다."

이러한 원칙은 향후 모든 프로덕트 작업을 위한 토대를 마련하고 프로덕트의 각 반복을 구성하는 중요한 결정을 할 때 팀의 가이드라인이 돼 준다.

프로덕트 비전 설정

아마존Amazon의 CEO 겸 창립자인 제프 베조스Jeff Bezos는 "비전에는 완고하고 세부 사항에 유연하게 대처하자"고 조언한다. 비전은 매우 오랜 기간 잠재적으로 유지돼야 한다. 최고의 프로덕트 비전은 시대를 초월하며 기반 기술과는 연결돼 있지 않다. 신생 기업의 비전은 대개 설립자 또는 초기 CEO에 의해 지켜진다. CEO의 책임은 모든 프로덕트 결정 및 프로덕트 로드맵 토론을 통해 직원에게 비전을 상기시키는 것이다. 마이크로소프트Microsoft CEO 사티아 나델라Satya Nadella는 "1992년 회사에 입사했을 때, 우리는 모든 가정에 PC를 설치한다는 미션을 가지고 있었다. 선진국에서는 이 미션을 10년 내에 달성했다. 단기적 목표와 장기적 미션의 혼동이 나를 항상 힘들게 했다"고 고백했다. 장기적 비전을 만들기 위해서는 시간과 트렌드의 연결을 끊는 것이 필수다. 궁극적인 목적 달성은 더 나은 프로덕트를 만드는 명확한 뷰를 통해 결정된다.

회사 비전은 크게 변하지 않을 것이다. 회사나 프로덕트의 방향이 변경된다고 해서 비전이 달라지는 것은 아니다. 다시 말해 비전은 시대를 초월하고 기술이나 트렌드와 연결되지 않아야 한다. 유명 만화 영화 제작사 디즈니Disney의 비전 "사람들을 행복하게"는 어떻게 달성해야 하는지 설명할 필요가 없다. 비전은 단기간의 목표, OKR이나 로드맵으로 전환될 때에도 문제가 없어야 한다. OKR과 로드맵은 변경될 수 있다. 실제로 시장과 고객에게서 새로운 정보가 입수되면 OKR과 로드맵은 변경돼야 한다. 단기 목표는 상황에 잘 적응할 수 있도록 설정돼야 하고 비전에는 상황이 어떤 영향도 끼쳐서는 안 된다.

"로드맵이 변경된 사실을 나 자신이나 다른 사람에게 알리는 것은 어렵다." 인밸류어블Invaluable의 프로덕트 관리 이사였고 현재 그럽허브의 수석 프로덕트 매니저 로즈 그라보스키의 설명이다. "항상 '내일'은 바뀐다. 내일이 된다고 하더라도 그 다음날은 또 바뀔 것이다. 어쩌면 내일이 아니더라도 새로운 것을 항상 배우고 방향에 대한 생각이 필요하다는 사실을 잘 알고 있을 것이다." 그라보스키는 마감일이 항상 변경되고, 새로운 문제에 직면해 있는 모든 프로덕트 현장 사람들에게 익숙한 환경을 설명한다. "말하기는 어렵지만, '우리는 뭔가를 보여줘야 한다. 그리고 끊임없이 변경되는 노트를 소파로 가져가야 한다. 모든 것은 항상 변하고, 시한이 정해지지 않는다.'" 그라보스키는 프로덕트 리더의 업무가 명확한 장기 비전을 가지고 있지만, 단기적인 업무와 산출물이 지속적으로 변화하고 있기 때문에 직관적이지 못하다고 답했다.

또 하나의 과제는 팀이 비전과 로드맵에 초점을 맞추게 하는 것이다. 비전과 로드맵은 산출물과 연결돼야 한다. "사람들은 아무것도 바뀌지 않길 바란다. 그들이 바꾸고 싶어 하지 않는 것은 변하지 않는다"고 그라보스키는 말한다. 비전을 조정하고 비전에 도달하기 위해 일상적인 활동을 관리하는 것은 정기적으로 비전을 공유하고 목표에 도달하는 방법이 변경될 수 있다는 점을 인식하는 것을 포함한다. 변화가 확실하다면, 팀원들과의 대화가 중요하며 어떤 것도 완벽하지 않음을 이해시켜야 한다. 그라보스키가 말하는 것처럼 "로드맵을 잘 이해하지 못하는 일은 큰 실수다."

프로덕트 리더는 프로덕트 생성 프로세스의 각 단계에서 동일하게 비전을 지지한다. 프로덕트 리더는 이런 질문을 해야 한다. 우리가 해결하고자 하는 문제는 궁극적으로 비전과 어떤 관련이 있을까? 프로덕트가 비전에 부응할 것인가? 비전은 어떻게 전달되고 있는가? 비전은 얼마나 자주 전달되거나 발표돼야 할까? 누가 비전 커뮤니케이션을 담당해야 할까?

팀에는 지속적으로 비전을 상기시키는 지지자가 있어야 한다. 우리가 인터뷰한 일부 회사의 경우, 회사의 비전은 매주 회의와 전 직원 미팅에서 다뤄졌다. 비전 지지자는 경영진과 프로덕트 팀이 될 수 있고, 경우에 따라서는 외부 지지 단체도 될 수 있다. 프리미엄 골프 용품 제조업체 타이틀리스트 Titleist는 회사의 내부 핵심 계층의 일부인 고객 그룹을 보유하고 있다. 고객 그룹은 새로운 프로덕트와 혁신적인 아이디어 회의에 참여한다. 고객 참여를 통해 최근의 웹과 모바일 프로젝트에서 초기 단계 디자인을 검토해 건설적인 피드백과 방향을 제시할 수 있다.

비전은 궁극적으로 올바른 것인지를 확인하는 것이 중요하다. 프로덕트 관리 전문가 리치 미로노Rich Mirono의 말이다. "나에게는 좋은 아이디어를 가진 사람은 중요하지 않다. 하지만 그 아이디어가 최고인지는 중요하다. 아이디어의 유효성이 입증되면, 비용을 지불할 사람은 존재한다. 비전은 프로세스를 통해 지속적으로 검증돼야 한다. 비전이 검증된다면, 나는 누구의 비전인지 상관하지 않는다."

비전에서 전략으로 전환

전략 리더가 조직의 비전에 대해 제기하는 가장 일반적인 질문은 "어떻게 비전을 프로덕트 로드맵으로 전환할까?"이다. 비전을 수립하고 로드맵을 따라가는 각각의 단계가 조직이 기대하는 목표에 도달하는지 확인하려면 어떻게 해야 할까? 프로덕트 팀이 당면한 어려움은 로드맵과 관련된 결정이 종종 조직의 전략적 목표와의 연결이 끊어지는 것이다. 모든 조직에서 프로덕트 매니저는 회사의 우선순위와 목표에 대해 이해관계자와 협력하고 설득해야 한다. 연 단위로 달성될 네다섯 가지 사항에 대해 이해관계자의 이해를 얻어 내는 것이 그 첫걸음이다. 이해관계자의 협력을 얻게 되면, 프로덕트 매니저는 전략적 목표에 부합하는 계획을 정의하기 위해 이해관계자와 협력해야 한다. 이 초기의 공동 작업은 프로덕트 매니저가 백지 상태에서 일방적으로 프로덕트 로드맵을 작성하는 것보다 낫다.

비전은 특정 프로덕트의 목표를 결정한다. 이러한 프로덕트 목표는 내년에 달성해야 하는 일, 예를 들어 수익 증대, 해고율 감소 및 고객 만족도 향상과 같은 것이거나 더 전략적인 프로덕트 목표가 될 수 있다. 비전과 같은 목표는 그것이 무엇이든 프로덕트 리더십에 의해 보호를 받아야 한다. 비전을 지원하기 위해 프로덕트 리더가 회사 창립자, 프로덕트 부사장, 프로덕트 책임자 모두에게 지속적으로 목표를 재검토받는 것이 중요하다.

인터컴의 폴 애덤스는 "우리는 목표에 초점을 맞추고 있다"고 강조한다. "우리가 하는 모든 일은 목표에 맞춰져 있다. 회사는 회사 목표를, 팀은 팀 목표를 갖고 있다. 거의 모든 작업을 세분화해서 수행하므로 연속적으로 분기별, 주간, 일일 목표를 세운다. 엔지니어의 일일 목표를 파악해 주간 목표에 매핑하고, 주간 목표를 팀의 6주 목표에 매핑할 수 있다. 이렇게 목표는 프로덕트와 엔지니어링 팀의 분기 목표에 매핑되고, 회사 목표에 매핑된다."

목표를 달성하기 위해서는 특정 기능 개발이 필요할 수 있다. 비전을 중심으로 목적과 목표가 생성되고, 목적과 목표는 목표 달성에 필요한 기능을 차례로 생성한다. 기능에서 시작하면 안 된다. 비즈니스와 프로덕트가 '기능 개념'을 바탕으로 할지라도, 무엇이 더 큰 문제이며 왜 그 문제를 해결해야 하는지 스스로 질문해야 한다. 어떤 기능도 비전과 목표가 없는 상태에서 고려되거나, 우선순위가 지정되거나, 출시돼서는 안 된다. 프로덕트의 방향을 제시할 비전이 없으면 프로젝트는 핵심 문제를 평가할 수 없는 솔루션 집합이 될 수 있다. 기능은 프로덕트나 조직의 전략적 목표와 직접 연결돼야 한다.

제비아랩스XebiaLabs의 프로덕트 담당 부사장 팀 번텔Tim Buntel은 "프로덕트의 비전은 큰 틀에서 보면 우리 프로덕트가 누구에게 전달될지에 관한 것이다"라고 말했다. 애틀래시안^{Atlantian}, 마이크로소프트, 어도비, 코디스코프^{Codiscope}를 거쳐 현재 데브옵스^{DevOps} 회사인 제비아랩스에서 프로덕트 역할을 담당해온 번텔은 비전과 전략 간 원활한 전환을 설명한다. "프로덕트 전략은 비전을 달성하는 방법에 관한 것이다. 전략은 가치 제안이 될 수 있으며, 핵심 기능 영역, 비즈니스 목표도 포함할 수 있다. 이 전략은 1년 정도까지 확장할 수 있다." 번텔은 핵심 기능 영역이 매년 바뀌는 경향이 있음을 지적한다. 비전은 장기적으로 고려하지만 전략은 1년 정도로 고려해야 한다고 말한다. "로드맵은 더 짧은 6개월 수준으로 관리가 필요하다. 로드맵을 통해 실제 릴리스의 핵심 기능을 알게 해준다."

번텔은 프로덕트 리더가 혼란스러운 환경에서 항상 질서를 찾는 것을 관찰했다. 이러한 프로덕트 리더의 성향은 사고에 영향을 미치고 구조와 도구에 밀착되도록 한다. "우리가 사는 세계는 매우 빠르게 움직인다. 프로덕트 매니저의 도전 과제는 자신의 비전에 유연해야 하고, 모든 것들이 빠르게 진화될 수 있음을 이해하는 것이다. 그러한 자연스런 변화에 대응할 수 있어야 한다." 적응을 허용하는 성격은 다른 기술과 마찬가지로 프로덕트 매니저에게도 중요하다. 프로덕트 관리는 변화를 반대하는 사람에게 올바른 커리어 패스^{career path} 즉, 유망한 직업이 아닐 수도 있다.

변화에 적응할 수 있는 방법을 찾으면 필연적으로 외부 압력에 대항해 더 광범위하게 팀을 지원할 수 있다. 시장 혼란과 환경 변화는 모두 회사의 존속을 위협할 수 있다. 프로덕트 리더는 항상 변화가 일어날 것이라고 가정해야 한다. 때로는 변화가 통제 범위를 벗어날 수 있다. 우리는 에어비앤비, 우버, 테슬라, 슬랙과 같은 새로운 회사가 기존 산업을 뒤흔들고 기존 사업자에게 새로운 환경을 제공했다는 사실을 목격한 바 있다. 이러한 강제적인 변화에 영향을 받는 프로덕트 리더는 행동으로 실천해야 한다. 예기치 못한

외부 변화를 수용하는 비전은 변화에 좀 더 빠르게 적응하도록 해준다. 프로덕트 전략은 프로덕트 비전에 달려 있기 때문에 유연하고 시간 흐름에도 변하지 않는 비전을 갖는 것이 중요하다.

전략에서 로드맵으로 전환

잘 완성된 프로덕트는 처음부터 완벽했던 것처럼 보인다. 훌륭한 발표를 볼 수 있고, 즐거운 경험을 미리 기대할 수 있다. 물론 이 감각적 걸작의 창안을 위해 들인 모든 노력은 볼 수 없다. 우리는 이 놀라운 일을 하는 사람과 그 과정을 보지 못한다. 거의 모든 아름다운 프로덕트에 대해서도 마찬가지다. 모든 훌륭한 프로덕트 뒤에는 성공을 보장하는 훌륭한 팀이 있다. 그 팀은 시작부터 최종 프로덕트 출시까지 로드맵을 따르고 있다.

훌륭한 프로덕트에 참여하는 사람과 요소는 프로덕트 리더, 매니저, 프로덕트 팀(디자이너, 엔지니어, QA 등), 컴포넌트, 로드맵, 툴, UI 킷, 마케팅 팀, 마케팅 웹사이트는 물론 고객도 포함된다. 이러한 요소 중 하나를 제거하거나 변경하면 산출물이 달라진다. 케이크를 구울 때와 마찬가지로 재료(팀원)가 변경되면 완전히 다른 케이크가 될 수 있다. 대부분 의도하지 않은 결과가 올 수 있고, 고객이 원하지 않은 것이 될 수 있다. 판매하는 초콜릿 케이크에서 딸기맛이 나면 고객은 불만을 표할 것이다.

또한 제조법에 지나치게 충실해서 정해진 프로세스에만 매달리면, 개선의 기회나 기쁨의 순간을 경험할 수 없게 된다. 이것이 바로 최고의 요리사가 엄격하고 규율 있는 주방을 운영하는 동시에 실험과 개선을 위한 공간을 만드는 이유다. 이런 상황에서 적절한 프레임워크를 도입해 프레임워크 내의 유연성을 통해 상황을 개선할 수 있다. 이러한 방식을 프로덕트 개발 서클에서 로드맵이라고 한다. 로드맵은 엄격한 프로세스와 스마트한 팀을 대신할 수 없다. 로드맵은 최상의 결과를 위해 사람과 프로세스를 집중시킨다. 그렇다면 로드맵은 프로덕트 작업에 어떻게 도움이 될까?

포커스

먼저 작업 위에 렌즈를 놓고 핵심 가치에 초점을 맞추자. 초점만 필요한 게 아니다. 단지 최고의 업무를 실행하기 위해 초점이 필요하다. 로드맵은 우리가 주의를 잃지 않게 하는 데 도움이 된다. 케이크를 굽는 비유로 말하면 "우리는 최고의 케이크를 만들고 있다. 쿠키도 브라우니도 아닌 바로 케이크 말이다."

역할 조정

로드맵은 또한 역할 조정을 돕는다. 로드맵은 팀 전체가 같은 목표를 향해 노력하게 한다. 로드맵에 대한 논의가 끝나면 팀은 자신의 역할이 무엇인지, 어떠한 노력이 필요한지 명확하게 할 수 있다. 주방에서 우리는 "케이크의 맛, 스타일링, 시작부터 끝까지 케이크를 얻기 위해 걸리는 시간을 고려한다."

우선순위

무엇을 해야 할지 아는 것이 전체의 반이고, 해야 할 때를 아는 것이 나머지 절반이다. 우선순위를 정하는 것은 실행 중인 로드맵의 핵심이다. 우선순위를 정할 때 "우리는 그걸 할 시간이 없어"라는 말은 "그건 우리의 성공에 중요하지 않아"로 대체할 수 있다.

가시성

팀의 업무와 해야 할 일을 파악하면 모든 것이 쉬워진다. 로드맵은 우선순위와 중요성을 기반으로 작업을 구성함으로써 잠재적인 문제와 기회를 시각화하는 데 도움을 준다. 현재 오후 3시이고 케이크가 이튿날 오전 10시까지 진열장에 있어야 한다면, 지금부터 내일 10시까지 무엇을 해야 할까?

협업

중복된 업무와 잘못된 계획 때문에 취소된 업무는 스트레스와 낭비를 초래한다. 팀이 리듬에 맞춰 협업하는 것은 추진력을 만들고 유지하는 데 중요하다. 팀원 모두가 자신의 기여가 다른 사람들과 어떻게 공존하는지 알아야 한다. "사공이 많으면 배가 산으로 간다"는 속담은 언제나 너무 잘 들어맞는다.

비전

최고의 회사와 프로덕트에는 방향에 대한 분명한 비전이 있다. 훌륭한 비전은 고객에게 밝은 미래의 그림을 제시해야 한다. 비전은 고객에 관한 것이다. 앞서 언급했듯이 가장 유명한 고객 중심의 비전 중 하나는 디즈니의 "사람들을 행복하게"이다. 비전은 매일 해야 할 일을 위한 렌즈로 사용하기 쉽고 간단해야 한다. 배가 고픈 고객에게 맛있고 아름다운 케이크를 전달했다면, 고객과의 다음 관계는 무엇일까? 로드맵은 다음에 도달할 고객과 지속되는 관계를 달성할 수 있도록 그림으로 제시돼야 한다.

이제 로드맵 안에 무엇이 있는지 알 것이다. 로드맵을 만드는 방법을 더 논의하기 전에 무엇이 로드맵인지 명확히 하는 것이 중요하다.

- 로드맵은 출시 계획이 아니다. 특정 날짜와 타임라인을 생략하자.
- 기능이나 구성 요소 목록이 아니며 구직 정보, 사용자 사례, "할 일"도 포함돼 있지 않아야 한다. 이런 것들은 로드맵에 넣기엔 너무 세세하다.
- 로드맵은 헌장이 아니다. 새로운 정보에 반응하는 살아 있는 가이드다.
- 획일적이고 일방적인 문서가 아니다. 프로덕트의 특정 영역에 중점을 둔 작고 모든 자율적인 다기능 팀에는 로드맵이 있어야 한다.
- 성공적인 로드맵은 간트 차트^{Gantt chart}가 아니다. 로드맵 수준의 계획에는 종속성과 상하 연결이 작동하지 않는다.

프로드패드^{ProdPad}의 재나 바스토^{Janna Bastow}는 다음과 같은 사실을 강조한다. "로드맵이 필요할 때는 사람들이 구체적인 날짜를 정하기 시작할 때다. 이때 로드맵이 무엇인지 오해가 발생한다. 로드맵을 프로덕트 비전 달성을 위한 방향을 제시하는 산출물이라고 생각한다. 로드맵은 출시 계획과 완전히 분리된 문서로 언제, 누가 무엇을 실행할지를 서술하는 내용은 포함하지 않는다. 로드맵과 출시 계획은 둘 다 유효한 문서이지만, 로드맵과 출시 계획을 결합하려고 시도할 때, 계획이 가능한 수준인 1, 2분기를 뛰어넘는 간트 차트로 끝나게 된다. 나는 사람들에게 12월까지 회사의 규모가 얼마나 성장할지 알 수 없다고 지적한다. 얼마나 빨리 출시할 수 있는지는 말할 것도 없다."

퓨처런^{FutureLearn}의 CTO 맷 월턴^{Matt Walton}은 다음과 같이 덧붙인다. "각 팀은 자체 로드맵을 책임진다. 주어진 임무를 달성하고 책임을 져야 하는 측정 기준에 도달하는 방법은 각 팀에게 달려 있다. 로드맵을 통해 기억해야 할 중요한 점은 로드맵 문서 자체가 흥미롭진 않다는 것이다. 로드맵은 팀의 방향에 대해 이해하고 협상하는 과정이다. 문제와 문제 해결을 완료하기 위한 프로세스, 그것이 진정한 목적이다. 로드맵을 키노트에 포함한 아름다운 문서로 남길 수도 있지만, 각 팀 소유의 유기적이고 생생하며 협업적인 트렐로Trello 보드로 만들어 훨씬 더 유용하게 활용할 수 있다."

따라서 최고의 로드맵은 큰 그림에 중점을 두고 프로덕트 비전을 달성하는 데 필요한 경로를 전달하는 전략적 커뮤니케이션 도구다. 루랄라Rue La La의 CTO 앤서니 아카르디Anthony Accardi는 "흔히 로드맵이 없기 때문에 많은 일을 할 수 없다"고 말한다. 로드맵이 완성되면 누가 그것을 사용하게 될까? 프로덕트, 디자인, 개발, 영업 및 마케팅, 임원, 고객, 파트너 및 고객 지원 모두가 사용한다.

고객 문제에 대한 주제 집중하기

로드맵은 전략 문서이기 때문에 일련의 기능이나 솔루션이 아니라 초점을 맞춰 해결해야 하는 고객 문제에 관한 테마다. 로드맵을 테마로 전환하는 것은 엄청나게 강력하다. 유저 인터페이스 엔지니어링의 자레드 스풀은 "테마(주제)는 기능을 빌드하는 것이 아니라 문제를 해결하는 약속"이라고 말한다. 테마는 고객을 위해 프로덕트 팀이 할 수 있는 가장 중요한 것을 한 번에 알게 한다. 고객 문제에 우선순위를 두기 위해서는 문제를 먼저 이해하는 것이 필요하다.

또한 테마는 여러 기능으로 캡슐화된 한 개의 고객 문제에 관한 로드맵과 우선순위 프로세스를 단순화한다.

"프로덕트 매니저는 로드맵에 몇 가지 기능을 우선 적용해 우선순위를 결정한다"고 프로덕트 컨설턴트 브루스 매카시Bruce McCarthy는 말한다. "일반적으로 근원적인 고객의 요구 사항, 고객이 해결하고자 하는 문제를 이해하기 위해 고객의 요구를 깊게 살펴보지 않는다." 고객이 요구하는 기능을 개발할 때 약간의 노력을 들여 프로덕트를 개선하지만, 고객이 가진 근본적인 문제에 대해서는 접근하지 않는다. 조금만 파고들면 근본적인 문제가 도출된다. 테마는 일련의 작은 수정보다는 고객 문제를 좀 더 포괄적으로 해결할 수 있게 해준다.

우선순위 목표와 전략적 활동

베이스캠프Basecamp의 프로덕트 매니저 라이언 싱어Ryan Singer는 "우리는 좋은 아이디어가 있다고 자주 생각한다. 하지만 그 아이디어는 대부분 공급 관점에서 시작한다"고 말한다. "우리는 개발하고 싶은 것을 개발하기 위한 이유를 찾는다. 하지만 프로덕트를 더 깊이 발전시키기 위한 진정한 방법은 한걸음 뒤로 물러나 수요 측면을 생각하고 질문하는 것이다. 이 아이디어가 지금이 적절한 때인가? 왜 이것이 중요한가? 지금 무엇이 문제인가?"

이 책의 다른 부분에서 우선순위에 대해 자세히 이야기하겠지만, 우선순위는 로드맵 작성 프로세스에서 필수적이므로 여기서도 살펴보고자 한다. 먼저 전략적 목표와 활동의 우선순위를 정하는 방법부터 시작해보자. 사용하지 않을 필터를 아는 것은 사용할 필터를 아는 것만큼 중요하다.

우선순위를 선정하는 시작점으로 기능에 대한 CEO의 직관적인 반응을 삼는 것은 좋지 않다. CEO가 현명하지 않다거나 통찰력이 없다는 뜻이 아니다. 모든 주관적인 견해는 개인의 편견에 영향을 받는다. 마찬가지로 영업 팀이나 한두 고객을 지원하는 고객 지원 팀의 요구 사항은 우선순위 선정을 위해 보다 많은 고객을 기반으로 일관성과 관련성을 점검해야 한다. 한 고객의 요구만으로 기능에 우선순위를 높이는 것은 기존 작업을 중단하게 만드는 좋지 않은 상황을 만든다. 또한 분석가 의견에 지나치게 의존하지 않는 것이 좋다. 관련 업계 전문가들은 과거와 현재의 부문별 데이터를 취합, 제안하기 때문이다. 좁은 시장에 대한 미래 예측에는 주의를 기울이자. 물론 위의 모든 출처들은 우선순위 선정을 위한 개별적 출처로 유효하다. 단지 고립된 그 자체나 액면 그대로가 전체 우선순위가 돼서는 절대 안 된다.

정보의 출처가 신뢰하기 어렵다면 과연 어떤 출처를 신뢰해야 할까? 우선순위 결정은 핵심 프로덕트 관리 원칙 렌즈를 통해 가장 잘 수행할 수 있다.

- 가치
- 사용 가능성
- 실행 가능성

가치와 사용성은 고객 우선순위 프로세스의 핵심이다. 새로운 아이디어, 프로덕트, 기능이 고객에게 가치가 있을까? 비즈니스에 이용할 만큼 가치가 있을까? 고객에게 즐거움을 제공할까? 물론 아이디어의 기술적인 실현 가능성을 고려해야 한다. 비용 효율적인 방법으로 수행될 수 있을까? 서비스 및 지원 비용은 얼마일까? 이러한 질문들로 전체 그림을 그리고 다른 아이디어와 비교해 우선순위를 매길 수 있다.

모르는 정보 관리하기

새로운 아이디어, 기능, 프로덕트의 우선순위를 정할 때 필요한 모든 정보가 없을 수도 있다. 따라서 필연적으로 어떤 것이 팀에 영향을 줄 것인지, 어떤 부분에 개발자의 노력이 필요할지를 추측하면서 시작한다. 필요한 노력을 과소평가하는 것보다 과다하게 예상하는 것은 개인적인 편견과 가정에서 기인하는 경향이 있다.

이를 해결하는 핵심은 애매모호함을 수용하고 기능에 관해 고객만큼 이해하는 것이다. 대부분의 프로덕트 리더는 가설 형태로 기능에 대해 이야기하고 테스트를 통해 그 가설을 신속하게 검증하는 데 많은 시간과 노력을 기울였다. 가설 위주로 생각하면 개인의 의견이 결과에서 제거된다.

프로덕트 관리 컨설턴트 케이트 레토^{Kate Leto}는 이렇게 말한다. "나는 '베팅'이라는 단어를 사용하는 우리 팀을 좋아한다. '나는 X를 통해 Y를 보게 되는 데 베팅하겠어'라는 식으로 아이디어를 제안하면 공식적인 가설을 세우는 것보다 생각을 공유하면서 반감을 감소시킨다. 베팅이 틀릴 경우 기분이 나쁠 수는 있겠지만 베팅은 단지 베팅일 뿐이다. 베팅을 사용하면 아이디어를 만들고 공유하는 분위기를 밝게 해준다. 게다가 베팅은 가설보다 사람들이 훨씬 쉽게 사용하는 어휘로 작성된다. 실제로 실험을 장려하는 문화를 구축할 때 큰 도움이 된다."

작은 베팅

기존의 성숙한 프로덕트를 최적화할 때 데이터를 가설에 대입하는 가장 좋은 방법은 a/b 테스트나 다변량 테스트를 사용해 베팅 테스트를 시작하는 것이다. 이 데이터 기반의 접근법은 새로운 행동 유도가 필요할 때 실제 사용자와 고객의 행동을 보여줌으로 모든 변수나 편견에서 멀어지게 한다. 현재 사용할 수 있는 테스트 프레임워크와 도구로 이 작업을 수행하지 않을 이유가 없다. 테스팅 라이브러리를 설치하는 것 외에는 엔지니어링 팀이 참여할 필요가 없다!

최적화에만 초점을 맞추면 팀에게서 더 큰 기회를 가로막을 수 있다는 점을 명심하자. 현재 프로덕트의 세부 사항을 지속적으로 최적화하려고 노력할 때, 부분적으로는 최고의 산출물을 얻을 수 있겠지만 더 포괄적인 부분에 대해 큰 베팅을 하지 않으면 더 큰 잠재력을 놓칠 수 있다.

큰 베팅

새로운 프로덕트 라인과 완전히 새로운 기능에 대해 더 큰 베팅을 할 때, 다변량 테스트는 효과가 없다. 이 시점에서 대부분의 프로덕트 리더가 MVP[Minimum Viable Product](최소 실행 가능한 프로덕트) 접근 방식으로 되돌아가게 된다. 이 개념은 에릭 라이즈[Eric Ries]의 책 『Lean Startup』(Crown, 2011)에서 나온 것이지만 용어가 너무 과장돼 본래의 의미를 잃었다.

"MVP는 초기 프로덕트의 첫 번째 배포로 잘못 적용되기 때문에 결과적으로 신속한 테스트보다 훨씬 복잡해지고, 출시된 프로덕트로는 너무 조잡해진다"고 스카이스캐너[Skyscanner]의 수석 프로덕트 매니저 릭 하이햄[Rik Higham]은 주장한다.

대신 우리는 학습에 초점을 맞추고 가장 위험한 가정을 테스트하는 데 중점을 둔다. "RAT[Riskiest Assumption Test](최고 위험 가정 테스트)가 명확하다"고 하이햄은 말한다. "가장 큰 미지의 영역을 테스트하는 데 필요한 것 이외의 것을 만들 필요가 없다. 완벽한 코드나 디자인을 기대하지 말아야 한다. 테스트가 프로덕트가 되지는 않는다."

모호함에 대한 시간 투자

우리가 인터뷰했던 프로덕트 리더들은 일률적으로 로드맵에 타임라인을 표시하는 것을 피했지만, 로드맵은 시간 경과에 초점을 두고 있는 문서이기 때문에 의미 전달을 위해서라도 특정 날짜는 중요하다. 최고의 로드맵은 시간과 테마를 단순화해 팀이 현재 작업하고 있는 것, 다음에 작업해야 할 것, 미래에 대한 큰 아이디어 등으로 구분하고 다양한 정의와 유연성을 제공한다(그림 3-1 참고).

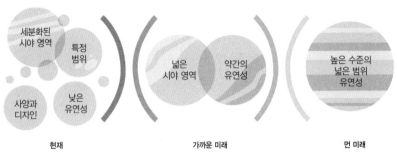

세분화된
시야 영역

특정
범위

사양과
디자인

낮은
유연성

넓은
시야 영역

약간의
유연성

높은 수준의
넓은 범위
유연성

현재   가까운 미래   먼 미래

그림 3-1. 프로드패드 CEO이자 공동 창립자 재나 바스토의 로드맵 콘셉트

로드맵을 작성하는 것은 궁극적으로 증가하는 기간을 관리하기 위해 활동을 계획하는 것이다. 최근 미국 수석 데이터 과학자인 디제이 파틸$^{DJ Patil}$은 "수년을 꿈꾸고, 몇 개월을 계획하고, 몇 주를 평가하고, 매일 릴리스하라"고 조언한다. 생각의 폭을 넓히는 것은 노력을 가장 짧은 시간 프레임으로 좁히는 것이다. 여기서 암시하는 것은 로드맵은 동적이며 지속적으로 업데이트해야 한다는 것이다. 로드맵은 프로덕트 리더가 처리할 수 있는 모든 도구나 문서와 마찬가지로 관심을 많이 받게 되므로 제공하는 정보가 많아질수록 우수해진다. 로드맵을 명확하게 자주 전달하지 못하면 효과가 떨어진다.

프로덕트는 팀 스포츠다

앞에서 살펴본 것처럼 많은 사람들이 프로덕트 리더를 프로덕트 CEO로 정의하지만, 이는 근본적으로 역할을 잘못 이해한 것이며 이렇게 투입된 프로덕트 리더는 잘못 투입된 것이다.

스포츠 팀 감독, 오케스트라 지휘자, 수업을 지도하는 대학 교수에 비유하는 것이 더 낫다. 감독, 지휘자, 교수와 마찬가지로 프로덕트 리더는 팀 전체의 공통 목표를 달성해 성공으로 이끌어 내는 개인이다.

웬만한 조직에서 프로덕트 매니저는 엔지니어, 디자이너, 마케팅 담당자, 프로덕트 팀의 다른 구성원에 대한 직접적인 권한이 없다. 조직 이론 관점에서는 나쁘게 보일 수 있지만, 직접적인 권한이 없기 때문에 프로덕트 리더는 권위와 지시를 통하지 않고 진정한 리더십을 발휘해야 한다.

프로덕트 리더의 임무는 끊임없이 관리하거나 지시하는 것이 아니라 공통 목표를 명료하게 명시해 팀을 이끌어 가는 것이다. 회사의 경쟁 환경, 고객이 갖고 있는 문제와 좌절 등 팀이 작업할 수 있는 상황을 제공해야 한다.

진정한 리더십은 팀 전체가 각 파트의 합보다 더 큰 것을 할 수 있다고 인식하는 것이다. 혼자서 독창성을 발휘하고 자신만의 프로덕트 아이디어를 시행하는 일은 설계, 엔지니어링, 판매, 마케팅 등 전체 팀을 하나로 모아 사고하는 것만큼 생산적이거나 성공적이지 않다. 프로덕트 리더의 임무는 적합한 팀을 선정하고 성공을 위한 환경을 제공해 사용자 문제를 제기하고, 대화를 촉진해 전체 팀을 하나로 만들어 함께 솔루션을 설계하는 것이다.

솔루션을 설계할 때 다양한 생각과 경험을 가진 팀 전체가 참여하는 것은 매우 가치 있다. 기술 회사의 디자이너, 엔지니어 등 모든 직무는 본질적으로 창의적인 역할을 수행한다. 우리의 최고 프로덕트 솔루션 중 일부는 문제 공간에 대한 충분한 이해와 기술 스택을 기회로 생각하는 엔지니어에 의해 만들어졌다. 고객 요구를 신속하게 만족시키는 우아한 솔루션을 찾는 것은 엔지니어들의 제2의 본성이다.

결국 회사의 모든 사람이 프로덕트를 소유하고 있고, 성공과 실패가 각 사람의 손에 닿아 있다는 것이다. 프로덕트 리더가 해야 하는 일은 최고의 팀을 만들고, 프로덕트 문제를 함께 해결하고, 프로덕트를 만들기 위해 최대한 모든 사람을 참여시켜 올바른 방향으로 갈 수 있도록 노력하는 것이다.

프로덕트 팀 설계

"프로덕트는 사람이다. 조직의 모든 사람이 고객 경험에 어떤 방식으로든 영향을 미치므로, 고객이 가진 경험은 조직에 속한 사람들이 내리는 의사 결정의 직접적인 결과이다"라고 트랜스퍼와이즈의 닐런 페이리스는 말한다. "기업 세계에는 사람들이 시키는 대로 한다는 속설이 있다. 그러나 실제로는 자신이 하고 싶은 일을 하기 때문에 올바른 방향으로 의사 결정에 영향을 미치는 문화를 만들어야 한다."

전통적인 프로덕트 관리에서는 주주, CEO, 프로덕트 팀까지 책임 구조에 따라 결정이 내려진다. 책임과 의사 결정이 조직도의 최상위 계층에 있기 때문에 실제 고객에 대한 피드백 루프가 너무 길어진다. 이러한 구조에서는 하향식top-down의 계획 수립, 팀 단위에서의 책임 부재, 궁극적으로는 고객의 불만족이 발생한다.

홀라크라시Holacracy 같은 익스트림 모델부터 대규모 애자일 방법론을 취한 스포티파이Spotify까지 새로 등장한 조직 모델이 부상하고 있다. 스포티파이는 작고, 독립적이고, 교차 기능을 수행하는 팀들의 책임 구조를 재조정한다. 이러한 조직 구조는 고객이 필요로 하는 것을 발견하고 어떠한 방식이든 프로덕트 출시에 대해 완전한 자율성을 부여한다.

트랜스퍼와이즈는 명확한 KPI Key Performance Indicators(핵심 성과 지표)를 가진 자율적인 프로덕트 팀을 구축해서 그 팀에 로드맵을 수립하는 완전한 자유를 부여하고 스스로 계획을 실행하는 데 필요한 조직과 자원을 결정하도록 한다. 모든 팀은 프로덕트의 일부를 변경할 수 있다. 마케팅 팀은 필요한 것을 만들 때까지 프로덕트를 기다릴 필요가 없다. 마케팅 팀은 페이지를 작성하고 사용자 흐름을 변경하고 목표를 달성하는 데 필요한 모든 작업을 수행할 수 있다.

교육 소프트웨어 업체 플러럴사이트는 완전한 자율권을 갖고 있고, 상호 기능적으로 동작하며 같은 공간에 위치한다. 이러한 팀 환경이 어렵다면 팀을 구성하지 않는다. 각 팀은 자체 생산 환경을 발견, 구축, 제공한다. 팀들은 팀 경험과 고객의 경험 전체를 제어한다(그림 3-2 참조).

그림 3-2. 데이비드 플랫(David Platt, 왼쪽)이 플러럴사이트의 학습자 경험에 대한 고객 선호도 테스트를 이끌고 있다.

스포티파이는 자율적 접근 방식을 통해 잘 알려진 모델 하나를 개발했다. 프로덕트의 설계, 개발, 테스트, 생산에 필요한 모든 기술과 도구를 갖춘 독립적인 스쿼드squad로 시작한다. 각 스쿼드는 스스로를 조직하고 일 처리 방식을 결정한다. 일부는 스크럼 스프린트를 사용하고, 일부는 칸반을 사용하고, 다른 일부는 혼합된 접근법을 사용한다. 스쿼드는 연관된 프로덕트의 영역에서 업무를 수행하는 트라이브tribes로 그룹화되며 트라이브는 던바의 수를 초과할 수 없다. 팀 간의 기능적 모범 사례(예: 디자인)를 조정하기 위해 장chapters과 길드guilds를 소개해 스쿼드와 트라이브 사이에 지식과 경험을 공유한다.

훌륭한 프로덕트 리더십에서 고객에게 가까이 다가갈 수 있는 작고 자율적인 교차 기능 팀에 대한 아이디어는 갈수록 중요해지는 요소다. 하지만 그것만으로는 부족하다. 너무 많은 자율성은 규모의 경제 손실 위험과 팀 간 종속성과 연계 문제를 일으킬 수 있다. 하지만 많은 사람들이 자율성을 열망하기 때문에 자율성과 경제 손실 사이에서 균형적인 의사 결정을 내리는 것이 중요하다. 훌륭한 프로덕트 개발에서 고객의 역할이 강조되고 있고, 외부보다는 내부 문제를 조정하게 만든다. 자율성은 예전의 당근과 채찍 모델보다 팀에 더 좋은 동기를 부여하며, 팀 구조로 어떠한 하향식 모델보다 더 잘 확장되고 더 빠르게 움직이게 한다. 빠르게 변화하는 오늘날, 팀은 고객 문제와 고객이 직면한 특정 프로덕트 영역에 대한 정보, 경험 및 지식을 보유하고 있다. 그 많은 정보를 가지고 왜 우선순위를 높이려고 노력할까?

"복종을 원한다면 전통적 관리가 좋지만 더 복잡하고 정교한 업무를 수행하는 인력을 원한다면 자율성과 자기 방향성을 갖는 것이 좋다." 『드라이브』(청림출판, 2011)의 저자 댄 핑크의 말이다.

조직 설계를 발전시키지 않는다는 것은 프로덕트 전략이 오래됐음을 의미한다. 경험에 따르면 가장 엄격한 조직 구조는 성공적인 결과보다는 예측을 위한 프로세스를 생성하기 위해 만들어졌다. 이 구조의 문제는 지휘 및 제어 철학을 지원하고 데이터를 제공하기 위해 정적 상태에 있어야 한다. 하지만 매 분기, 1년마다 조금씩 발전할 수 있고 구조 조정을 예측할 수 있는 프로세스가 필요하다. 발견 및 배포 팀도 마찬가지다. 앞서 살펴본 한 조직 모델은 시간이 지나면서 팀을 잘 지원하기 위해 계속 발전할 것이다. 이 모델은 지금부터 1년 동안 어떻게 일할지 안다는 의미가 아니다. 지원 팀은 남아 있어야 하지만 조정이 필요할 수 있다. 업무에 따라 리더십을 변경하고 필요에 따라 팀을 움직일 수 있어야 한다. 그 결정은 고객의 마음을 사로잡고 해결책을 실행하기 위해 해야 할 일이 무엇인지 이해하는 팀에서 나온다. 이상적인 상황에서 프로덕트 팀은 번다운 차트burndown chart 또는 효율성 흐름 메트릭efficiency flow metrics을 기반해 의사 결정을 내리지 않는다. 오히려 팀은 고객 산출물을 기반으로 의사 결정을 내린다.

다양성

팀 내 다양성은 필수적이다. 다양성은 조직 시작부터 전체 팀과 프로덕트 자체의 전반적인 최대의 이익을 위해 사용된다. 첨단 기술 세계는 다양성의 부족으로 고통을 받고 있다. 시장에서의 소셜 네트워크의 온라인 괴롭힘 관리 능력 부족과 백인, 상류층, 중산층 등 다양성 문제를 프로덕트에 반영해 해결하려는 스타트업 기업 등이 있다.

우수한 프로덕트 팀은 디자인, 기술, 비즈니스의 혼합, 성별, 신념, 배경의 혼합, 업계 경험과 프로덕트 관리 경험의 혼합, 공상가부터 세부 지향자, 데이터 열광자부터 사용자 연구 열광자에 이르기까지 다양한 능력의 혼합이 필요하다. 이러한 다양성은 잠재 고객을 대표하는 최고의 기회이며 팀이 직면하게 될 어떤 어려움에도 최고의 경험으로 이겨 낼 수 있도록 한다. 그리고 한 개인의 확고한 편향에 대비한 최고의 방어 수단으로 작용한다.

포틀랜드의 언콕드 스튜디오Uncorked Studios 전략 담당자 제임스 켈러James Keller는 프로덕트 창작의 다양성에 대한 훌륭한 단어를 만들어냈다. "훌륭한 것들을 만드는 데는 연령과 기술, 경험의 다양성이 필요하다. 우리는 이것을 '사람 수프people soup'라고 부른다. 조직은 프로덕트 안에 담을 아이디어를 검증하기 위해 조직 구조와 계층이 필요하지만 초기 아이디어와 개념 개발은 작은 조직과 많은 혼돈이 필요하다. 프로덕트 창출을 위해서는 사람 수프의 혼란이 필요하다. 초기 단계가 완료되면 비로소 더 많은 조직 구조가 필요하다."

다양한 구성원이 서로를 더 창의적이고 더 부지런히, 열심히 일할 수 있도록 만드는 것과 다양성을 갖춘 팀의 가치를 증명하는 연구들이 있으며, 다양성은 기업을 좀 더 혁신적이고 성공적으로 만들 수 있다는 사실이 입증됐다.

미나 라드하크리슈난은 우버에서 프로덕트 팀을 구성할 때 실행한 다양성 방법을 공유했다. "나에게는 여성, 색맹, 소수 민족을 갖는 것이 정말로 중요하다고 생각하기 때문에 우리 그룹에서 다양성을 확보하는 것이 중요했다. 우리가 실행한 방법은 일반적인 채용 패턴 매칭에 의지하지 않고 우리와 동일한 배경을 갖지 않은 사람들을 채용한 것이었다. 실제로 채용에 효과가 있었다."

"예를 들면 우버의 두 번째 프로덕트 매니저는 맥킨지McKinsey 컨설턴트였으며 내가 함께 작업할 수 있는 최고의 PM 중 하나였다. 스탠포드 출신이었지만 그녀의 사물에 대한 생각과 행동은 다른 사람들과 매우 달랐다. 당신이 그녀의 이력서를 본다면 프로덕트 사람이라고 생각할 수 없을 것이다. 이력서상으로 그녀는 완벽한 자연인이었다."

"우리가 한 것은 프로덕트 관리 영역에 적용할 수 있는 사례를 만드는 것이었다. 사례를 찾는 과정에서 우리 생각에 맞는 사용자 중심의 프로덕트를 실제로 보여준 사람들을 발견했다."

교차 기능

교차 기능을 말할 때 단지 프로덕트, 디자인 및 엔지니어링에 대한 기능 교차만을 의미하진 않는다. 최고의 팀은 법률에서 마케팅에 이르기까지 프로덕트 영역을 실행하는 데 필요한 모든 기능을 포함한다.

예컨대 트랜스퍼와이즈에서 통화^{currency} 팀에는 프로덕트 매니저, 디자이너, 개발자 외에도 새로운 통화 교환 경로를 실행하는 데 필요한 현지 은행 계좌 및 규정 요구 사항을 관리할 수 있도록 법률가와 은행가가 속해 있다. 이런 팀 구성이 기본적인 업무 수행을 위해 회사 내 별도 법률 부서나 은행 부서와 협조해야 하는 것보다 얼마나 효율적일지 상상해보자.

팀 또는 부서 간 각 내부 인터페이스는 불필요한 추가 마찰을 야기하고 대기열, 우선순위 지정 프로세스를 필요로 한다. 진정한 교차 기능 팀은 이를 초월해 훨씬 더 빨리 업무를 실행할 수 있다.

영원한 낙천주의

우리가 설명하는 팀은 영원히 낙관적이며, 에너지가 풍부하고, 이해할 수 없는 욕심을 가지고 있다. 그 팀은 문제를 해체하고, 고객을 위해 최선의 아이디어를 세우며, 때로는 통제할 필요가 없는 열렬한 열정을 가지고 있고 학습자의 사고방식으로 시작한다. 이런 팀은 환상적일 것 같다. 위대한 팀은 긍정적인 태도를 통해 결과를 창출한다.

다양하고 상호 기능적이며 낙관적인 프로덕트 팀을 보유하는 것의 가장 중요한 부분은 사용자를 통해 개인 편견을 감소하는 것이다. 모든 편견이 제거되진 않겠지만 더 좋은 아이디어를 비난하는 개인은 없어진다. 그 핵심은 순수다. 팀은 사용자에게 진정으로 의미 있는 것을 존중하고 전달하는 것이 얼마나 중요한지 알기 때문에 어떠한 비전, 전략, 아이디어도 암묵적으로 신뢰할 수 있게 된다. 팀 내에서의 역할은 자연스럽게 바뀌고 교차한다. 사용자 경험 디자이너가 개발자 옆에 앉아 코딩 방법을 배우거나 개발자가 고객과 토론하고, 인터뷰하고, 안내하는 것을 흔히 보게 된다.

이와 같은 모범 사례를 더 깊이 살펴보자. 현재 모범 사례는 프로덕트 발견과 엔지니어링 제공을 모두 캡슐화하는 것이다. 프로덕트 발견이 올바른 방법으로 적용되면 전체 프로덕트 경험 팀은 근원적인 이야기를 처음부터 큰 아이디어 단계까지 구상할 수 있다. 여기에 비전, 전략 및 아이디어 구현을 만드는 팀이 포함돼 실제로 아이디어를 형성한다. 전달 단계는 사용자 경험과 프로덕트 관리를 엔지니어링 테이블에 제공한다. 여기에 린이나 칸반, 애자일, 스크럼(그림 3-3부터 그림 3-8 참조)을 전체 또는 부분적으로 적용해 성공한 많은 사례가 있었다. 이 방법을 통해 사용자 경험과 프로덕트 관리는 엔지니어가 스토리의 크기를 어떻게 측정할지, 어떻게 단일 작업 흐름이 결과를 산출하는지, 각 스토리의 스텝과 상세 사항을 출시하는 데 얼마나 많은 시간이 소요되는지 살펴볼 수 있다. 진정한 목표는 기업이 유연하지 못한 프로덕트, 프로세스, 플랫폼에서 벗어나 일정한 상태로 반복적으로 성장할 수 있도록 하는 것이다.

그림 3-3. 미치 덤크(Mitch Dumke, 가운데)와 플러럴사이트 팀이 설명 세션을 진행하고 있다. 팀원은 간단한 이야기를 적어 놓은 다음 교대로 각 개인(엔지니어링, 제품 관리 및 사용자 경험)이 고객을 위해 제공되는 스토리를 어떻게 보는지 알아본다. 주제를 수집하고 간단한 설명이 이어진다.

그림 3-4. 플러럴사이트의 데이비드 플랫이 팀의 우선순위 세션을 이끌고 있다. 맨 왼쪽에는 개발 중인 페르소나와 비슷한 3개의 분리된 게시물이 붙어 있다. 간단한 묘사는 주제와 단계, 세부 정보로 그룹화된다. 그런 다음 팀은 칸반 보드에 크기를 조정하고 카드를 만든다.

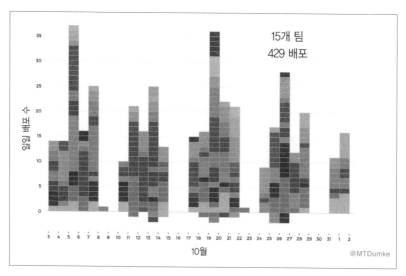

그림 3-5. 플러럴사이트에서 한 달 동안 배포된 내용. 상자는 스토리를 나타낸다.

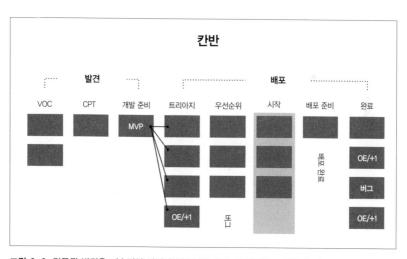

그림 3-6. 감독된 발견은 지속적인 발견과 지속적인 배포 두 단계를 포함한다. 열 1, VOC는 "고객의 소리"를 의미하고, 열 2, CPT(Customer Preference Testing)는 프로토타입 관찰을 의미한다. OE는 운영 우수성에 투자한 카드를 의미한다(출처: http://bit.ly/2nzOXB6).

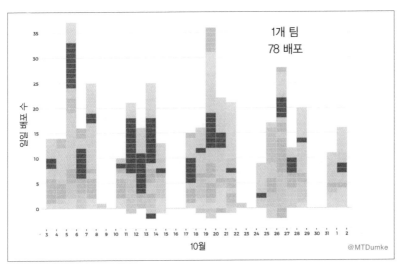

그림 3-7. 2016년 10월 배포된 어느 팀의 작업

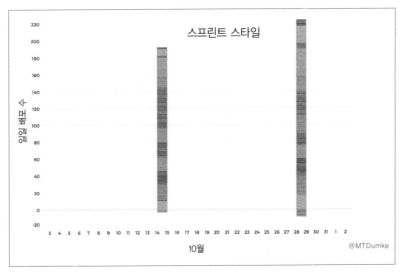

그림 3-8. 스프린트 사이클 스타일의 병렬 배치. 대부분 지속적인 발견과 지속적인 배포는 완전히 배제되므로 롤백 빈도나 버그, 사용자 경험이 결과적으로 고객의 기대에 미치지 못할 수 있다.

이 모든 과정을 보면 뉘앙스를 배우는 능력이 생긴다. 뉘앙스는 자연적으로 작고 쉽게 간과되지만 더 나은 결과를 창출하기 위해 협력하는 방식이다. 팀은 서로의 강점과 약점을 배운다. 이 접근 방법은 그룹으로 참여해 문제를 분해하고 해결하는 기회를 제공해 모두가 솔루션의 일부가 되고, 함께 작업하는 소프트 스킬, 하드 스킬을 볼 수 있게 한다. 서로 관련이 있는 팀은 더 빨리 움직이고 심지어는 아무도 인지하지 못하는 사이에 맹렬한 속도로 배포될 것이다. 이 접근법은 팀에게 일하는 방법이 된다.

이 접근법은 물질적 영향 없이 생산성에 착시를 일으키는 '스크럼 극장'이라는 가상의 속도로 운영되지 않아 획득한 일과 삶의 균형에 대한 아이디어를 포용한다. 이 스크럼 극장은 많은 활동이 정의되지만, 가치를 측정할 수 있는 명확한 메트릭이 없을 때 발생한다. 팀이 프로세스 이론을 따르기만 하고 생산성으로 연결하지 않으면, 팀은 실패하게 될 것이다. 팀은 업무를 수행하겠지만 업무를 관찰하는 사람은 이 방식이 무의미해 보인다고 느낄 것이다. 속도는 스프레드시트의 라벨이 아니고, 팀에 진실성과 이해가 있을 때 발생한다. 다시 말해 속도는 활동의 척도가 아니며, 좋은 협업의 결과다. 팀의 속도는 훌륭한 사용자 경험을 개발하는 기술에 대한 열정을 나타낸다.

프로덕트 팀의 역량 개발과 경력 설계

프로덕트 회사의 리더십 위치에 있다면 사람이 가장 큰 자산이라는 점에 동의할 것이다. "사람이 프로덕트를 만드는 것을 잊지 말아야 한다"고 디자인 전문가 존 마에다John Maeda는 말한다. "관계가 더 큰 것을 만든다. 먼저 사람과 관계를 얻으면 나머지는 뒤따라온다." 소프트웨어 개발 업계에서 성공을 예언하는 잠재력은 존재하지 않는다. 전통적인 엔지니어링 산업과는 달리 평가해야 하는 기계와 재고 같은 물질적인 자산은 거의 없다. 현대의 디지털 프로덕트 창작에서 대부분의 가치는 인적 자본에서 나온 결과다. 계획, 업무 협의, 설계, 코딩, 판매, 마케팅에 사용한 시간은 프로덕트에 생명을 불어넣는다. 물론 이러한 활동을 가능하게 하는 데 필요한 컴퓨터, 클라우드 서비스, 사무실은 존재하지만 프로덕트의 성공에는 거의 중요하지 않다.

프로덕트 리더가 직면하는 문제는 사람들을 회사와 개인 모두에게 가치를 제공할 수 있는 방식으로 리드하는 것이다. 보통 사람을 자원으로 분류하는 것을 싫어한다. 사람은 재고가 아니다. 사람을 회사의 가장 큰 자산으로 대우해야 한다. 프로덕트 리더의 성공을 위해서 팀의 성장을 책임지고 실행해야 한다. 팀 성공을 아웃소싱으로 달성할 수 없다. 이 책을 통해 최고의 프로덕트 리더가 제안하는 팀 구성원의 성장과 발전을 지원하는 방법을 확인할 수 있다. 이러한 제안 사항은 단계별 또는 상황별로 다를 수 있겠지만, 대부분의 프로덕트 조직과 팀에 적용할 수 있는 일반적인 권장 사항이다.

프로덕트 설계 및 개발 프로세스와 마찬가지로 프로덕트 팀의 인재 육성 과정은 유동적이다. 모든 조직적인 문제를 해결하는 일반적인 방법은 없지만 몇 가지 모범 사례가 있다. 그중 하나는 사용자 중립을 무너뜨리는 인간 중심의 프로덕트 및 디자인 원칙을 구체화하는 감독된 발견이다. 폭포수 방법론, 애자일 방법론으로 개발 경험이 있는 프로덕트 리더는 감독된 발견에서 프로세스, 작업 스타일 등의 사고방식을 바꿔야 한다. 다른 접근법과의 차이점은 팀은 완전히 자율적이며 작업 스타일에 책임감이 내재돼 있다는 것이다. 감독된 발견은 대화 가이드 작성, 인터뷰, 프로토타입 개발, 반복, 코드 작성과 팀의 질적 연구 분석 도구를 포함한 프로덕트 출시를 통해 스스로의 확증 편향을 명확히 해 객관성을 얻게 한다. 최고의 구현은 과도하게 구조화된 것이 아닌 제공된 지침에 따라 유연성을 허용하는 프레임워크다. 프레임워크는 규칙보다는 원칙으로 팀의 자체 성장을 가능하게 하는 토대를 제공한다. 이상적인 프레임워크는 일상적인 의사 결정 구조를 제공하면서 자발적이거나 상황에 맞는 조정을 허용한다. 명확한 비전과 전략을 가지고 있다 하더라도 올바른 기회가 올 때 올바른 방향을 찾을 수 있다는 사실을 기억하자. 팀 멤버의 경력을 개발하는 이 작업을 경력 설계라고 한다.

알아야 할 첫 번째 사실은 구성원 개개인의 성장과 개발에 관해 대화하는 리더는 거의 없다는 점이다. 프로덕트 리더가 팀의 경력을 주도적으로 설계하는 역할을 하는 것은 드문 일이다. 경력 개발에 대해 대화를 하는 것만으로도 차별화된 프로덕트 리더가 될 수 있다. 대화만으로 팀 성과가 극대화되지는 않지만 적어도 미래에 대한 생각을 하게 만든다. 설계를 생각하는 원칙을 자신의 삶에 적용하는 것만으로도 즐겁고 만족스럽다.

비전을 향한 커리어 패스 만들기

리더가 팀원에게 명확히 발전 방향을 제시하지 않는다면 팀원은 리더의 생각과 관계없이 성장하고 발전할 것이다. 하지만 그런 성장과 발전은 조직과 프로덕트 목표 달성에는 도움이 되지 않는다. 또한 개인 및 전문성 개발에 관심 있는 팀 구성원은 조직의 방향과 다른 방향으로 성장 기회를 모색하거나, 자신의 목표와 꿈을 위해 조직을 떠날 수 있다. 훌륭한 인재는 팀원을 지원하지 않거나 침묵하는 리더를 허용하지 않는다. 리더가 경력 설계에 관한 대화를 하지 않아 생긴 공백은 다른 누군가의 계획과 야망으로 채워질 것이다. 이와 같은 유형의 대화를 무시한 결과는 대부분 부정적이어서, 좋은 인재를 잃게 되는 경우가 리더에게 일어날 수 있는 최악의 시나리오다.

경력을 설계해주는 것이 팀이 역량을 유지할 수 있는 최선의 방법이라는 점에 주목하자. 무료 점심, 탁구대 그리고 편안한 의자로 재능을 개발할 수 있다고 기대하겠지만, 그런 방법으로는 평균적인 재능 이상을 갖게 하거나 인력 이동을 막을 수 없다. 무엇보다도 사람들은 도전하고 인정받고 존중받고 싶어 한다. 경력 설계를 도와주는 것은 무엇보다 중요하다. 경력 설계 작업은 조직을 위한 것이지만, 필요한 경우 지침, 지원 및 조언을 제공해야 한다. 이제 프로덕트 리더가 팀에 질문해야 할 질문 유형을 살펴볼 것이다.

프로덕트 리더가 팀 경력을 설계하는 데 있어서의 그 역할은 프로덕트를 설계하는 것과 유사하다. 경력 설계의 시작은 가치관, 꿈, 비전에 대해 토론하고 이해하는 것이다. 훌륭한 프로덕트와 마찬가지로 명확하고 잘 표현된 페르소나와 비전은 성공의 필수 조건이다. 팀 멤버 자신(페르소나)을 이해하는 것은 프로덕트 사용자에게 사용하는 경로와 유사하다. "개 사료 먼저 먹어 보기"(또는 "맛있는 샴페인 마시기")를 사용해 페르소나 작업을 그들에게 적용하는 것은 자신을 인식하는 훌륭한 연습이 된다. 다시 말하지만 프로덕트 사용되는 일반적인 도구는 경력 개발에도 효과적으로 사용하게 된다. 그래서 팀을 필수 프로덕트로 볼 수 있다.

경력에 대한 대화 시작하기

댄 핑크는 『드라이브』에서 MIT의 연구에 근거해 기본 작업을 뛰어넘는 직원들의 동기부여를 위해 세 가지 요소에 중점을 둬야 한다고 제안한다.

자율성(Autonomy)

자기 주도적인 의사 결정의 욕구. 지금까지 살펴본 것처럼 규정 준수보다 효과가 높다.

통달(Mastery)

더 나은 기술을 개발할 충동. 앞으로 읽을 부분에서 다룰 것이다.

목적(Purpose)

의미가 있고 중요한 일을 하려는 욕망

목적은 뒤따라오는 활동들을 묶을 수 있는 기반을 제공한다. 경력 관련 대화를 점진적 개선으로 시작해서는 안 된다. 프로덕트 리더는 기능 요구 사항을 나열해 새로운 프로덕트에 대한 대화를 시작하지 않는다. 대화의 시작은 직원들의 경력상의 문제를 아는 것이다. 문제를 이해해서 커리어 패스를 세우려는 사람을 이해하는 것이 핵심이다. "왜"라는 질문으로 시작하자. 누군가의 경력 목표를 찾는 것은 프로덕트의 목표를 찾는 것과 같다. 여기 질문 몇 가지를 제안한다.

1. 인생을 위한 꿈과 계획이 무엇인가?
2. 왜 그 꿈과 계획을 가지고 있을까?
3. 해결하려는 문제는 무엇인가?
4. 그 문제는 해결해야 할 가치가 있나?
5. 경력이 완성되기까지 몇 년이 걸릴까?
6. 여덟 살 때, 어떤 활동을 하고 있었나?
7. 그 활동이 왜 매력적이라고 생각하나?
8. 그 활동을 자세하게 설명할 수 있나?
9. 그러한 활동이 현재 직장과 진로에 어떻게 연결돼 있나?

마지막 몇 가지 질문은 특히 유용하다. 어린 시절 마음을 사로잡았던 활동은 우리 모두에게 친근한 활동이기 때문이다. 어린 시절에 좋아했던 게임과 활동은 성인이 되고 난 후에도 우리 삶에 매력을 느끼게 해주는 훌륭한 지표다. 설계, 제작, 구축, 개선은 프로덕트 팀 스킬 세트로 해석될 수 있는 몇 가지 중요한 요소다. 레고 또는 그와 비슷한 장난감으로 무언가를 만들고, 계획하고, 물건을 만드는 데 관심이 있던 아이는 성인이 돼서 프로덕트를 만들면서 비슷한 만족감을 느낄 수 있다. 어린 시절의 관심사를 상기하게 하는 것은 팀 구성원이 자신의 삶 속에서 하고 싶은 것을 찾는 데 도움이 된다. 팀 구성원의 비전을 수립하는 것은 언제나 어렵다. 열정과 기술이 교차하는 곳을 찾고, 명확히 하기 위해서는 여러 번의 대화가 필요하다. 특정 산출물 작성을 도와주는 것보다 구성원이 일하는 것을 좋아하도록 도와주는 것이 더 낫다는 것을 알 수 있다. 어떤 작업이 매일 하고 싶으면서도 다른 팀원 모두가 바라는 성과를 얻게 할 수 있을까? 더 힘들더라도 목표를 달성하기 위해 어떤 노력이 필요한가?

트렌드와 기술 뛰어넘기

팀 구성원의 경력 비전을 개발할 때, 비전은 시간, 기술, 트렌드와 관계가 없어야 한다. 특히 기술 플랫폼에 종속적인 비전을 갖는 것은 문제가 된다. 기술이 변하면 비전이 타당성을 잃기 때문이다. "2020년까지 전 세계에서 가장 뛰어난 모바일 개발자"라는 비전은 모바일이라는 기술과 제어가 불가능한 일정에 제약을 받는다. 목표에 도달했다고 하더라도 모바일 기술은 다른 기술로 대체될 수 있다. 이 상황은 혼란스러운 결과를 낳거나 가치가 없는 경력 비전만 남게 된다. "나는 인간이 이동 시 활용하는 기술 프로덕트의 뛰어난 개발자가 될 것이다"가 더 나은 표현이다. 최종 시한을 제거하면 계획하는 것보다 실현될 비전에 여유가 생기고 일정에 관한 스트레스가 없어지게 된다. 이 비전은 인간의 이동성에 일관되게 가치를 둔다. 목표를 달성하는 기술은 여러 가지 방법이 있을 수 있다.

비전을 수립하고 나면 비전을 달성하는 데 필요한 단계를 그려 보자. 우선 내가 지금 어디쯤에 있는지 현재의 자기를 돌아보고 확인해봐야 한다. 그에 대한 대답이 이정표가 될 것이다. 이 단계에서 많은 세부 사항을 고려할 필요는 없다. 이 단계는 새로운 기술 습득, 중요한 공동 작업자와의 만남, 새 팀에 참여, 최적의 위치로 이동하는 것 등이다. 예기치 못한 문제와 자발적인 성장 기회를 팀 구성원이 활용할 수 있는 방법이 있다. 새로운 모든 물체에 반응하기보다는 주위에 일어나고 있는 일을 파악하고 활용해 계획에 반영하거나 늘릴 수 있다. 불행하게도 우리는 더 좋은 곳으로 이직하는 사람들을 보면서 살고 있고, 스스로 어디로 가야할지에 대한 명확한 기준 없이 내가 소유하지 않은 모든 것이 발전할 것이라고 생각하고 그것을 추구한다. 기회를 평가할 수 있는 비전과 지침을 갖게 되면 진짜 기회와 유혹을 구별할 수 있게 된다.

이제 성공적인 프로덕트 생산을 위한 유사한 접근법을 살펴보고자 한다. 시간을 초월하는 비전은 의사 결정이 필요할 때 일련의 지침이 돼 목표에 집중하게 하고 위험을 줄여 좀 더 예측 가능한 결과를 이끌어 낸다. 비전, 가치, 지침은 효과적인 의사 결정을 하게 한다. 또한 프로덕트 인력에 집중하게 하고, 자신의 경력에 초점을 맞추는 데 도움을 준다. 경력은 정기적인 점검과 지속적인 관리 없이는 조잡해지기 쉽다. 경력 비전 개발과 삶의 경로를 유지하는 노력은 지속적인 개선 없이는 가치가 없다.

또한 경력 개발에 대한 아이디어는 프로덕트 리더에게도 적용된다는 점이 중요하다. 궁극적으로 프로덕트 리더의 성공은 팀의 성공이다. 팀이 성장하고 긍정적인 방향으로 발전한다면 그것이 리더의 성과가 된다. 팀이 침체하고 도전이 없게 되면 리더는 비난의 대상이 될 것이다. 경력 개발의 성공 척도 중 하나는 무엇이 전달되고 있는가다.

하드 스킬 개발

프로덕트 관리와 디자인을 마스터하기 위해서는 여러 가지 기술 습득이 필요하다. 팀원에게 필요한 모든 기술을 가르치는 학위나 방법은 없다. 이는 최고의 프로덕트 리더가 팀의 기술을 지속적으로 개발하는 데 초점을 맞춰야 함을 의미한다. 특히 프로덕트와 비즈니스가 발전하면서 발생하는 새로운 아이디어, 요구 사항, 추세에 대응해 기술을 개발하는 것이 중요하다.

하드 스킬에 관한 첫 번째 단계는 팀에 필요한 전술적 요구와 목적에 맞는 새로운 기술을 검토하는 것이다.

롤라lola의 프로덕트 담당 부사장 엘렌 치사는 이렇게 말한다. "다음 주에 출하할 물건을 준비하는 가장 좋은 방법은 그저 구글을 검색하고 누군가를 불러서 처리하는 것이다. 꽤 간단한다. 그러나 전략적 관점에서 프로덕트가 초기 단계에 있고, 수익에 대해 생각해보지 않았으며, 어떻게 처리할 줄 모른다면 이 문제는 아주 다른 문제가 된다. 이 문제는 무엇을 하려고 하는지, 무엇을 배우려고 하는지, 그것이 무엇인지를 배우는 가장 효과적인 방법을 고려해야 하는 하드스킬 세트가 된다." 팀에 속한 사람들은 구글 검색을 통해 배우는 것과 공식적인 정규 코스를 다르게 인식한다.

소프트 스킬 개발

사람들을 관리하고, 명확하게 의사소통하며, 다른 이해관계자 또는 고객과 공감하는 소프트 스킬은 가르치는 것이 훨씬 더 어렵다. 소프트 스킬을 다루는 가장 좋은 방법은 한 번에 하나의 스킬에 집중하고 상황에 맞게 팀 구성원을 지도하는 것이다. 엘렌 치사는 이렇게 강조한다. "내가 지금까지 경험한 소프트 스킬을 가르치는 가장 강력한 예는 어떤 상황이 일어난 직후 바로 불러내서 말하는 것이었다. '회의에서 당신이 하는 얘기를 들었는데, 왜 그런 얘기를 했나요?' 이렇게 질문하는 것도 일종의 코칭이다."

발견과 전달의 균형 맞추기

> 애당초 하면 안 되는 일을 효율성 좋게 하는 것만큼이나 쓸모없는 일은 없다.
>
> — 피터 드러커

팀과 프로세스를 최적화하는 것은 소프트웨어 엔지니어링에 깊이 뿌리를 두고 있다. 가장 널리 알려진 전달 방법은 애자일, 스크럼(애자일에 포함되지만 최근 몇 년간 관심이 집중돼 왔다), 폭포수(초기 소프트웨어 구현 방법으로 알려져 있다), 린이 있다. 광범위한 방법론 안에는 자체 하위 카테고리가 존재한다. 예를 들어 널리 시행되는 토요타 생산 시스템TPS, Toyota Production System의 부산물인 린에는 칸반이라는 카테고리가 있다. 이러한 훌륭한 프레임워크, 프로세스, 워크플로우는 현대 시대의 소프트웨어 개발에 노력이 들어간 가드레일이었다. 다양한 문서, 프로덕트, 도구 등은 서로 다른 회사와 사람에게 의미하는 바를 명확히 하기 위해 만들어졌다.

우선 처리해야 할 가장 큰 과제는 리소스를 어디에 사용할지 결정하는 것이다. 우리는 우선순위에 대해 깊이 논의했지만, 무엇을 고려해야 할지 어떻게 알 수 있을까? 새로운 기능을 추가할지, 기존 기능을 개선할지 여부를 판단하는 것은 매우 어렵다. 이것이 프로덕트 리더십의 핵심이다. 리더는 제한된 리소스를 활용해 아직 충족되지 않은 고객 요구에 부응할 수 있는 묘기를 어떻게 부릴 수 있을까? 단순히 고객이 프로덕트를 사용한다고 프로덕트를 즐기고, 프로덕트를 좋아한다는 것을 의미하지 않는다. 홈어웨이HomeAway의 프로덕트 매니저 마르코 마란디즈Marco Marandiz는 "이것은 프로덕트 제작자들의 일반적인 실수다"라고 말한다. 프로덕트 매니저와 리더는 사람들이 프로덕트를 사용하고 있기 때문에 개선이 필요하지 않다고 생각할 수 있다. 마란디즈는 프로덕트 리더가 "사용자가 자신의 프로덕트를 사용하기 때문에 사용자의 가려운 곳을 긁어주고 있을 것이다"라고 생각하는 리더의 실수에 반박한다. 대신 이렇게 질문해야 한다. "이 프로덕트를 다른 사람들과 더 밀접하게 만들려면 어떻게 해야 할까? 많은 사람들이 생각하는 사안을 좀 더 가치 있는 방식으로 처리하도록 프로덕트를 재배치하거나 프레임을 만들려면 어떻게 해야 할까?" 새로운 문제를 발견하거나 기존 문제를 개선하는 것은 고객을 이해하기 위한 노력으로 이어진다. 훌륭한 프로덕트 리더는 이 발견 프로세스에 집중하고 대부분의 시간을 소비한다.

봉투를 밀어 넣는 것과 픽셀을 밀어 넣는 것

프로덕트 매니저는 UX나 UI 업데이트에 집중할 수 있다. 고객을 이해하는 것보다 훨씬 쉽기 때문이다. 어떤 UI 요소를 변경해야 하는지 고객에게 묻는 것은 프로덕트를 개선하는 데 필요한 정보 일부만 얻는 것이다. 고객이 프로덕트를 사용하는 이유를 알게 된다면 기본적인 상호작용을 뛰어넘어 프로덕트가 가치 있다고 생각하는 이유에 도달하게 될 것이다.

이렇게 인지된 가치는 프로덕트 팀에서 관심 둬야 하는 부분이다. "올바른 질문을 하고 있는지 확인하고 진정한 답을 찾는 데 더 많은 시간을 할애해야 한다"고 마란디즈는 말한다. 마란디즈는 데이터에만 초점을 맞추는 것은 프로덕트를 만드는 사람에게 혼란을 가중시킨다고 생각한다. "데이터는 매우 가치 있지만, 질적 연구 없이는 도움이 되지 않는다. 올바른 질문을 해야 한다. 당신은 만족하지만 고객은 만족하지 못한다는 사실을 진정으로 이해해야 한다."

찾고 있는 솔루션의 가치를 더 깊이 파고드는 이 프로세스는 발견과 출시 간 균형을 유지한다. 가치를 발견하고 그 가치를 실현하자. 프로덕트 비전을 렌즈로 사용해 발견에 집중하고 고객의 정성적인 피드백을 사용해 프로덕트를 개선하자.

정성적 데이터는 사용자와 공유할 내용이 있을 때 가장 잘 수집된다. 프로토타입을 사용해 사용자와 함께하는 동안의 관찰은 정성적 데이터를 수집하는 매우 강력한 방법이다. 과거 클라이너 퍼킨스 코필드 앤드 바이어스Kleiner Perkins Caufield & Byers의 디자인 파트너였고, 오토매틱Automattic에서 전산 설계 및 인클루시브Computational Design & Inclusion의 글로벌 책임을 담당하고 있는 존 마에다는 "그림이 천 단어의 가치를 가진다면, 프로토타입은 수천 번의 회의만큼 가치를 갖는다"고 말한다. 정성적인 피드백 수집에 필요한 인터뷰 스킬과 프로토타입 작성 방법에 대해 좀 더 알고 싶다면 리차드 밴필드, C. 토드 롬바르도와 트레이스 왁스의 『디자인 스프린트』(비즈앤비즈, 2017)를 읽을 것을 추천한다.

발견을 프로세스에 포함하기

발견을 프로덕트 개발 프로세스의 핵심 부분으로 정착시키는 중요한 열쇠는 스탠드업 미팅, 재검토 등 프로세스를 정식 절차로 포함시키는 것이다. 우리가 말하는 최고의 팀은 정기적으로 고객을 연구하는 모임을 갖는다. 새로운 것이 없다 하더라도 정기 모임을 통해서만 고객이 소중하게 여기는 것을 지속적으로 배우고 발견하려는 조직의 의지를 지탱한다. 발견은 근육과 비슷해서 꾸준히 사용하면 튼튼하게 유지할 수 있다.

충분한 프로세스

프로덕트 리더십의 실천적 방법론 측면에서 사용할 프로세스에 대해 다양한 의견과 혼선이 많다. 모든 훌륭한 프로덕트 리더는 고객 중심적이고 반복적인 프로세스의 필요성을 이해하지만 다른 많은 이들은 일상적인 프로세스 관점에서 필요성을 확신하지 못한다. 그들이 묻는 질문은 다음과 같다. 애자일을 사용해야 할까? 스크럼을 사용해야 할까? 린을 사용해야 할까? 우리는 린 UX를 사용하고 있나? 우리는 애자일과 린의 하이브리드를 사용하고 있나? 성공하기 위해 프로세스가 필요한가? 우리는 이 방법론들의 조합을 사용하고 있나? 그냥 우리 마음대로 하고 있는 것은 아닐까? 이러한 질문은 방법론과 프레임워크의 구체적인 전술이 프로덕트의 성공을 실질적으로 향상시킴을 입증한 적이 없다는 사실을 간과하고 있는 것이다.

그렇다면 프로덕트 리더가 최상의 프로세스를 선택하는 방법은 무엇일까? 이 질문에 대한 대답은 조직의 역사와 현재 상태 등 상황에 맞아야 하므로, 단일 솔루션을 제안하는 것은 불가능하다. 리더가 해야 할 일은 조직의 특성을 이해하고 그 특성을 기반으로 프로세스를 선택하는 것이다. 각 팀과 회사는 서로 다른 문화를 갖고 있으며 그 문화는 최선의 선택에 대한 정보를 알려준다. 다음은 프로덕트 리더가 이상적인 프로세스를 선택하기 위해 조직에 해야 하는 질문 목록이다.

1. 우리가 해결해야 하는 프로세스와 관련된 문제는 무엇인가?
2. 풀어야 하는 문제를 정확히 알고 있나?
3. 어떤 가정들이 테스트되고 검증될까?
4. 어떻게 새로운 프로세스를 테스트할 것인가?
5. 가설은 무엇인가?

6. 가설을 증명하거나 반증하기 위해 사용하는 측정 기준은 무엇인가?

7. 누구를 위해 프로덕트 관리 프로세스를 구축하고 있나?

8. 제안된 변경 사항은 프로덕트의 가치를 획기적으로 향상시키나?

9. 제안된 변경 사항이 팀을 좋거나 나쁘게 만드는가?

10. 외부 압력으로 인한 변화를 고려하고 있나? 아니면 실제로 개선이 필요해서인가?

11. 현재 모델을 추가하거나 변경, 교체하면 어떤 영향이 발생할까?

12. 현재 모델을 추가하거나 변경, 교체하기로 결정했다면, 좋은 인재를 잃지 않고 고객에게 제공하는 가치를 훼손하지 않게 하는 가장 좋은 방법은 무엇인가?

이 질문들은 각 조직이 처한 외부 요인과 내부 상황에 따라 미묘한 차이가 있기 때문에 완벽할 수 없다. 이러한 질문은 프로덕트 리더가 현재 프로세스를 변경하거나 중단하기 전 조직이 직면한 문제를 생각하는 데 도움이 된다. 이 질문의 목표는 조직이 어떻게 수용할지, 일상 업무로 수용이 가능한지 파악한 다음 계획하도록 하는 것이다.

훌륭한 팀이 없는 프로세스는 의미 없다. 평범한 팀이 훌륭한 프로세스를 훼손할 수 있는 것처럼, 위대한 사람들이 평범한 프로세스를 훌륭한 프로세스로 개혁할 수 있다. 팀을 먼저 선택하고 노력을 최선으로 증폭시키는 프로세스를 결정하자.

또한 규모가 다른 기업들은 성장 단계에 따라 다른 접근 방식이 필요하다. 어떤 사업은 스타트업에서 10년 이내에 대규모 사업으로 전환될 수 있다. 이러한 성장은 사람과 프로세스 모두에게 엄청난 마찰을 불러온다. 다양한 회사들과 인터뷰하고 작업했지만, 확실히 자리를 잡은 회사에서도 성장에 따른 마찰이 발생하는 것은 일반적이다. 중소기업이 항상 민첩하고 빠르게 성장하지 못하는 것처럼, 빠른 성장을 하는 기업이 항상 훌륭한 인재를 유치하지 못하며, 대기업은 모든 자원을 활용할 수 있음에도 때로는 효과적으로 계획할 수 없다.

오늘날 빠른 프로덕트 출시 주기를 가진 일부 팀은 일 단위 반복되는 주기가 존재하지 않는다. 그 이유는 단지 반복되는 주기를 문화적 구조로 받아들이지 않기 때문이다. 훌륭한 프로덕트 리더는 이러한 상황을 인식하고 그에 맞는 계획을 세울 수 있어야 한다. 초고속으로 작업하는 팀은 5일 주기의 전통적인 디자인 스프린트가 아닌 2, 3일 주기와 빈번한 프로토타이핑, 테스트로 운영된다. 이를 고려해 최고의 프로덕트 리더는 변화를 가져오기 위해 조직과 팀에 공감해야 하며 스스로 조정해야 한다.

프로덕트 리더를 위한 조언은 팀 문화와 해결해야 하는 문제, 프로덕트 프로세스를 최고로 정의하기 위해 조직을 이해하는 데 많은 시간을 할애해야 한다는 것이다. 특정 요구 사항 구현을 위해서는 최적의 프로세스를 선택할 수 있는 자율성을 가진 좀 더 작고, 교차 기능이 있는 팀을 배치하는 것이 가장 나은 해결책이 될 수 있다.

오늘날 산업과 환경은 너무 빨리 변화한다. 프로덕트 리더는 매일 아침 모호함 속에서 살아가고 있다. 목표를 달성할 수 있는 정밀한 프로세스를 찾지만 그런 프로세스가 항상 발견되는 것은 아니다. 리더의 완벽성은 프로세스에서 오는 것이 아니라 많은 노력을 필요로 하는 상황과 팀에 대한 이해에서 오는 것임을 알아야 한다. 프로덕트 매니저는 바다에서 헤엄치고 있다고 느낄 수 있고, 명확한 기반을 찾기 위해 도움을 필요로 한다. 리더들은 비용이 들더라도 그들이 만드는 프로덕트에서 일어나는 일에 대해 설득력 있는 권한을 가진 사람으로 인정받기를 원한다.

의사소통과 제약

제약 조건이 있을 때 사람들과 소통하는 것은 큰 문제가 된다. 이를테면 마감일에 배포하라는 압력을 받거나, 다른 사람으로부터 비현실적인 기대를 갖게 되는 경우다. 내외부의 제약은 불가피하고 이런 상황에서 성장과 개선이 필요하다.

프로덕트 리더십 제약 조건을 이해하려면 팀이나 회사 내에서 리더의 영향력을 먼저 이해해야 한다. 알게 모르게, 사람들은 리더에게서 나오는 모든 말을 듣게 된다. 그들 중 일부는 리더가 말하거나 쓰는 모든 단어에 영향을 받는다. 리더의 말에 따라 팀은 가능성과 좌절을 맛본다. 글이나 말, 몸짓 언어 등 어떤 방식의 표현이 시작점이 돼, 그 팀은 그 신호를 받는다. 팀은 리더와의 의사소통에 의해 영향을 받는다. 리더가 팀원들이 수용하는 방식을 고려해 자신이 사용한 단어를 되돌아보는 훈련은 의사소통을 더욱 효과적으로 만들 수 있다. 언어는 특정 제약 조건을 없애거나 만든다. 팀원들은 리더가 사용하는 특정 단어에 영향을 받아 실제로는 존재하지 않은 제약을 만들 수도 있다.

실제로 프로덕트팀에서 어떻게 제약이 발생하는 지 생각해보자. 모든 프로덕트 팀은 문제를 해결해야 한다. 팀은 매일 문제에 대해 토론한다. 특정 프로덕트 경험을 제공하려는 많은 프로덕트 리더는 문제를 해결하기 위한 방법을 이야기한다. 이때 리더들은 "이 문제를 해결하기 위해 한정된 자원을 사용할 수 있다"든가 "투입해야 할 많은 자원이 필요하다", 또는 "이 속도로는 일정을 맞출 수 없다!"라고 말할 수 있다. 리더가 팀을 특정 선택지로 문제 해결 프로세스를 시작하면, 팀의 창의적 프로세스는 종료된다. 앞서 설명한 리더는 의도적으로 창의성을 제한하지는 않지만, 창의성 제한이 결과로 나타난 것이다.

잠시 물러나 방금 주어진 예제와 같은 상황을 생각해보자. 이런 소통은 팀에 제약을 만든다. 그 제약을 만들 만한 언어를 주위에 있는 팀과 리더에게 몇 번이나 사용했을까? 단지 이와 같은 언어를 사용하는 것으로 리더는 잠재적 솔루션에 대한 제한을 만든다. 제한된 선택을 제시하면 팀은 리더가 아직 논의되지 않은 옵션과 그 외 모든 옵션을 무시한다고 가정할 수 있다. 이것은 팀의 잘못이 아니다. 단지 리더가 요구한 것을 하고 있을 뿐이다. 사람들이 한계를 듣게 되면 영감, 창의력 또는 리더십을 발휘하지 못한다.

동료 프로덕트 리더는 리더가 제시하는 선택 사항이 왜 필요한지 많은 이유를 제시할 수 있을 것이다. 예를 들어 위로부터 압력을 받고 있기 때문에 팀을 보호할 수 있다고 말할 수 있다. 또한 리더가 해야 할 일이 너무 많다거나, 어떤 경우에는 그 선택만이 유일한 방법인 경우도 존재한다. 리더들은 자신이 모든 해답을 가져야 한다는 착각을 정당화하는 경향이 있다. 리더십을 모든 답을 가진 것이라고 정의한다면 리더십을 오해하고 있는 것이다. 리더십은 주변의 사람들이 비전, 전략, 사명을 생각하는 권한을 부여한다. 리더의 역할은 작업의 정당성에 연결돼야지 방법에 연결돼서는 안 된다. 팀 스스로 방법을 구체화하도록 하자. 작업 방법에 깊이 관여하는 프로덕트 리더라면, 사람들에게는 무엇을 해야 하는지 알게 하는 좋은 기회를 제공할 수 있다. 사람들에게 선택 사항을 제공해야 한다는 정신적 제약으로부터 벗어나 문제에 집중하자. 일단 문제의 명확성을 확보하게 되면 문제를 해결할 책임을 팀에 넘길 수 있다.

하나의 리더가 여러 팀을 리딩할 때, 리더의 가장 중요한 업무는 어떻게 팀원을 조직하느냐다. 또한 권한을 위임하는 것도 리더의 업무다. 따라서 능력을 발휘하도록 최선의 언어를 사용하는 것도 리더의 일이다. 여기서의 언어 사용은 동기부여와 관련된 언어 사용이 아닌 팀이 가진 해결책을 이끌어 내기 위해 리더가 신뢰를 주기 위한 어휘를 의미한다. 일반적인 용어 및 정의를 사용하는 것은 팀에서 기대하는 것에 대한 예상을 제거하는 데 큰 도움이 된다. 이것은 단순히 결과물과 과정을 묘사하는 것 이상의 의미를 부여한다. 명확히 의사소통되지 않은 작업이나 결과물은 당신이 추구하는 것에 영향을 미친다. 팀 구성원이 와이어프레임과 같은 용어 사용에 동의하지 않는 경우는 드물다. 저수준인지 고수준인지? 어떤 형식으로 전달될 것인가? 와이어프레임에 주석을 달 필요가 있을까? 왜 우리는 와이어프레임이 필요할까? 이 활동이나 결과물의 혜택을 받는 사람은 누구일까?

좋은 팀을 훌륭하게 만들 수 있는 신뢰를 쌓기 위해서는 의미 전달이 필요하다. 팀을 중앙에 놓고 최고 솔루션의 틀을 잡자. 동료 또는 동료 팀과의 갈등을 생각해보자. 갈등은 대부분 사람들이 만든 언어에서 발생한다. 제약을 새로운 차원의 가능성으로 옮기는 언어를 만드는 것도 리더의 임무다. 연습으로 생각하자. 몇 달 또는 몇 년이 걸릴 수도 있지만, 이것을 달성하는 방법에 시간을 쏟을 필요가 있다. 이 방법을 일상으로 만들고 팀에게 가르치자. 이 습관이 정착하는 데는 다소 시간이 걸리겠지만 그 노력의 결실은 열 배의 가치를 가져올 것이다.

권위 문제 명확히 하기

팀 성과에 대한 인식 부족은 프로덕트 리더가 소화하기 힘든 문제가 될 수 있다. 우리가 말한 프로덕트 리더 중 상당수는 예상했던 것보다 팀 업무 대한 이해가 훨씬 낮았다. 일부는 리더십이 처한 환경의 역할에서 기인하거나 회사 동료와 일반 시장에서 인식이 드물거나 존재하지 않은 경우에서 찾을 수 있다. 프로덕트 리더는 기술 세계의 히어로와 같다. 리더는 엄청난 슈퍼 파워를 가지고 있다고 여겨져 왔고, 다른 슈퍼 히어로와 나란히 서 있으며 존경받을 만한 가치가 있지만, 존경받고 있지 않다.

이미 힘든 작업의 상처에 소금으로 문지르는 것처럼 보이겠지만, 프로덕트 리더는 다른 직책과 동일한 개인적인 인정을 얻을 수 없다. 그럼에도 불구하고 조직 내에서 열심히 일하는 것에 대해 약간의 인정을 필요로 한다. 그렇지 않으면 저평가됐다는 느낌을 갖기 시작할 수도 있다. 인정받을 수 있는 환경을 조성하는 방법 중 하나는 존경과 인정이 내면에서 나오도록 서로를 소중히 여기는 사람들로 구성된 팀을 만드는 것이다.

전에 언급했듯이 프로덕트 리더의 역할은 권한 없이 모든 책임을 가진 것처럼 느껴진다. 어떤 권한도 없다고 해석될 수 없다. 강력하고 성공적인 팀을 만드는 것은 항상 프로덕트 리더의 힘이다. 프로덕트 매니저는 권한을 공유하지 않을 수 있지만 수석 프로덕트 리더가 영향력을 미치지 않거나, 팀을 고용할 수 있는 직접적인 권한이 없는 경우는 거의 없다. 미묘한 차이점은 프로덕트 리더가 반드시 회사 전체와 다른 팀에 대한 권한을 필요로 하지 않는다는 것이다. 창업자인 프로덕트 리더는 더 넓은 팀에 대한 권한을 가지고 있지만, 그렇다고 해서 그 사람에게 의존해야 한다는 것은 아니다. 리더는 명령이 아니라 리드해야 한다. 창업자가 아닌 프로덕트 리더는 나머지 프로덕트 팀(디자인, 엔지니어링 등)에 대한 채용이나 일반 권한이 없더라도 프로덕트 매니저를 고용할 권한이 있다.

정치 관리

리더는 정상적인 업무 프로세스에서 정치를 없애고 팀이 성공할 수 있는 슈퍼 파워를 부여하는 방법을 찾아야 한다. 팀에 "슈퍼 파워"를 부여하는 것은 그들의 영향을 증폭시키는 것을 의미한다. 평균 이상의 영향을 미칠 수 있는 도구와 습관을 구축하자. 권한을 부여받은 팀은 모든 인간이 원하는 인정을 받고 있다고 느낄 수 있다. 이러한 증폭 습관과 행동이 실용화되면 프로덕트 리더와 팀은 이해관계자에게 이렇게 말할 수 있다. "우리가 하는 일을 살펴보라. 우리가 만든 것은 영향력이 있다." 결과물, 데모, 프로토타입, 실제 완성된 프로덕트 여부는 실제로 중요하지 않다. 결과는 조직과 공유해야 한다. 리더들이 내부 영향력과 권위를 강화할 수 있는 방법을 모색하고 있다면, 이를 직무의 일부로 관리해야 한다.

더 분명히 말하면, 이기적으로 동기부여해서는 안 된다. 프로덕트 리더가 권한을 개발하는 실용적인 방법으로 인정을 받으면 권한을 사용해 조직 내에서 더 많은 영향력을 발휘할 수 있다.

4

성공을 위한 공식

프로덕트 리더와 그들을 채용하는 사람들의 주된 관심사는 "무엇이 성공적인 프로덕트 리더를 만드는가?"였다. 성공적인 리더가 되는 것은 성공적인 팀을 구성하는 방법과 밀접한 관련이 있다. 우리는 프로덕트 리더들과의 첫 인터뷰에서 성공적인 리더에 대한 일반적인 정의를 내리는 것은 거의 불가능하다고 확신했다. 가까운 경쟁자라도 일률적 접근법을 적용할 수 있는 유사한 프로덕트 조직은 없다. 프로덕트 리더도 마찬가지다.

성공을 위한 단 하나의 공식이 없다는 사실은 놀랍지 않다. 그렇지만 성공적인 리더의 특성과 스타일을 분석해 공통된 실마리를 찾을 수 있었다. 성공적인 리더의 특성은 오래된 전문가에게는 효과가 있는 방법을 상기시켜주고, 새로운 리더에게는 더 성장할 수 있도록 돕는 우수 사례가 될 것이다. 4장에서 다룰 주제는 다음과 같다.

- 성공적인 프로덕트 리더의 업무 수행
- 리더십 스타일과 적용하는 방법
- 조직 전반에 걸쳐 통용되거나 공유할 수 있는 통찰력
- 프로덕트 전문가가 흔히 저지르는 실수와 이를 피하는 방법

프로덕트 리더십의 성공은 어떤 모습일까?

프로덕트 리더로서의 성공은 정의하기 어렵지만 그보다 프로덕트의 정의를 먼저 올바르게 잡아야 한다. 프로덕트의 정의는 궁극적으로는 각 프로덕트, 회사, 부문별로 다르게 평가된다. 프로덕트 리더의 성공과 실패는 존재의 이유와 관련이 있다. 그러나 한 가지 확실한 점은 프로덕트 리더는 고객 문제에 집중한 솔루션을 얼마나 잘 제공하는지에 따라 평가돼야 한다는 것이다.

이는 우리의 경험과 인터뷰 대상자들에 의해 확실해졌다. 결론부터 말하자면 문제에 집중하는 것이다. GV의 켄 노튼은 이렇게 말했다. "나는 문제가 무엇인지부터 이야기하고 싶다. 똑똑한 사람들은 매우 문제 해결 지향적이다. 똑똑한 사람들은 어떤 해결책에 문제가 있는지 이야기하고 싶어 한다. 그러나 성공적인 사람들은 문제 자체를 생각한다. 나는 프로덕트나 기능, 장치를 구축하기 전에 문제가 무엇인지 깊이 있게 이해한다. 그 문제가 해결됐을 때 프로덕트가 어떤 모습을 갖게 될지 알기 때문에, 성공에 도달하는 것이 쉬워진다."

고객의 문제를 해결하거나 개선하기 위한 성공을 구상하면 팀과 문제를 정의하거나 공유, 전달하는 것이 훨씬 쉬워진다. 성공적인 최종 상태에 도달하는 방법을 찾는 것이 훨씬 수월해진다. 따라서 최고의 프로덕트 매니저는 해결책이 아닌 문제를 정의하고 우선순위를 정하는 데 중점을 둔다.

문제에 초점을 맞추면 목표가 명확해지기 전에 목표에 대한 감을 잡을 수 있다. 팀은 고객의 요구 사항에 초점을 맞춰야 한다. "어떻게"가 아닌 "무엇을" 해결해야 하는지, "왜" 해결해야 하는지를 찾아야 한다. 문제 해결을 위해 활용 가능한 솔루션을 테스트하는 연구는 사용자에 대한 이해를 왜곡시킨다. 사용자 스토리와 페르소나는 풍부한 배경 정보가 돼 관련 있는 모든 사람을 연결하게 하고, 분명하지 않은 해결책을 찾게 한다. 한 가지 솔루션에 집중하지 않고 문제에 초점을 맞춰 팀 내부에서 의견을 나누면 솔루션의 범위가 훨씬 넓어질 수 있다. 솔루션에 대한 연구가 끝나고, 정의되고, 문제가 설명된 후, 우선순위가 정해지면 수행 팀은 작업을 가장 효율적으로 협업할 수 있도록 솔루션을 설계한다. 그렇게 하면 모든 사람들의 독창성이 훨씬 더 나은 결과를 향하게 할 수 있다.

성공 측정

최고의 프로덕트 리더는 성공을 정의하고 측정하는 방법을 고려한다. 폴 애덤스의 말이다. "우리는 문제를 정의하고 성공 기준을 정의하는 데 많은 시간을 할애한다. 우리가 해결할 문제는 무엇이며 어떻게 해결할 수 있는지 어떻게 알 수 있을까?"

프로덕트 리더의 성공 측정 방법은 항상 프로덕트 리더십 세계에서 뜨거운 논쟁거리다. 왜냐하면 모두가 보편적이지 않고 파악하기 어려운 측정 기준을 찾고 있기 때문이다. NPS(순 추천 고객 지수)나 일일 액티브 유저 수, 라이선스, LTV(고객 생애 가치), 이벤트 참여 등에 대해 많은 토론이 있다. 이는 개발과 프로덕트, 사용자 경험의 역할에서 명확한 성공의 측정 방법으로 산출물이나 성과를 결정하는 데 방해가 되는 문제를 인식하기 시작했다. 지금까지는 기술을 제공하는 데 집중해왔기 때문에, 성공 기준을 단순히 고객에게 프로덕트를 제공하는 것을 기반으로 했다. 이제 산출물을 벗어나 성과를 측정하는 것에 대해 깊이 고민할 때다.

타냐 코드리는 "훌륭한 프로덕트 리더는 단·장기적인 성공을 생각한다. 무엇보다도 그들은 가만히 앉아서 생각하는 다른 많은 사람들보다 장기적으로 생각하고 있다"고 강조했다.

우리 모두가 공감할 수 있는 예가 있다. 엔터프라이즈 솔루션 구매자에게 투자 수익을 보여주기 위한 엔터프라이즈 대시보드를 상상해보자. 계획 단계에서는 요구 사항이 확정되고 아름다운 인터페이스가 설계돼 웹 응용 프로그램에 코딩돼 반영된다. 개발을 진행하면서 사용자가 요구하지 않은 것이 반영됐다는 사실은 성공적으로 평가할 수 있지만 이것으로는 충분하지 않다. 세계 최고의 프로덕트 리더는 화면과 서버 사이에 빅데이터 레이어를 배치해 경험적으로 측정할 수 있는 기능을 선택할 수 있게 한다. 이 시나리오에서 결과의 예제는 다음과 같이 설명할 수 있다.

> *90일 간의 운영 릴리스 기간 동안 엔터프라이즈 대시보드의 참여도를 65% 증가시키고 싶을 것이다. 대시보드 참여도 증가를 위해 앱의 평균 시간이나 평균 로그인 수 증가와 같은 핵심 성과 지표(KPI)를 추가한다. 이러한 디자인 베팅(경험을 통한 기능 선택)이 성장을 주도할 것이라고 믿는다.*

일반적으로 이런 계획은 발견 단계에서 수립되며 새로운 혁신적인 경험을 창출하고 오래된 경험을 새로 고치며, 기술적 부채를 제거하는 유일한 이유가 된다. 이런 상황에서 NPS와 같은 다른 측정 지표를 사용할 수 있다. NPS는 확장성이 뛰어나고 쉽게 배울 수 있는 측정 지표다.

코드리는 말한다. "나는 재방문이나 고객 만족 측정 지표와 고객 충성도를 매우 중요하다고 생각한다. 인터넷의 역사에 엄청나게 어려운 문제를 풀어낸 많은 회사가 있었지만 그 회사들은 고객을 유지하지 않았고 붙잡지 않았기 때문에 지금은 살아남지 못했다."

대부분의 측정 기준은 단일 측정 지점으로 인해 어려워진다. 산출물이 아닌 성과를 지표로 사용하려면 고객의 해결해야 하는 문제에 기반해야 한다. 중간 결과의 측정을 위해 경험에 기반해 작성한 메트릭을 사용하자. 조직 전체에서 단일 메트릭을 사용하지 않고 프로덕트 전략을 추진하고 측정 가능한 시간을 초월한 측정 지표는 세계 최고 실무자의 모범 사례가 될 것이다.

문제 해결 능력을 통한 성공 측정

측정할 수 있는 성과 지표를 사용해 프로덕트 리더십의 성공을 예측하는 것이 먼저다. 두 번째로는 성공을 측정할 수 있는 조직의 능력이다. 궁극적으로 문제 정의를 할 수 있는 능력이 중요하며, 이는 문제 자체를 정의하는 것만큼 중요하다. 많은 프로덕트 리더는 얼마나 많은 카드가 발급됐는지와 같은 내부 메트릭만으로 성공을 측정하는 함정에 빠지게 된다.

그들은 카드 발급 건수를 발표한 것으로 성공을 가정했다. 이 방법은 아이템을 판매할 때 성공이 측정된다고 가정하기 때문에 판매가 발생되면 팀의 긴장이 풀린다. 하지만 이렇게 성공을 측정하는 것이 옳지 않은 경우도 있다.

합리적이고 우수한 방법으로 납품을 보장하는 효율적인 납품 모델을 갖는 것이 성공의 한 형태인 것은 맞지만, 오직 납품이 고객의 문제가 해결됐다는 것을 의미하지 않는다. 납품은 문제를 해결하고 고객에게 실제로 인도된 모든 것에서 가치를 가져야 한다. 그렇다면 이 최종 결과를 측정하는 능력이 무엇보다 중요하다. 팀에 확인된 문제를 해결하는 것을 성공 또는 실패의 지표로 보는 것이 낫다.

플러럴사이트는 온라인 학습 플랫폼으로, 노트 작성에 관한 문제를 발견해 해결한 방법의 훌륭한 예를 보여준다.

> 팀은 플러럴사이트의 학습자를 관찰해 향후 개선이 필요한 두 가지 행동을 발견했다. 학습 과정을 시청하는 동안, 어떤 학습자는 실제 노트에 기록하는 반면 다른 학습자는 스티커 메모를 사용해 기록하는 것이 관찰됐다. 학습자는 중요하다고 생각하는 정보를 저장해 나중에 해당 위치로 되돌아가고 싶어 했다. 필기 메모는 동영상 시간이나 메모리를 되살리기 위한 몇 가지 단어였다. 플러럴사이트 사용자 테스트 팀의 이

러한 관찰 결과는 결국 영구적인 메모 기능이 문제라는 점을 확인했다. 이 문제의 매력적인 점은 이 시나리오에서의 경쟁 대상은 다른 프로덕트가 아닌 노트북과 포스트잇이라는 사실이었다.

팀은 이 문제를 해결하기 위해 모였다. 일단 그들이 이 기능을 프로덕션으로 출시하고 양적 의견을 얻기 위해 다른 인기 있는 기능과 비교해 여러 가지 상호작용을 추적하기 시작했다. 또한 팀은 영향력 있는 결정과 다음 스텝에 도움이 된 피드백을 정확하게 알고 있었다.

문제를 발견하고 그 문제가 사라지면 사용자에게 힘이 될 수 있는지 상상하고 즐겁고 효율적인 방법으로 솔루션을 제공하는 팀이 성공한다.

성공하는 프로덕트 팀의 특성

모든 팀은 공동의 목표를 달성하기 위해 멤버와 결합하고, 노력을 조율하는 고유한 특성이 있다. 그러나 성공적인 팀에서 공통된 주제를 식별할 수 있으며 최고의 프로덕트 리더와의 대화에서 반복적으로 확인할 수 있었다. 프로덕트 리더 중 한 명만 엔지니어링, 디자인 또는 특정 프로덕트 관리 전문 기술과 같은 하드 스킬을 언급하지 않았다. 반면 거의 모든 사람들이 소프트 스킬을 언급했다. 데이비드 캔슬은 "프로덕트 리더십 기술은 부차적인 것이 아니다. 그들의 과거 경험이 부차적이다"라고 말했다. 캔슬은 성공적인 프로덕트 리더의 특성에서 소프트 스킬이 더 가중될 것이라고 믿는다. "우리가 찾고 있는 것은 사람들이 너무 질척거린다고 싫어하는 질적인 측면에 더 적합한 것들이다." 이러한 현재의 '질척거리는' 일은 사람들의 관리 요소를 무한히 쉽게 만들어주는 것이며, 모든 훌륭한 프로덕트 리더가 찾아 내는 경향이 있다.

- **평생 학습**: 새로운 정보와 통찰력, 이해를 적극적으로 찾는 것은 성공적인 프로덕트 관리의 초석이다. 소프트웨어는 빠르게 움직이며, 가만히 서 있는 것은 뒤로 미끄러질 수 있다. 모든 존경받는 리더들의 개방된 마음가짐과 코칭 능력에 연관이 있다. 그들은 모든 답을 알고 있다고 가정하지 않고 지속적으로 자신의 생각을 새로운 지식과 피드백으로 채운다.

- **강력한 의사소통**: 의사소통은 듣고 표현하는 것 같은 여러 가지 소프트 스킬을 포함하는 큰 기술이다. 부연 설명이 필요 없다. 익스텐션 엔진ExtensionEngine CEO 밥 알라드Bob Allard는 "모든 프로젝트 관리 문제는 의사소통 문제다"라고 설명했다. 이 의사소통은 프로덕트 관리로 확장될 수 있다. 모든 종류의 강력한 리더십은 강력한 의사소통 기술의 기반이 된다.

- **공감**: 공감은 의사소통과 깊은 관련이 있다. 공감은 조직 내외부의 팀 구성원에 대한 공감뿐만 아니라 고객과의 공감을 포함한다. 보스턴 기반의 프로덕트 설계 및 개발 에이전시인 로켓 인사이트 창립자 조슈아 포터는 "프로덕트 리더십은 고객 중심으로 이뤄져 있으며 훌륭한 프로덕트를 구축해야 한다"고 조언한다. 고객이 없으면 어떤 것도 존재하지 않으므로 고객 경험에 대한 공감대가 필수적이다. 공감의 또 다른 요소는 작업하는 프로덕트 개발 환경에 민감해지는 것이다. 이러한 환경에 공감하는 것은 프로덕트 리더가 구축할 팀 유형과 그 팀이 좀 더 큰 조직 목표에 어떻게 부합할 수 있는지 통찰력을 얻을 수 있다.

- **다양성**: 강력한 리더는 다양한 배경이나 경험, 인구 통계가 완벽한

프로덕트 경험을 구축하는 데 필요한 다양한 관점을 제공한다는 것을 알고 있다. 1차원 팀은 1차원 프로덕트를 생산하지만 현대적인 소프트웨어 프로덕트 영역은 취향, 요구, 기대로 구성되는 복잡한 집합체이다. 최고의 프로덕트 리더는 회의에서 다양한 의견과 경험을 제공할 수 있는 팀원을 찾는다.

- **비즈니스 실무**: 프로덕트 제공 기업의 가치 제공 프로세스에서의 역할과 광범위한 비즈니스 컨텍스트를 이해하는 방법과 관련된다. 시장에서 문제를 해결하는 것이 그 주된 이유이며, 프로덕트를 출시하기 위한 노력에 집중하고, 자산을 관리해야 하는 영역에 대한 강력한 지식이 필수적이다. 금융 및 운영 스킬을 전반적으로 지녀야 할 필요는 없지만 우수한 프로덕트 리더는 경영진으로서 역할을 감당할 수 있어야 한다.

- **교차 기능 대표**: 대표가 없는 팀은 강한 편견을 가진 세계를 경험한다. 프로덕트 리더가 프로덕트의 기능 영역을 한데 모을 수 있으면, 팀이 응집력 있게 행동할 확률이 높다.

- **근무 공간**: 함께 일하는 것은 팀 내 의사소통을 쉽고 빠르게 한다. 프로덕트 마케터 옆에 프로덕트 매니저를 배치하면 기능 릴리스 커뮤니케이션을 개선하는 데 큰 효과를 볼 수 있다. 팀은 가능하면 옆에 앉아 있어야 한다. 이렇게 향상된 의사소통은 기업의 화합 속도를 상당히 높인다.

- **자율성**: 최고의 팀은 모든 것이 상사에게 보고되지 않아도 스스로 문제를 해결할 수 있는 능력이 있다. 결정을 내리는 기술과 그 결정을 수행할 수 있는 권한은 팀의 속도와 효율성에 영향을 미친다.

- **상호 의존**: 자율 관점과 거의 모순되는 것처럼 보일 수 있지만, 성공적인 팀은 회사의 다른 영역과 벽을 쌓지 않는다. 자율성은 의사

결정 능력을 말하지 타인에 대한 회피를 의미하는 것은 아니다. 회사의 다른 사람들과 지식 축적을 위해 협업하는 것은 프로덕트 팀의 성숙도를 반영한다.

- **책임**: 최고의 팀은 질적인 연구의 결과가 나오지 않거나 프로덕트가 원하는 성과를 내지 않을 때 명확하게 알 수 있도록 가드레일을 배치한다. 이 가드레일은 빈번한 측정을 통해 의미가 부여돼야 한다. 가드레일은 보험처럼 동작한다. 팀은 이 실시간 피드백 루프를 인정할 것이다. 상상하겠지만, 고위 경영진은 초기 단계에서 신뢰를 구축하고 시행해서 이익을 얻는다.

프로덕트 리더가 팀과 조직에서 추구하는 다른 특징도 있지만 위의 목록이 가장 중요하다. 프로덕트 팀의 역할이 구체적일수록 기술 집합이 더 구체적으로 된다. 예를 들어 디자인 미학을 활용하는 프로덕트를 다루는 프로덕트 매니저는 디자인에 대한 센스를 가질 수 있다. 리더는 프로덕트 상황과 단계에 맞는 팀 스킬 세트를 요구할 것이다.

프로덕트 리더를 식별하는 방법

채용 담당자나 팀장, 창업자는 좋은 프로덕트 매니저의 특질을 파악해야 한다. 프로덕트 리더십을 보유한 인력 고용은 쉽지 않으며, 시장에서 높은 수요와 낮은 공급으로 인해 어려움이 크다. 프로덕트 리더십 역할에는 고용과 관리가 포함되므로, 아주 작은 신생 기업에서 독창적인 창업자가 아니면 회사 내외부 직원과 함께 일하게 된다. 당신은 그들이 당신에게 보고하게 하지 않고 그들과 협력해야 한다. 어느 쪽이든 사람들과 일하는 것이 일의 일부가 된다. 이 책의 앞부분에서 채용 전략과 전술에 대해 이미 언급했지만 이 절에서는 프로덕트 리더에게서 찾아야 하는 역량을 구체적으로 다룬다. 앞에서 말한 특성들은 고수준이며 창업자와 고용 관리자를 위한 지침을 제공한다. 이 절에서는 리더가 실적이 우수한 프로덕트 팀 구성원에게서 무엇을 찾아야 하는지 자세히 다뤄볼 것이다.

앞에서는 성공적인 리더가 팀을 고용하거나 조직에서 프로덕트 리더십을 찾을 때 필요한 몇 가지 영역을 열거했다. 모든 조직은 해당 문화나 상황에 고유한 특성을 갖지만 다음의 특성은 거의 모든 프로덕트 매니저 및 팀과 관련이 있다. 프로덕트나 기업 문화, 비즈니스 단계에 따라 다를 수 있지만 일반적으로 좋은 프로덕트 리더는 다음과 같다.

- **다른 사람들과 잘 어울림**: 프로덕트 관리와 리더십은 사람을 우선해야 하는 역할이다. 팀은 각각 자신의 개성과 관점, 의견을 가진 개인들로 구성된다. 최고의 팀 구성원은 이를 이해하고 다양성을 포용하고 서로를 알기 위해 투자한다. 사람들을 움직이게 하는 요소를 이해하면 최고의 성과를 달성하게 하고, 문제가 발생했을 때 문제를 잘 파악하게 한다. 또한 커뮤니케이션 채널을 열어주는 이점이 있다. 우리가 직장에서는 인격의 일부만 드러내 종종 우리의 진짜 모습을 착각하게 만든다. 서로 이야기할 시간을 가지면 직접적으로 정직하게 대화할 수 있는 기회를 가질 수 있다. 독립적으로 일하고 싶어 하고 혼자 있을 때 더 잘한다고 주장하는 유능한 엔지니어를 조심해야 한다. 일할 때 고립되고 멀어져 커뮤니케이션에 오해와 중단을 초래하지 않을 수준에서 조용한 공간을 제공함으로 생산성이 높아질 수 있다. 훌륭한 프로덕트를 만드는 사람들은 팀이 성취하고 있는 것에서 자신의 업무를 생각한다. 훌륭한 프로덕트 리더는 서로 다른 개성을 가진 사람들과 연결하고 의사소통할 수

있다. 훌륭한 프로덕트 리더는 다른 사람들과 공통점이 없을 때에도 사적으로 감정적인 교감을 할 수 있다는 의미다.

- **도전 추구**: 새로운 도전을 즐기는 프로덕트 리더는 성공할 것이다. 현재 디지털 프로덕트 환경에서 끊임없이 변화하는 기술과 프로덕트 시장에서 결코 숨 돌릴 틈이 없다. 우리가 인터뷰한 대부분의 프로덕트 리더는 변화가 많은 환경에서도 잘 적응하고 있다. 모든 역할에는 여러 어려움이 있다. 강력한 리더는 변화를 예측하고 팀이 끊임없이 종잡을 수 없는 상황에 대비할 수 있도록 준비하고 있다. 모든 것이 변할 것이라는 예상을 하고 있으면 실제로 변화 때문에 생기는 스트레스를 줄일 수 있다. 채용할 때 도전적인 상황을 다뤘던 경험에 대해 질문해야 한다. 인터뷰 대상자는 마주했던 문제의 해결 방법 또는 회의에서 직면한 도전 과제에 대한 전망을 적극적으로 설명한다.

- **지저분한 일**: 프로덕트 팀에서 일해본 사람은 누구나 절대 완벽해질 수 없다는 사실을 알고 있다. 최고의 팀 리더는 일상의 궂은일을 마다하지 않는다. 손을 더럽히고 문제를 해결한다. "나는 부사장으로서 일하는 사람들로부터 피드백을 받고 많은 실무 업무를 수행한다. 내가 스케치 앱이나 포토샵으로 픽셀 작업을 한다는 뜻은 아니다. 팀과의 일일 스탠드업 미팅을 통해 매일 결정 내려야 할 것들에 대해서 묻는다. 프로덕트의 방향은 어디로 향해야 하는가? 사용 편리성 테스트에서 무엇을 발견했는가?" 트루 벤처스 제프 빈의 말이다. 어려운 일상의 결정을 내리는 것은 프로덕트 리더가 팀을 도울 수 있는 최상의 방법이다. 빈이 제안한 것처럼 팀의 기술 실무자의 작업으로 손을 더럽히는 것을 의미하지는 않는다. 평범한 매니저나

리더는 자신이 직접 해야 더 빨리 끝낼 수 있다고 생각하기 때문에 끊임없이 일을 한다. 자신의 일을 끝내기 위해서는 다른 사람들을 신뢰하는 것이 더 효과적이며, 위임을 해야 한다. 위임은 부재를 의미하지는 않는다. 일상적으로 참여하는 것을 의미한다. 그래서 무슨 일이 일어나고 있는지 알게 되고 필요한 곳에서 도움을 줄 수 있게 된다. 리더는 숙련된 실무자로 보이지만 픽셀을 누르거나 코드를 작성하는 사람처럼 느껴지지 않아야 한다. 리더가 팀과의 신뢰를 유지하기 위해 프로덕트 생산 프로세스의 실행에 가까이 있어야 한다. 궁극적으로 프로덕트 흐름에서 장애물을 제거하는 것이 프로덕트 리더가 해야 하는 가장 좋은 일이다.

- **팀을 먼저 생각하고 행동하기**: 끊임없는 인정과 찬사가 필요한 리더는 적합한 사람이 아니다. 프로덕트 책임자는 자신의 노력이나 헌신을 인정받고자 하지 않는다. 또한 팀에서 받은 모든 주목을 돌리는 경향이 있다. "팀 우선" 접근법은 지도자가 팀에 동기와 인센티브를 부여하는 방법과도 관련된다. OKR, 목표, 또는 보상은 모두 팀이 수행 중인 작업과 일치해야 한다. 개인의 성장 계획과 OKR을 감소시키지 않고 팀이나 회사의 더 큰 이익에 부합하게 하는 것이다. 문화적으로 건전한 기업은 개인과 팀의 목표를 회사의 비전과 가치에 정렬시킨다. 미성숙하거나 건강하지 못한 문화는 팀의 목표를 고위 임원의 재정적 보너스, 주가, 투자자 이탈에 맞추게 한다.

- **많은 역할에서의 편안함**: 인터뷰를 했던 모든 프로덕트 리더는 매우 다양한 경험과 커리어를 가지고 있었다. 마케팅 담당자, 관리자, 기술 전문가, 고객 대변인 및 진행자의 역할에도 편안해했다. 그렇다

고 해서 각 역할에서 전문가라는 것을 의미하지는 않는다. 오히려 역할의 변화와 프로덕트 필요에 따라 수행하는 모든 영역에서 편안하게 작업할 수 있다. 단점은 프로덕트 리더가 장기간에 걸쳐 너무 많은 역할을 수행하려고 할 경우 약점이 될 수 있다는 것이다. 유능하다는 것은 모든 것을 해야 한다는 것을 의미하지는 않는다. 자신의 약점을 이해하면 숙련된 팀원에게 위임할 수 있으므로 프로덕트 리더는 자신이 강한 분야에서 더 큰 역할을 하게 된다.

- **호기심 표현**: 여기에 언급된 다른 몇 가지 특성과 관련이 있지만 구체적으로 언급할 필요가 있다. 학습에 깊은 관심을 가지고 열정적으로 새로운 도전을 받아들이고, 다른 사람들이 말하는 것과 관심에 경청하는 것은 호기심에 의해 가능하다. 호기심은 리더들에게 문제를 해결하는 데 필요한 사고방식을 제공한다. 프로덕트 리더는 새로운 내용이 프로덕트와 팀에 어떤 영향을 주는지 끊임없이 읽고 배운다. 호기심이 적은 리더는 잠재적인 해결책을 놓칠 것이다. 호기심이 부족한 프로덕트 리더는 다른 관점이나 고객의 의견, 새로운 기술 습득에 관심이 없다. 폐쇄적인 마인드는 새로운 기회와 솔루션을 차단하는 경향이 있다.

- **원활한 의사소통**: 너무나 당연한 역량이지만, 많은 고위 관리자와 리더들이 빈약한 의사 전달자라는 사실은 우리를 놀랍게 만든다. 정보를 명확하고 간결하게 공유할 수 있는 능력은 프로덕트 리더에게 필수적이며 바람직한 기술이다. 말하기, 듣기, 쓰기, 계획하기, 공유하기, 동기부여 등 모든 의사소통을 하는 목표를 항상 이해하고 있어야 한다. 이 가운데 핵심은 서면으로 하는 의사소통이다. 프로덕트 리더는 자신의 시간 대부분을 설명서와 전자 메일, 보고서, 메

시지를 팀과 외부 파트너, 타 회사 리더에게 쓰는 데 소비한다. 글을 쓰는 데 강하지 않다면 훈련을 받거나 숙련된 조력자와 함께하는 것이 좋다. 스케치, 그리기 및 매핑과 같은 시각적 커뮤니케이션은 화이트보드에서 공동 작업이 일반화된 현대 시대의 모든 리더에게 효과적인 기술이다. 프로덕트 리더는 화이트보드 또는 스케치 패드를 활용해서 문제 해결에 대한 아이디어를 하루에 여러 번 공유할 수 있다. 이러한 소통 기술을 개발하면 팀의 마음에서 아이디어를 공유하고 토론할 수 있는 공간으로 이끌어 낼 수 있다. 드로잉 능력이 막대 인간 그리기가 전부라 할지라도 리더에게 필요한 의사소통 레퍼토리 중에서 중요한 부분이다.

- **판매 기술**: 논쟁의 여지가 있지만 프로덕트 리더가 매일 하는 일을 돌이켜 볼 때 판매가 목록에 포함된다는 것은 놀라운 일이 아니다. 정확하게 표현하자면 비즈니스 개발과 관련된 판매 유형이 아니라, 사람들의 마음을 바꾸고 동의하게 하는 능력이다. 댄 핑크는 이 기술을 사람들의 마음을 다른 곳으로 "옮기는" 능력이라고 말한다. 프로덕트 매니저와 팀은 매일 여러 시간 동안 이러한 활동에 참여하고 있다. 그들은 아이디어를 이동하기 위해 서로 협력하며, 개념을 판매하고 관점을 옹호할 수 있어야 한다. 많은 리더들은 자신들이 무언가를 판매하고 있는지도 깨닫지 못한다. 아이디어에 대한 마음을 바꾸고 동의하게 하는 것이 리더에게는 평범한 일의 일부처럼 느껴지기 때문이다. 그러나 리더들은 이러한 판매 기술이 효과적인 리더십에 중요하다는 것을 인식한다. 영업 기술과 관련된 것은 협상 기술이다. 경영진에게 프로젝트 계획을 제시해야 하는 모든 프로덕트 매니저에게 더욱 중요한 능력이다. 인생은 하나의 긴 협상

이다. 모든 상호작용은 일종의 교환이다. 불행히도 협상 기술은 항상 자연스럽거나 내재적인 것은 아니다. 사실, 대부분의 사람들은 협상이 어렵고 심지어 불쾌감을 느끼기도 한다. 팀이 성공하기 위해 필요한 것을 얻는 방법을 배우는 것은 협상 방법을 배우는 것을 의미하며 모든 프로덕트 매니저에게 협상 방법을 교육하는 것이 가치 있다. 크리스 보스^{Chris Voss}의 저서 『우리는 어떻게 마음을 움직이는가』(프롬북스, 2016)를 읽어보자.

- **탁월한 시간 관리 기술**: 프로덕트 출시는 시간과의 싸움이다. 시간에 맞춰 과정을 관리하는 것은 프로덕트 로드맵을 구성하는 일련의 작은 결정이다. 리더인 프로덕트 매니저는 이 사실을 인지하고 자신의 시간과 팀의 시간을 보호한다. 시간 관리는 거의 모든 직무에 적용된다. 프로덕트를 출시할 때 올바른 작업 우선순위를 결정하고 불필요한 것을 위임하는 것이 가장 중요하다. 최고의 프로덕트 리더는 시간을 가장 소중한 요소로 생각한다. 효과적인 시간 관리를 위한 전술에는 회의 빈도 및 기간 단축, 방해 받지 않기, 가능한 위임하기, 강하게 시간을 보호하기 등 팀 및 고객을 위한 고품질의 시간을 확보하는 것이 포함된다. 시간 할당은 상황 변화와 리더의 성향에 따라 달라진다. 우리는 중단 없는 집중적인 작업을 위한 시간이 필요하지만, 더 적은 상호작용으로 높은 산출물을 생산한 드문 예도 존재한다. 칼 뉴포트^{Cal Newport}의 『Deep Work』(Grand Cental Publishing, 2016)에서 다룬 성공 규칙은 이 개념을 깊이 탐구하는 모든 프로덕트 리더에게 추천한다.

- **비전 보유**: 프로덕트 리더십은 프로덕트의 목표를 설명하는 비전을 필요로 한다. 켄 노튼에 따르면 "비전은 없었지만 전술적인 결정을 내리는 데 훌륭한 인물이 있다. 그는 전장에서 언덕을 빼앗는

데 완벽했다. 그것이 리더십이다. 그러나 프로덕트 리더십은 프로덕트가 어디로 가야 할지에 대한 비전이 필요하다. 이 프로덕트는 5년 내에 어디에 위치할 것인가? 우리는 그곳에 어떻게 도달할 것인가? 조직의 모두가 같은 목표를 달성하기 위해 어떻게 이 비전을 명확하게 표현할 수 있을까? 바로 여기서 목표를 기준 삼아 방향을 잡는 감각이 필요하다." 훌륭한 프로덕트 리더에게 비전을 가진다는 것은 비전을 내면화한다는 의미이며, 비전을 받아들이고 비전을 사랑하는 것이다. 저자이자 컨설턴트인 리치 미로노브^{Rich Mironov}는 이렇게 덧붙인다. "그것은 당신이 선지자가 된다는 것을 의미한다."

- **비난에도 평정심 유지**: 침착한 태도는 이전에 논의한 '다른 사람들과 잘 소통'하는 특성과 밀접하게 관련돼 있다. 일일 및 주간 활동과 회의에 평안함을 유지하는 것이 프로덕트 리더의 임무다. 제프 빈이 말했다. "우리는 침착하게 행동해서 모든 감정적 불안감을 받아들여, 분석하고 이해하면 생산적인 결과로 전환할 수 있다." 구글은 2년 동안 200개 이상의 인터뷰와 180개 이상의 활성화된 팀에 대한 250개 이상의 속성을 측정해 팀을 효과적으로 만드는 방법을 모색했다. 그 결과 팀의 특성과 기술을 개별적으로 혼합한 팀의 성공 가능성이 가장 낮았다. 누가 팀에 속해 있는지는 팀이 상호작용하는 방식보다 더 중요한 것은 아니며 성공적인 팀을 규정하는 중요한 요소는 팀 안에서 의사소통할 때 누군가를 부끄럽게 하거나, 거부하거나, 처벌하지 않을 것이라는 느낌을 주는 것 같은 심리적 안정감이다. 이러한 심리적 안정과 신뢰감을 심어 줄 수 있는 것은 프로덕트 리더의 핵심 역할이다.

이상적인 기술 목록을 만드는 것은 모든 것을 보유한 사람을 찾는 것보다 쉽다. 이들 중 대부분이 훌륭한 프로덕트 리더가 될 것이라고 생각한다. 경험에 비춰 볼 때, 기술 중 일부가 부재하거나 리더가 제대로 보유하지 못한 경우에도 이러한 기술은 중요하고 개발할 가치가 있다.

5
프로덕트 리더 채용하기

프로덕트 매니저와 리더에게 요구되는 자질은 이제 분명해졌지만, 그것은 단지 절반에 불과하다. 나머지 절반은 채용해야 할 시기를 아는 것이다. 적시에 우수한 리더를 찾는 일은 결코 쉽지 않다. 가장 건강한 조직은 채용 문제를 '파이프라인 문제'를 처리하는 방식으로 다룬다. 성장과 채용 수요를 충당할 수 있는 강력한 후보자를 확보하기 위해서는 인재 '파이프라인'이 필요하다. 이 파이프라인은 비즈니스의 각 단계에서 다르게 보일 수 있으나, 후보를 검증하고 채용 및 온보딩 프로세스의 다음 단계를 준비하기 위한 준비가 필요하다. 이제 프로덕트 비즈니스의 각 단계에서 채용에 필요한 것을 살펴볼 것이다. 또한 수습 제도 프로그램을 통해 리더를 어떻게 육성할 것인지도 알아볼 것이다.

스타트업 기업이 투자가 충분하지 못할 때 고위 간부와 리더를 성급하게 채용하면, 비용 지출 외에도 프로세스가 지나치게 복잡해지고 실행이 느려지는 위험이 있다. 고성장하는 회사에서는 리더가 얼마나 큰 영향을 미칠 수 있는지 측정하기 어렵다. 또한 창업자, 경영진 및 인사 관리자는 상위 프로덕트 리더십이 비즈니스나 상품에 실질적인 영향을 끼치지 않는 경우가 존재하기 때문에 프로덕트 리더십의 채용 여부와 채용해야 하는 시기를 알아야 한다. 외부 컨설턴트, 대행사, 개발 파트너, 디자인 기업이 일을 완수하는 경우도 있다.

프로덕트 리더 인재를 채용하고 회사에 적응시키기

고위 경영진과 인사 매니저는 새로운 프로덕트 리더를 채용하고자 하는 경우, 리더가 칭송받는 엔지니어이거나 전략적인 생각을 가진 사용자 경험 기획자라고 생각하는 경향이 있지만 반드시 그렇지만은 않다. 엔지니어링과 디자인, 마케팅은 프로덕트 생산 과정에 있어 매우 중요하지만 자동으로 프로덕트 리더십으로 변환되지 않는다. '하드 스킬'은 '소프트 스킬' 관리와 리더십을 대신할 수 없다. 프로덕트 리더는 멘토링, 지도, 코치 등 관리를 위한 필수 기술을 지니고 있어야 한다. 또한 프로덕트 리더는 단순히 비즈니스, 엔지니어링, 설계, 마케팅보다는 넓은 비전을 가지고 있어야 하며, 거시적인 시각을 갖고 모든 항목에 대해 전문적으로 이야기할 수 있어야 한다. 프로덕트 리더는 팀과 협력 관계를 효과적으로 관리해야 하고 팀부터 고위 리더들까지 소통할 수 있어야 한다. 게다가 프로덕트 리더는 사용자 요구 사항을 이해하고 프로덕트 생산 과정 전반에 걸쳐 사용자 요구 사항을 적용해야 한다. 프로덕트 리더는 과거의 경험이 아닌, 앞으로 닥쳐올 역경을 위해 채용해야 한다.

우수한 인력을 채용하면, 리더의 일은 더 쉬워진다. 베이스캠프의 제이슨 프라이드^{Jason Fried}는 우수한 인력은 스스로를 관리할 수 있다는 개념인 "최고의 매니저 채용하기"에 대해 이야기했다. 우수한 사람을 채용하게 되면, 리더로서의 일은 더 쉬워진다. 우리는 이 개념을 좋아한다. 채용된 사람에게 지도나 멘토링이 필요 없다는 것이 아니라, 하루 종일 일일이 간섭할 필요가 없다는 뜻이다. 채용된 사람이 매니저가 돼야 한다는 의미도 아니다. '스스로를 관리한다'는 것이 '매니저'라는 직함을 갖는다는 뜻은 아니다.

채용의 성공 여부는 몇 가지 간단한 관찰로 확인할 수 있다. 좋은 프로덕트 인재는 사내 업무가 팀 스포츠라는 사실을 이해하며 자신이 소속된 부서가 어떻게 운영되는가에 깊은 관심을 가질 것이다. 또한 좋은 프로덕트 인재는 팀, 최종 사용자, 물리적·상황적 업무 환경에 초점을 맞춘다. 이상적인 프로덕트 인재는 많은 질문을 할 것이며, 면접자가 긴장하더라도 질문을 스스럼없이 할 수 있도록 격려해줘야 한다. 면접자가 면접 중에 긴장하는 것은 자연스러운 일이기 때문에 면접관이 공감과 이해를 해줄 때 고마워할 것이다.

우수한 프로덕트 인재는 프로덕트, 시장, 비즈니스에 대해 많은 질문을 해야 하지만, 어떤 사람들과 같이 일하게 될지도 관심을 가져야 한다. 다음과 같은 특성들을 면밀히 경청해보라. 프로덕트 인재가 부서에 대해 질문을 하는가? 무엇이 부서를 좋고, 흥미롭고, 생산적으로 만드는지 물어보는가? 리더가 어떤 리더십 스타일을 갖고 있고 어떻게 다른 이들을 다루고 있는가? 다른 사람들에 대한 공감을 표현하는가? 우수한 프로덕트를 생산하는 것이 쉽지 않고 때로는 답답할 수 있다는 사실을 이해하고, 그럼에도 계속해서 일하고자 하는가?

말은 많이 하지만 질문은 하지 않는 이는 채용하지 말라. 듣지는 않고 말하는 이는 채용하지 않아야 한다. 창의적인 결과물(기존 프로덕트, 포트폴리오, 코드, 프로토타입, 경험 맵 등)이 없는 이들은 채용하면 안 된다. 자신이 팀에 왜 유용한지 명확히 밝히지 못한다면, 회사에 필요한 이유를 진지하게 검토해봐야 한다.

단호하게 들리겠지만 조직에 맞지 않는 사람을 채용하면 장기적으로 문제를 초래한다. 너무 적은 면접보다는 매우 많은 면접을 해야 한다. 후보자의 추천서를 확인해보고, 추가 정보를 묻고, 팀원들과 만나게 해야 한다. 후보자의 됨됨이와 조직 문화에 적응할 수 있는지 파악하기 위해 다양한 것들을 시도해보자.

리더는 다른 이들을 이끌어 나갈 수 있어야 한다. 리더십은 대부분 학습된 능력이며, 매우 소수의 사람만이 리더의 소양인 하드 스킬과 소프트 스킬을 가진 채 태어난다. 인사 매니저와 경영진에게 인력을 적재적소에 배치하는 업무는 본질적인 것이다. 리더십 스킬을 가진 인물을 찾고, 조직에 맞는 리더십을 교육해야 하며, 절대 운에 맡겨서는 안 된다.

더욱이 우수한 프로덕트 리더는 상황이 좋든 나쁘든 프로덕트를 이끌어야 한다. 비즈니스에는 어떤 것도 보장되지 않는다. 시장 변화와 기술은 모든 분야를 뒤흔든다. 엔지니어링 스킬만으로는 역경을 헤쳐 나갈 수 없고, 조직 그 자체의 세부 환경도 변화한다. 빠르게 팀이 확장하는 고성장 기업은 전문적인 포토샵 기술을 가진 프로덕트 매니저보다 리더십 스킬 셋을 가진 인력을 채용하는 것이 더 중요하다.

리더십 위치에 있는 프로덕트 매니저는 유사한 어려움을 맞이할 수 있다. 프로덕트 매니저가 된 디자이너는 디자인에만 관심 있다는 인식에 부딪힐 수 있다. 이러한 인식은 문제를 야기할 수 있으며, 자신의 수용 범위 밖에 있는 요구 사항들을 다룰 수 있다는 것을 입증해야만 한다. 프로덕트 리더는 프로덕트 생산 과정의 모든 사항을 알아야 한다. 이는 과거 경험에서 얻은 전문 지식 분야를 뛰어넘어 다른 분야의 세부 정보에 접근하는 것을 의미한다. 또한 더 나은 자격을 갖춘 인력에게 적당한 일을 분배하는 방법을 알아야 한다. 집카의 수석 프로덕트 매니저 바네사 페란토는 "프로덕트 매니저로 일하고자 하는 사람은 현재 역할과 경험을 살펴봐야 한다"고 말하며 "프로덕트 매니저 역할에 적용할 수 있는 과거 경험을 찾아보고, 그 경험을 다음 기회에서 활용해야 한다. 행사에 참여하고 사람들과 네트워크를 구축하고 구직 게시판에서 프로덕트 매니저 직무의 예를 찾아보자"고 조언한다.

모든 프로덕트 리더가 조직 밖에서만 채용되는 것은 아니다. 종종 조직 내 승진으로 리더가 되는 경우도 있다. 조직 내부에서 채용하는 경우, 조직 외부에서 채용할 때와 유사한 사항들을 고려해야 한다. 먼저 프로덕트와 고객을 깊이 생각하는 사람을 찾아야 한다. 프로덕트와 고객에 대한 생각은 호기심과 공감으로 이어진다. 페란토는 "현재 회사에서 프로덕트 관리직을 맡게 되면 다음 할 일을 파악해야 하고, 프로덕트와 비즈니스, 고객에 대해 호기심을 가져야 하고 프로덕트 관리 자체에도 호기심을 가져야 한다"고 설명했다.

팀 내에서 프로덕트 매니저가 됨과 동시에 최고의 엔지니어가 되는 것은 문제가 될 수 있다. 기술적인 자질은 리더에게 필요한 직무의 전부가 아니다. 일상적인 기술적 작업을 뛰어넘어야 하는 프로덕트 리더는 팀 내에서 가장 숙련된 기술자여서는 안 된다. 시간이 걸리겠지만 이것이 최우선 순위가 돼야 한다. 병목은 항상 병 꼭대기에 있기 때문에 병목이라고 부른다. 우수한 리더는 언제 프로덕트 제작 작업을 자신의 손에서 놓아야 하는지 알고, 자신보다 더 나은 작업을 할 수 있는 인재를 채용할 수 있어야 한다.

프로덕트 리더가 채용 과정에 직접 관여하지 않더라도—이런 일은 드물고 추천하지 않음—가치를 전달하기 위해서는 채용 과정에 관여해야 한다. 많은 프로덕트 리더들은 팀을 물려받고 있고, 내부에서 승진했거나 외부에서 채용된 프로덕트 리더는 팀원을 채용하는 데 아무런 역할을 하지 않았을 수 있다. 그렇다고 해도 엉망진창인 팀을 받았다고 말할 수 없다. 강력한 리더십이란 팀을 알아간다는 것을 의미한다. 팀원에 대한 강점, 약점, 두려움과 포부에 대해 파악하면 리더에게는 팀원과 관계를 발전시킬 수 있는 기회가 주어진다. 이러한 발전된 관계는 팀이 마주치게 될 피할 수 없는 시련을 쉽게 헤쳐 나갈 수 있게 만들어준다.

프로덕트 리더십은 단순히 디자인, 엔지니어링, 비즈니스, 마케팅이 아니다. 이 모든 것의 압박과 상충되는 기대가 하나로 뭉쳐진 것이다. 이러한 상황은 프로덕트 매니저나 리더였던 이에게는 분명히 보이지만, 그 외 사람들에게는 확실하게 보이지 않는다. 때로는 팀원, 특히 과정의 한 부분에만 집중하는 사람들에게는 분명히 보이지 않을 수 있다. 즉 문제는 프로덕트 매니저는 자신이 무엇을 해야 하는가에 대해 알고 있지만 그 외의 사람들은 항상 모르고 있다는 것이다. 각 프로덕트 리더의 역할은 자기 자신을 지지하고 팀 전체에 의식을 불어넣는 것이다. 이는 역할에 대해 이야기하고 어떻게 일하는지를 보여주는 것을 의미한다. 한 가지 해결책은 기술자에게 프로덕트 리더가 어떻게 일하고 어떤 문제에 당면해 있는지 보여주기 위해 프로덕트 리더들과 함께 모이게 하는 것이다. 이 해결책은 프로덕트 리더에게는 약간의 개인적인 반성을 요구한다. 또한 자기 평가와 동료 간 대화는 리더십 스킬 셋의 가장 좋고 나쁜 점들을 파악하는 데 도움이 될 것이다. 페란토는 "멘토십은 더 많은 경험을 가지고 있는 사람과 생각을 나눌 수 있는 좋은 기회다"라고 제안하며 "내가 해줄 수 있는 가장 좋은 조언은 계속 배우라는 것이다. 배우고, 어떤 기술들을 가지고 있고 어떤 부분을 개선해야 하는지 이해해야 한다"라고 말했다. 프로덕트 리더십의 강점과 약점을 안다는 것은 프로덕트를 대표하고 채용하는 데 있어 더 명확한 길을 제시할 것이다.

새로운 매니저와 리더의 온보딩은 채용 과정에서 가장 간과되는 부분일 것이다. 많은 기업은 신규 채용 인력이 필요한 기술을 갖고 있거나, 일을 하면서 배울 것이라고 가정하지만 이는 큰 실수다. 채용은 단순히 사무실이나 부엌을 둘러보는 것이 아니다. 가장 성공한 리더도 오리엔테이션 없이 새 직장에 출근하지 않는다. 온보딩은 새로운 일에 적응하기 위해 신임 리더의 업무 전반을 다루는 상세한 체크리스트가 돼야 한다. 프레시 틸드 소일은 외과 의사 아툴 가완디Atul Gawande의 베스트셀러 『체크! 체크리스트』(21세기북스, 2010)에서 영감을 받아 빈틈없는 온보딩 과정을 개발했다. 가완디는 교육 수준이 높고 고도로 숙련된 외과 의사나 파일럿 같은 숙련된 전문가도 체크리스트에 의지하며, 사람의 기억은 오류의 가능성이 높기 때문에 믿지 않는다고 말한다. 가완디는 모든 전문가들이 체크리스트의 혜택을 누려야 한다고 제안했다. 우리는 그의 통찰력을 지지한다. 그 아이디어는 우리가 온보딩 계획을 세울 수 있는 프레임워크를 제공했다. 프레시 틸드 소일이 사용하는 44단계 온보딩 체크리스트는 시간이 지남에 따라 발전했으며 업무가 무엇인지, 어떤 문제들이 앞을 가로막는지 파악하면서 수정돼 왔다. 약 1년 동안 온보딩 과정은 2단계로 더욱 더 정제됐다. 첫 번째 단계는 부트캠프bootcamp라 부르며 대부분의 관리 업무에 대해 배우고 팀원과 인사하는 기회가 주어지는 첫 2주다. 두 번째 단계는 공식적이나 비공식적으로 팀원과 시간을 보내는 6주간의 단계다. 이 두 단계는 채용 인력이 업무의 모든 세부 사항을 파악하고 팀원 간 유대감을 돈독히 할 수 있도록 도와준다.

채용 시기

채용이 항상 답이 아닐 수도 있다. 때로는 기존 팀원을 훈련시키거나 업무 흐름과 과정을 조정해 원하는 결과를 얻을 수도 있다. 새로운 사람을 채용할 경우, 새로운 문제와 도전 과제들이 생긴다. 이 사람을 감당할 수 있을까? 이 사람이 기업 문화에 적응할 수 있을까? 업무에 속도가 붙고 실질적인 가치를 내기 위해선 얼마나 걸릴 것인가? 자기 자신만의 작업 스타일을 고집해 현재 업무 흐름을 방해하진 않을까? 새로운 인물을 채용하기 전에 이러한 질문에 답할 수 있어야 하며, 그러기 위해서는 조직 내의 현재 상태를 분석해야 할 수도 있다. 팀 내 기존 실패 요인과 문제점에 대한 이해는 의사 결정자에게 채용을 진행할지, 다음 기회로 연기할지 결정할 수 있도록 돕는다. 다음은 이러한 분석을 시작하기 위한 몇 가지 질문이다.

- 프로덕트 비전을 명확하게 표현하고 올바르게 수행할 수 있는 사람이 있는가?
- 현재 팀이 혁신적인 개선이 아닌 반복적인 조정, 버그 수정에만 몰입해 성장이나 가치 창출 기회를 놓치고 있지 않은가?
- 프로덕트 오너십이 있는가? 프로덕트 딜리버리에 대한 최종 책임을 누가 갖고 있는가?
- 사내 정치가 업무에 끼어들어 업무 탈선을 발생시키는가?
- 팀이 새로운 아이디어와 기능 요구에 의해 쉽게 산만해지는가?
- 프로덕트 가치 발견 후 이를 전달하는 명확한 경로가 존재하는가?

관리 계층을 추가하는 것은 업무 흐름을 느리게 한다. 이런 상황이 발생하면 일반적으로 매니저에게 잘못이 있다. 우수한 매니저는 항상 가치를 더한다. 우수한 매니저는 충분히 자기 실현이 가능하며 자신이 가치를 부여할 수 없을 경우 한 발자국 물러설 줄 알고, 기술을 개선하고, 빈틈을 채울 수 있는 다른 사람을 데려올 수 있다. 매니저가 업무를 지체시킨다면 그는 자신의 업무를 제대로 수행하지 못하는 것이다. 좋은 리더의 추가적인 투입은 팀을 개선하고 확대하는 데 기여해야 하며 팀을 지체시켜서는 안 된다.

창업자 주도 기업의 채용 시기

앞서 언급된 바와 같이 상황이 가장 중요하다. 이제 다양한 조직에서의 프로덕트 리더를 채용하게 하는 압력에 대해 알아보자. 먼저 창업자가 경영을 맡고 있는 회사들은 대부분 스타트업이지만 지난 수십 년 동안 소프트웨어 회사에서 볼 수 있었던 고성장한 대기업 규모의 기업일 수도 있다.

창업자가 선임 프로덕트 리더일 경우 어느 시점에서 역할을 변경하거나, 프로덕트 관련 의무들을 포기하거나, 혹은 회사를 떠날 수 있다. 이 모든 경우에 프로덕트 관리와 프로덕트 리더십에서 공백이 생긴다. 이러한 전환은 창업자 주도의 프로덕트 회사가 성장하는 데 있어 가장 어려운 부분이다. 직접 실천하는 창업자가 조직을 떠날 때 조직은 창업자가 일상적인 프로덕트 업무에 관여하지 않아도 괜찮을 만큼 성숙해야 한다. 이는 기업이 창업자의 기술적 능력에 의존하고 있을 수 있기 때문에 실질적으로 어려울 수 있다. 또는 새로운 프로덕트 기술이 요구돼 창업자의 업무 관련성이 작아지면 정치적으로도 어려울 수 있다. 프로덕트 창업자가 자신이 더 이상 필요하지 않거나 기술이 뒤쳐졌다는 사실을 깨닫게 되는 것은 결코 쉬운 일이 아니다. 팀 관리 기술은 본질적으로 어렵고 복잡하다. 창업자가 팀 관리에 실패할 수 있으며, 주도적으로 팀을 관리할 수 있는 새로운 인물이 필요할 수도 있다. 창업자가 성장하는 회사의 요구에 어떻게 대응하느냐가 초급 프로덕트 매니저, 고위 프로덕트 리더, 컨설턴트 채용 결정에 영향을 미친다.

대부분 회사의 경우, 창업자가 자금 모집, 초기 판매, 채용, 일반적인 운영과 같은 임시적인 업무에 집중하는 동안 회사 내 실질적인 업무를 수행할 프로덕트 매니저가 필요하다. 이 경우 창업자는 프로덕트 비전, 업무의 전략적인 요소를 관리한다. 창업자에게 직접 보고하는 유능한 프로덕트 리더의 채용은 회사의 탄력적 운영으로 이어진다.

두 번째는 창업자가 프로덕트 관리 업무에서 영구적으로 물러나는 경우다. 이 경우 성장 요구가 높고 점점 복잡해지는 프로덕트의 출시에 필요한 창업자의 스킬이 부족하거나 창업자가 다른 경영 기능에 더 관심을 가질 때 일어난다. 경력 많은 프로덕트 리더의 채용은 이러한 기술 격차를 메꾸기 위해 필요하다.

우버의 창시자 트래비스 칼라닉Travis Kalanick으로부터 프로덕트 리더 업무를 이어받은 미나 라드하크리슈난은 "나는 내가 하고 싶은 일을 하도록 자율성을 준 트래비스에게 공을 돌리고 싶다"고 말했다. "당연히 그가 관여할 것으로 생각했지만 자신의 업무에 집중하기 위해서 업무를 대신할 사람을 채용한다는 사고방식을 가지고 있었으며, 그는 내가 업무에 백 퍼센트 집중하도록 요구했다. 그는 회사 일에 관여는 하지만 모든 일에 세세한 관리를 하지는 않는다. 이 경영 방식이 우리 회사의 핵심이다."

창업자인 CEO가 팀 구성과 투자금 유치에 시간과 에너지를 집중하는 것은 권한을 넘겨줄 시기를 알려주는 좋은 징조로, 권한을 위임함으로 비즈니스에 더 큰 가치가 부여된다는 점을 인식해야 한다.

이렇게 권한을 위임하는 것도 쉽지 않다는 것을 알아야 한다. 이는 창업자가 프로덕트 전략을 다른 사람에게 넘겨준다는 것을 의미하며 긴장감을 불러온다. 인터컴의 폴 애덤스는 "처음에는 긴장감이 팽배했지만 건강한 관계에서는 의견 충돌 같은 어려운 대화가 오가기 마련이다. 그러나 창업자와 나의 관계는 강력해서 서로에게 언제나 직접적이고 솔직했다. 우리의 이러한 관계가 초반의 까다로운 논제를 처리하는 데 도움이 됐다고 생각한다"고 고백했다.

스타트업, 고성장 회사들의 채용 시기

스타트업 단계를 넘어 사업이 확장되고, 수년 동안 함께 일해온 프로덕트 팀이 있는 기업은 고용 문제가 외부 채용에만 한정되지 않는다. 팀이 성장함에 따라 기존 팀 멤버들을 전환하고, 내부 인재를 발굴해 내는 것 또한 매우 중요하다. 고성장 기업의 가장 큰 비즈니스 과제는 커져 가는 조직을 균열 없이 잘 관리하는 것이다. 회사에 몇 명의 프로덕트 매니저, 확실하게 자리 잡은 디자이너와 엔지니어 팀이 있다면 프로덕트 출시보다는 회사의 규모 관리에 집중해야 한다.

기존 팀 구성원을 프로덕트 관리직으로 승진시키거나 팀을 이끌고 규모를 확장시킬 경험을 가진 누군가를 찾거나 선택할 수 있다. 팀이 성숙하고 적응성을 보이는 경우 내부에 필요한 인재가 있을 가능성이 크다. 팀이 성장하면서 점점 혼란스러워지면 통제력을 회복하고 고성장을 위해 준비된 기업 문화를 개발할 수 있는 누군가를 채용해야 한다. 승진과 채용 시기는 분명해지겠지만 언제나 숨겨진 어려운 점이 있다. 그것이 프로덕트의 복잡성일 것이다.

강력한 시니어 프로덕트 리더가 나타나는 시기는 간단해 보일 수도 있지만 실제로는 전적으로 프로덕트와 시장의 복잡성에 달려 있다. 프로덕트가 극도로 복잡하다면 프로덕트 팀에는 복잡한 프로덕트를 다룰 수 있고 팀을 통합하는 강력한 대인 관계 기술까지 가진 누군가가 필요하다. 기술적으로 복잡한 프로덕트는 해당 영역에 대한 깊은 지식을 갖고 있거나 빠르게 프로덕트를 파악할 수 있는 능력을 지닌 프로덕트 리더를 필요로 한다. 이런 프로덕트 리더를 찾기가 어렵기 때문에, 소프트 스킬을 지닌 프로덕트 리더를 채용하고 나서 하드 스킬을 교육할 수도 있다.

단순한 프로덕트는 기술적인 관점에서는 프로덕트 리더에게 많은 것을 요구하지 않아서 복잡한 기술적인 문제 해결보다 세일즈와 마케팅 팀 개발에 중점을 둘 수 있게 한다. 이 경우에는 UX, 디자인, 엔지니어링 팀의 주요 부서장 등 다른 주요 팀원들에게 프로덕트 리더십 책임의 일부를 넘겨줄 수 있다.

대기업의 채용 시기

창업자가 주도하는 회사와 고성장 회사를 위해 제시된 가이드라인을 대기업에도 적용할 수 있다. 하지만 대기업에는 일반적인 프로덕트 리더십보다는 특정한 리더십이 필요하다는 점이 다르다. 다음 절에서 설명하겠지만 대규모 조직에는 해결해야 하는 문제들은 범위가 한정적이고, 더 구체적인 능력을 필요로 하기 때문에 채용이 더 쉬울 수 있다. 또한 대기업에는 대부분 프로젝트 진행과 프로덕트 출하까지 긴 시간이 주어지기 때문에 인원 모집과 채용에 유리하다. 시간에 대한 이슈가 없다고 하더라도, 신규 채용은 견딜 수 없는 고통을 해결하기 위해 진행돼야 한다.

수습 제도: 조직 고유의 프로덕트 리더 만들기

지금까지 조직 내외부에서 프로덕트 리더를 채용하는 것에 대해 논의했다. 아직 다루지 않은 것은 채용하기 전에 '회사만의 인재 만들기'라는 선택적인 단계다. 많은 프로덕트 조직에게 프로덕트를 이끌어 갈 리더를 육성하는 것은 인재 육성 전략의 일부분이다. 5장 시작 부분에서 언급된 바와 같이 가장 준비되고 성공적인 프로덕트 조직은 세일즈에 관해 생각하는 방식으로 인재를 생각하며 파이프라인에 끊임없이 인재를 추가하고 자격을 부여하고 잠재력을 북돋운다. 능력 있는 후보자가 함께하는 파이프라인을 활성화시키는 좋은 방법은 수습 프로그램을 만드는 것이다. 저평가되기도 하는 방법이지만 매우 성공적이다. 프로덕트 관리 영역에서 잘 알려진 수습 프로그램은 구글의 Associate Product Manager^{APM}로 대학교 졸업생을 위한 회사 프로덕트 매니저 교육 프로그램이다. 마리사 메이어^{Marissa Mayer}가 창안한 이 프로그램은 구글의 프로덕트 리더 개발 방식이었다. 전형적인

APM은 컴퓨터 공학과 수학을 전공한 갓 졸업한 학생을 대상으로 한다. 대다수 수습 과정과 유사하게 APM의 목적은 이들을 교육하고 실제 프로그램에 직접 참여하게 해 정규직으로 성장시키는 것이다. 구글은 APM을 다음과 같이 설명한다.

> 프로덕트 관리 팀의 일원으로서 창의적이고 경험 많은 엔지니어들과 함께 기술을 설계해 나가면서 기술과 비즈니스 세계를 하나로 연결하게 되며 더 나아가 영업, 마케팅, 금융 등 다양한 매트릭스 팀을 이끌어 나가게 될 것이다. APM은 행동에 대한 기초를 가지고 복잡한 문제에 대한 프로덕트 개발을 추진하는 단계로 나눌 수 있다. 프로덕트 보조 매니저로서 구글의 향후 게임 체인저의 일원이 될 수 있다.

야후, 옐프Yelp, 페이스북은 현재 고유의 프로덕트 매니저 수습 과정이나 교육 프로그램을 보유하고 있다. 유망한 프로그램은 모든 조직 전반에 걸친 운영 팀과 함께 협업할 수 있도록 매니저를 배치한다. 이러한 교육 과정과 직무 결합은 후보자들이 앞으로 많은 압박을 받게 될 프로덕트 관리 직무에 필요한 하드 스킬과 소프트 스킬을 개발할 수 있게 도와준다. APM에서는 수련생의 경험과 기술을 넘어선 직무와 주인 의식을 부여해 다른 곳에선 찾아볼 수 없는 실용적인 교육을 제공한다. 구글의 전 프로덕트 매니저 미나 라드하크리슈난의 말이다. "우리는 페이스북 APM 프로그램을 운영했던 사람들이 어떻게 생각하는지 알기 위해 그들과 많은 시간을 보냈다. 각기 교대 관리 프로그램의 차이점을 조사했으며, 수습 프로그램을 만들고 배우고 실패하면서 교육 참여자가 올바르게 균형을 유지하도록 한 사람들과 대화를 나눴다. 학습하는 가장 좋은 방법은 스스로가 자신이 어디까지 할 수 있는지 전력을 다하고, 무엇을 잘못하고 있는지 살펴보고 필요한 경우 맞게 길을 가고 있는지 확인해보는 것이라고 생각한다."

수습 프로그램으로 프로덕트 리더십을 지원하는 방법

수습 제도는 의심할 여지없이 가치 있지만 시간이 오래 걸릴 수 있으며 감독과 관리가 필요하다. 중소기업이나 스타트업 기업은 수습 프로그램의 장기적인 가치를 보지 못할 수도 있다. 대기업은 전통적인 채용 방법과 인재 확보를 통해 인력 문제를 해결할 수 있을 때 내부 프로그램의 타당성을 확인하기 위해 고심할 수 있다. 하지만 실제로 크든 작든 모든 조직은 자신을 관리하고 있고, 대우받고 있다고 생각하는 인재를 통해 이익을 얻는다. 수습 프로그램은 인재 양성에 투자하려는 생각을 강화함과 동시에 혼란을 잠재우고 비교적 적은 노력으로 채용, 모집, 광고 비용을 감소시켜 회사에 적합한 인재와 면접을 진행할 수 있게 해준다.

올바른 수습 제도는 프로덕트 리더가 더 쉽고 효과적으로 일할 수 있게 해준다. 올바르게 수습 제도를 시행하는 방법에 대해서는 5장 후반부에 자신만의 프로그램을 만드는 방법에 대한 링크를 제공한다. 인재 파이프라인 확보는 항상 우수한 팀원들이 있어야 한다는 리더의 부담감을 줄일 수 있다. 또한 수습생들이 나란히 앉아 업무를 볼 때도 프로덕트 팀은 혜택을 볼 것이다. 프로덕트 팀은 수습생들과 교감하고 미래의 정규 사원에 대해 더 이해할 수 있으며 추가 인재로부터 오는 부가된 자원과 지원을 기대할 수 있다.

최고의 프로덕트 매니저들은 현재의 과제와 인재 필요성에 대해서만 생각하는 것이 아니라 몇 달, 혹은 몇 년 뒤를 미리 생각한다. 미래의 프로덕트 인재들을 키우는 것은 단순히 이상적으로 가지고 있으면 좋다고 생각하는 것이 아닌 프로덕트 리더의 성공을 위한 필수 요건이다.

수습 프로그램을 만드는 방법

그렇다면 어떻게 인재를 불러 모으고 그들을 발전시키는 수습 프로그램을 만들 수 있는지 알아보자. 미디어가 만든 신화는 창의적인 문제 해결사를 불러 모으기 위해서는 문신을 하고 자전거를 타는 힙스터를 채용하고 공정무역 커피, 탁구대를 제공하고 결과를 챙기면 된다고 말한다. 얄팍한 생각임에도 대부분의 회사에서 시행 중인 일이기도 하다. 현실 세계에서 프로덕트 리더십과 관리는 어려운 제약과 복잡한 프로젝트에 의해 추진되는 복잡한 역할이어서 단순히 창의적인 문제 해결사가 되는 것만으로는 충분하지 않다. 창의적인 사고방식으로 프로덕트 관리를 시작할 수는 있지만, 창의적 사고방식으로만 복잡한 프로덕트 관리라는 지뢰밭을 통과할 수 없다. 이익을 창출하면서 중대한 프로덕트를 다룰 수 있는 팀을 설계하기 위해서는 다른 모델이 필요하다.

끊임없이 창조적이고 생산적이 된다는 것은 한순간의 번뜩이는 영감이 아니라 체계적이고 반복적인 문제 해결, 훈련과 교육으로 이뤄진다. 미래를 준비하는 리더들에게는 훈련과 교육이 우연히 발생하지 않는다. 모든 것은 수습 프로그램을 통해 시작된다.

이러한 프로그램을 성공적으로 수행하는 데 중요한 요소는 훈련된 문제 해결사다. 계획이 실패하는 경우 빠른 결정을 내릴 수 있는 팀이 필요하기 때문이다. 유명 권투 선수 마이크 타이슨Mike Tyson은 "다들 한 방 제대로 맞기 전까지는 나름대로 계획을 갖고 있다"고 말했다. 프로덕트 매니저와 리더는 매일 놀라운 것을 상대해야 한다. 수습 프로그램은 후보자들에게 어려운 상황에 대처할 수 있는 방법을 제시할 수 있도록 도전 과제를 포함해야 한다.

문제 해결에 대한 민첩성은 프로덕트 팀에만 국한되지 않지 않는다. 또한 승률이 높은 스포츠 팀과 장기간의 성공을 보여준 기업에도 마찬가지다. 짐 콜린스Jim Collins의 획기적인 저서 『좋은 기업을 넘어…위대한 기업으로』(김영사, 2005)에서 비즈니스적인 민첩성을 훌륭하게 묘사한다. 모든 고성과 상황에서의 공통점은 결과와 프로세스가 기능이 뛰어난 팀을 중심으로 구축됐다는 것이다. 성공의 열쇠는 올바른 프로세스가 아니라 올바른 팀이다. 최고의 수습 프로그램은 수습생을 현실 세계의 프로젝트 밑바닥까지 넣어 교육시킨다. 즉, 교과서나 학습 과정에 의존하기보다는 수습생을 프로젝트에 투입해 실제 성패에 몰두하게 한다.

가장 높은 수준의 수습 프로그램은 팀을 위해 최선의 후보자를 모집하고 선발하기 위한 일련의 필터 기능을 한다. 그렇기 때문에 입사 조건을 어렵게 만드는 것이 채용 과정의 중요한 부분이다. 따라서 구직자와 구인 사이트를 사용하기보다는 엄청나게 어려운 입사 프로그램을 통해 최고로 우수한 후보자가 자신이 얼마나 우수한지 입증하는 도전 과제를 제시하라. 해커톤Hackathon(Hacking과 Marathon의 합성어)과 같은, 시간 제한 도전 과제는 채용 기준을 높이는 매우 효과적인 방법이다.

인턴과 다르게 수습 사원은 일반적으로 정규 직원이며, 실제 프로덕트 업무를 수행하고 기업의 높은 채용 기준으로 고용됐기 때문에 보상을 받아야 한다. 월급이 지불되지 않는 수습 제도는 인턴십 같이 일시적이라고 느껴질 수 있어 수습 제도의 본래 목적에서 많이 벗어난다. 수습 기간을 끝내더라도 정식 사원으로 채용된다는 보장도 없다. 수습 사원과 수습 사원을 관리하는 사람에게 월급을 주는 것은 투자다. 표면적으로는 돌아오는 것에 비해 수고가 많이 드는 것처럼 보일 수 있지만 그 결과와 경제성은 의미가 있다. 헤드헌터에게 비용을 지불하고 잘못된 채용을 하는 것이 더 비효율적이며 업무에 지장을 준다. 수습 프로그램을 참여하기 어렵고 도전적으로 설계하는 것은 강력한 필터로 작용한다. 프로그램을 통해 누군가가 회사의 시니어 프로덕트 관리 역할을 맡게 다듬는다면 투자할 가치가 있다.

수습 프로그램이 프로덕트 팀에게는 추가의 일로 인식될 가능성이 있어서, 팀원들이 후보자를 위해 시간을 할애해야 한다는 사실에 불만을 가질 수도 있다. 라드하크리슈난은 "분명 반발이 있었다"고 고백했다. 또한 "너무 빨리 진행하고 있는 건 아닌지? 인력을 채용하기 전에 회사가 적절한 수준의 리더십과 조직 구조를 갖추었는지? 채용 시기는 적절한지? 하지만 막상 수습생들이 회사로 왔을 때 그들은 열정적으로 일할 준비가 돼 있었다. 열정적이고 일에 뛰어들어 배울 준비가 돼 있는 젊은 사람들 덕분에 좋은 에너지를 증진시킬 수 있었다"고 설명했다. 짧은 시간 내에 팀은 새로운 인물들이 어떻게 가치를 더하고 현재 자신의 수준보다 높은 프로젝트를 수행할 수 있는지 살펴볼 수 있을 것이다.

우리는 어떻게 수습 프로그램을 만들고 운영하는지 상세하고 실용적인 플레이북을 작성했다. 홈페이지에서 오픈소스 커리큘럼을 제공하고 있으며 미디엄Medium에서도 확인할 수 있다.

사람과 팀에 대한 장기적인 투자

일반적으로 고위 직원 이직이 프로덕트 기업에 새로운 아이디어를 제공한다고 생각한다. 흔히 높은 이직률이 프로덕트 기업에 새로운 아이디어를 불러일으킨다고 한다. 구체적이지 않은 이 조언의 부정적인 면은 사람들이 어떻게 협업하는지에 대해서는 고려하지 않는다는 것이다. 협력 관계와 팀 설정에 있어서 장기간 스태프를 유지하는 것이 사용자 경험 설계 같은 문제 해결 작업에 최선이다. 팀 구성원 간의 심도 있는 협력이 중대한 프로젝트 진행에 필수적이다. 여러 프로젝트에서 함께 손발을 맞춰 본 팀은 좋은 효과가 생성되지만 새로운 인력이 팀에 추가될 때마다 휘청거린다.

실제로 고성장하는 기업에는 신규 인력 추가가 필요하며 대기업은 새로운 환경으로 이동하고 적응하면서 자연스러운 인력 혼합이 일어나게 된다. 팀원이 들어오고 나가는 자연스러운 과정에서 핵심 팀을 유지하는 것은 쉽지 않으나 수습 프로그램은 순조롭게 진입을 허용해 어떠한 고통도 완화해 갈 수 있고, 업무를 시작하기 전에 더 큰 팀이 서로 이해할 수 있는 기회를 제공한다.

프로덕트 팀에 대한 기대는 프로덕트 문제를 신속하게 해결하는 전문가가 되는 것이다. 이러한 기대에 부응하기 위해 팀에는 기름칠 잘 된 기계의 내부적인 화학 작용을 필요로 한다. 프로덕트 팀에 대해 종종 프로덕트 문제를 신속하게 해결할 수 있는 전문가라는 기대를 한다. 기대에 부응하기 위해 이 팀들은 잘 돌아가는 기계의 내부 화학 작용 같은 것을 필요로 한다. 리더라면 다들 매력적이라고 느낄 지속적인 교육, 좋은 공감대 형성과 장기적인 비전이 높은 수준의 성과를 내는 팀을 이루는 요소가 된다. 이러한 팀의 성과는 부실한 고용 정책 탓에 방해를 받는 준비가 덜 된 기업이나 관료적인 기업에서는 절대 수행할 수 없는 수준이다.

프로덕트 리더 되기

프로덕트 리더십은 지금까지 토론한 모든 이유들로 인해 매우 복잡하나 그 자체로는 놀랍지 않을 수 있다. 놀라운 것은 왜 프로덕트 리더십이 복잡하냐는 것이다. 표면적으로 출시되는 소프트웨어 프로덕트의 복잡성은 기술, 프로세스, 시장에 적합한 요인과 연관이 있다. 하지만 실제로 성공하기 위한 다양한 인적 기술을 관리하는 것만큼 어렵지는 않다. 대부분의 프로덕트 출시 과정에서 사람과 관련된 문제들이 발생한다. 프로덕트 리더가 되기 전에 엔지니어나 설계자였던 경우, 코딩과 페이지 레이아웃에서 사람과 문제를 처리하는 것으로 빠르게 전환해야 한다. 만일 경력을 기술적인 영역에서 쌓아왔다면 이러한 전환이 불안하거나 혼란스러울 수 있다.

프로덕트 기업이라는 맥락에서 프로덕트 리더십에 대한 논의를 하다 보면, 프로덕트 리더의 권한이 보기보다 작다는 사실에 다들 동의한다. 프로덕트 리더십을 발휘하려면 개인과 팀은 소프트 스킬(soft skill, 인간 관계의 기술)을 적용해 목적을 달성해야 하고, 자연스럽게 좋은 협상가가 되어야 한다. 이런 소프트 스킬은 강한 의사소통 능력이나 좋은 프레젠테이션 능력(사람들에게 확신을 주고 다른 사람들을 설득시키는) 효과적인 로비 활동 같은 것을 말한다. 이와 관련된 것은 직위와 권한의 분리다. 많은 프로덕트 매니저들은 자신들이 직위를 가졌으니 자동적으로 권한을 가진다고 생각하지만, 실제로는 그렇지 않다.

숙련된 프로덕트 리더에게는 직책과 권한의 단절이 명확하다. 권한이 직책과 직접적으로 연관되지 않다는 모순을 이해하는 것은 행동 방식 변화와 리더십 발전 방법에 대한 성숙한 리더의 통찰력을 부여한다. 성숙한 리더들은 존재하지 않는 권위에 의존하지 않으며, 더 나은 업무 수행에 필요한 도구를 개발하는 데 힘쓴다. 또한 조직 내에서 중요한 영향력을 발휘하는 데 초점을 맞추고 서로 기술을 공유하는 엔지니어, 설계자, 프로덕트 매니저를 팀원으로 채용한다. 이것이 프로덕트 리더십에 관한 중요한 이야기이며, 관련 주제에 대해 더 많은 대화를 이끌어 내기 위해 필수적이다.

개인 기여자에서 프로덕트 리더로의 전환은 프로덕트만 생각하던 것을 멈추고 자신의 모든 경험, 공감, 의사소통, 문제 해결 능력을 회사와, 팀, 프로덕트를 실제로 만드는 이들에게까지 쏟아붓는 것이다. 성공을 위한 준비는 성공적으로 프로덕트를 이끌어 낸다. 우수한 리더는 매일 "어떻게 팀원들을 성공적으로 만들 수 있을까"라는 질문으로 하루를 시작한다.

다음은 훌륭한 프로덕트 리더가 되는 법을 알려주는 체크리스트다.

- **리더가 하는 대로 하라:** 리더 역할에 익숙하지 않다면, 제일 먼저 리더들이 어떤 일을 하는가 이해해야 한다. 리더십에 대한 책으로 리더십을 공부하라. 리더십은 학습된 기술이다. 리딩은 큰소리로 지휘하고 명령을 내리는 것을 의미하지 않으며 공동 목표를 위해 팀원들을 연계하는 것이다. 이를 위해서는 팀의 강점과 약점을 파악하고 목표를 향한 최선의 경로로 팀을 이끌어야 한다. 리더는 자신이 보이고자 하는 대로 드러나지 않는다. 다양한 리더십 스타일이 존재하며, 이 책에서도 몇 가지 리더십 스타일에 대한 논의가 있었다. 자신의 강점을 발휘할 수 있는 스타일을 찾아야 한다. 예시를 통해 이끌어 가는 리더, 카리스마를 통해 이끌어 가는 리더, 팀원의 요구를 최우선으로 두는 리더 스타일이 있다. 어떤 리더십을 선택하든 자기 자신을 전달할 수 있는 방법을 선택해야 한다. 자신이 아닌 누군가가 되기 위해 노력하는 것은 지치고 지속하기 어려운 일이다. 훌륭한 리더는 자기 자신이 누구인지 항상 진실하게 표현한다.

- **비전을 명확히 하고 비전에 도달할 수 있는 경로를 제시하라:** 비전은 이 책의 공통 주제이며 다뤄야 하는 좋은 이유다. 명확하게 제시된 업무 방향이 없으면 팀은 산만해지고 초점을 맞추지 못한다. 훌륭한 팀이 서서히 궤도를 벗어나 제 궤도를 찾기에 너무 늦은 상황을 깨닫는 것은 매우 고통스럽다. 리더는 회사와 프로덕트 비전에 대해 누구보다도 잘 알아야 한다. 비전에 대한 이해는 시니어 리더들과 한자리에 모여 비전의 명확성을 확인해 얻을 수 있다.

- **팀을 지켜라**: 리더는 팀이 목표에 계속 집중하도록 유지해야 한다. 이를 위한 가장 좋은 방법은 비전을 명확하게 제시하고 혼란 속에서 팀원을 지키는 것이다. 방해 요소는 다양하다. 경영진의 의사 결정, 고객의 기능 요구 사항, 업무 외에 처리해야 하는 버그 등이 있다. 프로덕트 매니저의 역할은 요구 사항이 정말 중요한지, 방해가 되는 것인지 잘 해석하는 것이다. 이러한 필터링 과정은 요청 사항에 대해 '아니다'라고 말하는 것을 의미한다. 처음에는 쉽지 않겠지만 점차 익숙해진다. 스스로 필터링, 우선순위 지정, 위임하는 훈련을 하고 팀원을 교육시켜서 똑같이 행동할 수 있게 하자.

- **최상의 결과를 제공하는 프로세스를 만들어라**: 모든 답이 불필요하고 불가능하다는 것을 배웠을 때, 리더는 좋은 질문을 하게 된다. 팀과 파트너로부터 최상의 솔루션을 얻기 위한 최상의 질문을 하는 데 시간을 할애한다. 그 작업의 일부는 팀이 성공에 이르는 최상의 기회를 제공하는 프로세스를 개발하는 것이다. 아툴 가완디는 『체크! 체크리스트』에서 외과 의사와 조종사조차도 업무를 효율적으로 수행하기 위한 빈틈없는 절차가 필요하며, 고도의 교육과 훈련을 받은 사람들도 중요한 단계를 놓치거나 업무를 잊곤 한다고 알려준다. 완벽한 프로세스는 없으며 신속하거나 안일한 태도만으로는 충분하지 않음을 기억해야 한다. 무엇이 팀을 최고로 만드는지 발견하고 이러한 요소를 프로세스와 엄밀함을 통해 확대시켜라.

- **도구를 최적화하되, 교착 상태에 빠지지 말라**: 도구는 우리가 하는 일을 더 잘하게 해주지만, 도구 자체가 우리가 하는 일은 아니다. 어떤 도구를 사용하고 어떻게 구현할 것인가에 대한 논쟁에 휘말리기 쉽지만, 최고의 도구는 일을 더 쉽게 만들고 우리가 하는 수고를 덜어주는 것이다. 일반적으로 도구는 마케팅에서 주장하는 것보다 덜

중요하다. 최고의 도구는 의사소통을 향상시키는 것이다. 결국 프로덕트 관리와 출시는 그 과정에서 사람들 사이의 의사소통이 거의 전부다. 팀의 개성, 의사소통의 역동성, 문화를 이해하는 것이 사용할 도구를 결정하는 첫 번째 단계다. 이러한 인간의 원동력을 전반적인 비전으로 그려 나가고, 이 과정에서 선택된 프로세스는 잠재적인 병목 현상을 드러낼 것이다. 사용하는 도구의 리스트를 만드는 것을 추천한다. 가운데 열에는 도구로 해결할 수 있는 팀과 조직 내 문제를 기입하자. 마지막으로 가장 우측 열에는 도구가 없다면 발생할 수 있는 문제를 기입하자. 이 과정은 봄맞이 대청소와 같다. 무엇이 진짜 필요하고 어떤 것이 공간만 차지하고 있는지 고심하는 행위다. 이러한 모든 고려 사항을 제자리에 두는 것으로 특정 상황을 위한 최적의 도구를 쉽게 선택하게 해준다.

- **고객에 대해 진지하게 생각하라:** 언제나 정답은 아니지만 고객은 프로덕트에 대한 정보와 피드백을 제공하는 최상의 원천이다. 스마트한 프로덕트 리더는 이 사실을 잘 알고 정기적으로 고객을 만나는 시간을 낸다. 연구, 데이터 수집, 분석, 인터뷰는 모두 중요한 정보의 근원이다. 또한 질적, 양적 데이터는 프로덕트 리더의 일과 중 일부분이 돼야 한다. 고객과 이야기하기엔 너무 바쁘다고 말하거나, 고객은 스스로 뭘 원하는지 잘 모른다고 말하는 프로덕트 종사자가 있다. 그러나 아이디어를 시험해보지 않는 것에 대한 변명을 만드는 것은 프로덕트의 성공을 해롭게 한다.

- **필요한 경우에만 관여하고, 그렇지 않으면 물러서라:** 프로덕트 리더는 팀의 일상 업무에 긴밀하게 관여하는 동시에 팀에게 권한을 주어야 한다. 또한 회의에 참석하고 질문에 답할 수 있어야 함과 동시에 팀 스스로 결정을 내리고 문제를 해결, 선택하도록 허용해야 한다. 이

는 우연히 이뤄지지 않는다. 학교에서 항상 사려 깊은 의사 결정자가 되도록 알려주진 않는다. 리더가 팀 스스로 의사 결정하는 방법을 가르쳐야 할 수도 있다.

프로덕트 리더 중에는 자신이 뭔가 잘못하고 있거나 잘못된 프로세스를 선택하고 도구를 잘못 사용하고 있는지 많은 우려를 한다. 프로덕트 채널에는 어떤 도구와 기술을 사용할지에 대한 질문으로 어수선하다. 많은 리더들은 도구와 기술이 너무 빨리 변화한다는 이유 때문에 이러한 질문에 집중하는 것은 잘못된 것이라고 생각한다. 대화는 항상 인력에 대한 것이어야 한다. 그러나 매니저와 리더에게 인력 관리는 어려운 일이기 때문에 도구와 기술에 대해 쉽게 얘기한다.

타냐 코드리는 "모든 프로덕트 매니저에게 해당되진 않지만, 나는 조직에 대해 많은 생각을 한다. 특히 프로덕트 팀을 구성할 때 타고난 리더와 개인 기여자 성향을 가진 사람을 선택하게 된다. 대부분은 우수한 프로덕트 매니저는 인력 관리에 능숙해서 좋은 리더가 되곤 하지만 그렇다고 해서 꼭 인력 관리를 좋아하지 않는다. 자신이 잘하는 업무와 좋아하는 업무인지 확인해야 한다"고 말한다.

일부 리더들은 사람들을 리드할 때 자신이 하고 있는 일을 알지 못한다는 것을 인정하지 않을 것이며, 결과적으로 방어적인 행동을 통해 무의식적으로 프로젝트를 벗어나거나 동료들에게 상처를 줄 수도 있다. 이것을 극복하는 것은 쉽지는 않지만 이겨 낼 수 있다. 이러한 이슈를 강조하고 몇 가지 해결책을 제시하는 것이 이 책의 목표다.

2부

적절한 시기에 올바른 리더

프로덕트 리더가 조직 진화의 각 단계에 최상의 접근 방법을 찾는 데 도움을 주기 위해 구성됐다. 수백 명의 성공적인 프로덕트 리더의 경험과 결합된 우리의 경험은 단계별 문제를 해결할 수 있는 방법에 대한 통찰력을 제공한다. "어떻게 프로덕트 리더가 팀을 리드해야 할까?"라는 질문에 대해 모든 상황에 적용할 수 있는 보편적인 해결책은 없다. 단 하나의 전략이나 리더십 스타일은 없지만 성공으로 향하는 팀과 리더를 위한 주제와 패턴은 존재한다.

일화나 이야기, 딱딱한 지식 덩어리를 소화하면서도 개인적인 스타일을 개발하는 것을 잊지 말아야 한다. 다른 사람의 길을 맹목적으로 따르지 않아야 한다. 타이밍과 상황이 가장 중요하다. 다른 회사에서 효과가 있는 것이 나에게는 적합하지 않을 수 있다. 아이디어를 실천하기 전에 자신의 상황과 환경을 고려하자.

2부는 회사의 진화 단계를 스타트업, 신흥, 엔터프라이즈로 구분해 구성했다. 현재 상황과 가장 관련이 있는 부분을 먼저 살펴보는 것도 괜찮다.

6

스타트업 조직

스타트업 프로덕트 리더

성공한 프로덕트 리더가 프로덕트 세계에서는 흔치 않은 품종이라면, 성공한 스타트업의 프로덕트 리더는 돌연변이일 수 있다. 스타트업 환경의 어려운 문제는 종종 과소평가된다. 프로덕트 리더는 해당 도메인에서 숙련된 실무자여야 하며 어떤 이정표가 세워지든 아무것도 없는 백지 상태에서 팀을 구성하고 이끌 수 있는 능력이 요구된다. 대부분의 사람들은 처음부터 무언가를 만들거나 기존 팀에 합류하는 것을 선호한다. 하지만 드물게 둘 다 할 수 있는 사람들이 존재한다. 현명한 리더는 자신이 무엇을 잘할 수 있는지 인식하고 그 영역에 집중한다. 두 가지 영역 모두에 대해 매력을 느낄 수도 있지만 역량과 관계없이 모든 것을 시도하는 것은 좋은 결과를 내지 못한다.

우리는 이 파트에서 기업의 성장을 넓게 세 단계로 나눠서 구분했지만, 각 단계에서 회사가 경험할 수 있는 성장 계층이 있다고 언급하고 싶다. 모든 기업은 각각의 방식으로 고유하게 존재한다. 갑작스런 확장을 반복하는 등 조직의 급격한 변화를 겪는 스타트업에게는 여기서의 정의가 적절하지 않을 수 있다.

스타트업의 초기 단계는 혼란스럽다. 전략적 계획은 전술적 승리를 위해서 무시되는 경향이 있다. "대기업에서는 프로덕트에 관심을 갖는 문화를 구축하는 것이 중요하다. 프로덕트에 대해 관심을 갖는 문화는 스타트업에서는 쉽게 시작할 수 있다. 뛰어난 UX로 시작하는 것을 가로막는 어떠한 장애물이 존재하지 않는다"고 존 마에다는 말했다. 초기 단계의 팀은 모호성에 대해 내성을 가진 소수의 기업가로 구성된다. 새로운 아이디어를 테스트하고 고객의 피드백을 수렴하는 데 시간을 보내고, 아직 고객이 없는 경우 먼저 출시하고 나중에 질문을 하기도 한다. 허가가 아닌 용서가 필요하다는 격언도 나온다. 이 단계에서는 무엇보다도 속도가 중요하다. 자금 지원이 몇 달 기껏해야 1년 정도만 지속될 수 있기 때문에 깊이 생각할 시간이 없다.

약간의 성공으로 초기의 혼란은 업무 완수를 위해 일반직 인력을 고용해야 하는 요구로 전환된다. 많은 일을 맡고 싶어 하는 프로덕트 인력에게는 이 단계가 가장 매력적인 단계로 여겨진다. 공식적인 조직 구조가 존재하지 않으므로, 장애물을 제거하고 의사 결정을 내리는 데 중점이 맞춰진다. 고객이 누적되면 고객 데이터를 처리해 프로덕트 팀에게 집중해야 하는 분야에 대한 지표와 증거를 제공한다. 이 단계에서 일을 끝내고 싶은 욕구로 인해 채용을 할 수도 있고, 종종 채용과 온보딩에 대한 깊은 생각으로 좋은 결과가 나타나기도 한다.

스타트업이 성숙기에 접어들 때까지는 프로세스, 정확하게 측정할 수 있는 메트릭, 프로덕트, 영업 및 마케팅 팀 간 연계에 대해 약간의 엄격함이 필요하다. 프로덕트 팀은 그때부터 좀 더 세부적인 내용에 주목하게 된다. 획득 비용과 평생 가치를 획기적으로 향상시키는 정확한 개선이 우선순위가 높아진다. 이때의 채용은 정밀한 변화를 관리한 경험을 가진 업계 베테랑에게 의존하게 된다. 관리자와 리더는 좀 더 공식화된다.

모든 단계에서 프로덕트 리더는 가능한 빨리 진화하거나, 지식 격차를 메우기 위해 다른 사람을 고용해야 한다. 초기 단계는 시간과 무시와의 경쟁이다. 다음은 시작 단계의 몇 가지 과제와 인터뷰에서 나타난 몇 가지 해결책을 다룰 것이다.

가장 큰 도전 과제

설문 조사에서 프로덕트 리더는 미래의 불명확성을 가장 큰 도전 과제로 지적한다. 좀 더 구체적으로, 프로덕트 리더는 자신감을 가지고 계획하기를 원한다. 로드맵이 자신들이 제안한 가치를 실현하는지 확인하고 싶어 한다. 스타트업의 경우 프로덕트나 시장의 피드백을 받기 어려워 미래를 계획하는 것이 매우 힘들 수 있다. 리스크를 감소시키는 것은 프로덕트 리더 업무에서 중요하다. 프로덕트를 시장에 출시하기 전에 경험과 고객 이해를 올바르게 조합하는 것이 필요하다. 하지만 모든 정보를 다 얻을 수는 없다. 대부분의 경우 결정적인 결정을 내리는데 필요한 자료와 지식이 부족하다. 프로덕트플랜의 짐 세믹은 이것을 프로덕트 작성 프로세스의 '퍼지 프론트 엔드Fuzzy Front End'라고 부른다.

"프로세스의 주요 부분은 실제로 프로덕트의 잠재적인 전망과 관련이 있으며, 그중 일부는 목표로 삼은 분야에 집중하기 위해 적절한 시장 세분화를 수행하는 것이 포함된다. 많은 새로운 프로덕트, 특히 스타트업은 자신의 프로덕트가 모든 사람을 위한 것이라며 극찬한다. 하지만 그것은 매우 위험한 생각이다"라고 세믹은 말한다. 성공하는 프로덕트 리더는 모든 사람들의 모든 요구를 채워줄 수 있는 프로덕트에 투자하지 않는다. 오히려 잠재 고객을 정확하게 목표로 해서 시장을 좁혀야 한다고 믿는다. 그 과정을 끝내고 나서 대상 고객과 대화가 가능해진다. 제한된 시간 동안 모든 사람과 이야기할 수 없으므로 대상 고객 중 소수에게 초점을 맞춰야 한다. 이 핵심 사용자 그룹과 소통해야 무엇이 효과가 있을지 자신감을 갖는 데 필요한 피드백을 얻을 수 있다. 많은 프로덕트 리더는 불확실성에서 스트레스를 받는다. 성공하는 리더는 현실에 영향 받지 않고 그것을 받아들여 '퍼지 프론트 엔드'의 주인이 된다.

프로덕트 리더는 혼란을 무시하지 않고 이러한 환경이 안정되도록 하는 기술을 연마한다. 이것은 무질서가 항상 존재할 것을 인정하고 의식적으로 결정을 내리는 것을 의미한다. 혼돈과 모호성이 존재함을 인식하면 건강한 사고방식이 조성되고 그에 따라 불안이 줄어든다. 리더는 이러한 환경적 요인을 팀원과 공개적으로 상의해야 한다. 프레시 틸드 소일에서 팀은 통제할 수 있는 것과 할 수 없는 것에 대해 자주 이야기한다. 측정 항목은 통제할 수 있는 것으로 여기기 때문에 실제로 차이가 있는지 판단할 수 있다. 통제할 수 없는 것을 열거하고, 그것을 처리하는 프로세스에 나쁜 영향을 최소화시킬 방법을 논의한다. 이러한 공공연한 접근은 리더와 팀이 앞으로 일어날 일과 어려움에 대비하도록 한다.

프로덕트 리더는 사고방식의 변화로 자신감을 얻을 수 있다. 커다란 목표 위에서 통제할 수 있도록 상황을 재구성해 팀을 어디에 집중해야 하는지에 초점을 맞춘다. "스타트업 프로덕트 리더십에서 가장 큰 도전은 비전을 세우는 것과 실질적인 핵심 항목 사이에서 우선순위를 관리하는 것이다. 초기에는 핵심 세부 사항에 대한 것이 훨씬 더 중요하다. 이 기능이 어떻게 작동할지 CEO와 이야기하거나, 프로덕트 리더와 이 기능이 어떻게 작동하는지 자세히 이야기하게 할 것이다. 그 과정에서 비전과 세부 사항을 끊임없이 논의하게 될 것이다"라고 롤라의 프로덕트 담당 부사장 엘렌 치사가 설명한다.

이 접근법은 모든 사람들을 정렬하고, 올바른 길로 가도록 인도한다. 불확실성은 성공 방정식의 일부다. 불확실성에 초점을 맞춘다면 실패 방정식의 일부가 될 것이다. 리더가 팀의 관심을 이끌면 팀의 에너지를 얻게 된다. 비전에 초점을 맞추면 비전에 도달할 것이고, 혼돈에 초점을 맞추면 혼돈은 점점 강화될 것이다.

올바른 문제 해결

스타트업이 직면한 큰 과제는 문제를 올바르게 해결하고 있는지 여부다. 솔루션에 대해 사람들이 비용을 지불할 용의가 있을까? 솔루션이 장기적으로 가치 있을까? 불행히도 이러한 질문에는 초기 단계 회사에게는 제공하기 쉽지 않다. 좋은 소식은 프로덕트 리더가 벼랑 끝에서 비즈니스를 추진하는 것을 피할 몇 가지 방법이 있다는 것이다.

많은 프로덕트 매니저와 리더가 문제를 해결하기 전에 문제를 이해하는 데 충분한 시간을 할애하지 못하는 것을 확인했다. 솔루션 개발에 너무 집중하고 있기 때문에 발견 작업을 건너뛰게 된다. 초기에 발견 미팅을 가질 때는 문제가 정의되기도 전에 UX나 UI, 엔지니어링 솔루션이 제안된 상태였다. 이러한 경향을 인식하면 문제에 대한 사고력을 집중시킬 수 있다.

페이션스라이크미의 프로덕트 매니저 마이크 브라운은 스타트업이 어떻게 솔루션에만 집중하고 명백한 문제를 무시할 수 있는지 경고한다. 브라운은 팀과 함께 아웃도어에서 충분한 시간을 보내지 않는 사람들의 명확한 문제를 해결하려고 노력하고 있었다. "기어커먼스^{GearCommons} 웹 커뮤니티 운영을 통해 얻은 큰 시사점은 아웃도어 산업이 두 가지 큰 문제를 갖고 있었다는 것이다. 첫 번째 문제는 사람들이 더 이상 밖으로 나가지 않는다는 점이었다. 그 이유는 충분한 시간이 없기 때문이라고 생각했다. 우리는 사람들이 밖으로 나가는 데 더 많은 시간을 할애하도록 돕는 것이 해결해야 할 직접적인 문제는 아니라고 생각했다. 두 번째 문제는 사람들이 올바른 장비를 사용하기 쉽지 않다는 것이었다. 예를 들어 카약을 갖고 있지 않은 경우 일반적으로 카약을 하지 않는다. 아웃도어 산업은 고도로 전문화되고 비용이 드는 장비가 필요하며 이로 인해 장벽이 발생한다. 하지만 이 장비의 접근에 관한 문제는 에어비앤비나 릴레이라이드라이크^{RelayRideslike}와 같은 공유를 통해 해결할 수 있는 문제였다. 그래서 우리는 장비 접근성을 개선하는 데 집중했다. 우리는 보스턴에서 아웃도어 장비로 백만 달러를 버는 등

전국의 많은 도시에서 엄청난 수익을 달성했고 접근성에 대한 요구 사항을 충족시키는 데 성공했다. 그러나 그 사이 의도치 않은 문제가 발생했다. 비즈니스가 점점 악화되면서 문제가 조금씩 드러났고, 문제를 너무 늦게 깨달았다. 두 번째 문제에 집중하면서 첫 번째 문제였던 시간 확보 문제를 악화시킨 것이다. 장비를 한곳에 모으는 것은 장비를 구입하는 데 걸리는 시간을 증가시켰다. 우리는 사람들이 장비를 구입하는 시간을 줄이기 위해 더 많은 돈을 지불할 것을 알았지만 접근성에 너무 집중하느라 밖으로 나가는 데 필요한 시간에는 전혀 집중하지 않았다. 우리는 공유 경제 시장을 창출했지만 실제로 가장 큰 문제를 악화시켜 플랫폼이 발전할 수 없게 했다고 생각한다. 이 사건을 통해 얻을 수 있는 교훈은 항상 첫 번째 문제를 해결해야 한다는 것이다."

내부와 외부 요인의 균형 잡기

사용자로부터 우수한 피드백을 얻는 것은 매우 흥미롭지만 고객의 피드백을 내부 의견과 아이디어로 균형을 맞추는 것은 어렵다. 개선을 위한 모든 아이디어가 사용자로부터 나올 필요는 없다. 프로덕트 팀이 자신이 구현하고 싶은 아이디어를 갖는 것은 지극히 정상적이다. 그렇다면 문제를 해결하기 위해 어떻게 협업하고, 프로덕트 로드맵을 어떻게 결정하고, 문제 해결 프로세스는 어떻게 정의할까? 로드맵이나 우선순위를 결정하기 위한 프로세스는 어떻게 정의할까?

유튜브의 글로벌 프로그램 관리자 재퀼 아만코나Jacquelle Amankonah는 다음과 같이 제안한다. "우리는 제작자와 시청자를 보호하지 않고는 아무것도 할 수 없으며 어떤 결정도 내릴 수 없다. 기본적으로 나는 제작자이기 때문에 제작자 팀에 있다. 우리는 제작자를 데이터 요소로만 사용하지 않고 비즈니스 우선순위와 균형을 맞출 수 있는지 여부를 판단하는 출발점으로 사용한다. 제작자나 뷰어에게 명확하게 표현하는 것은 어렵다. 하지만 우리가 정확한 기술을 활용한다면 매우 효율적으로 해결할 수 있다는 것을 깨달았고, 그것을 검증하고 있다. 검증을 위해 이런 식으로 질문할 수 있다. '만약 눌렀을 때 모든 것이 자동적으로 처리되는 마술 같은 버튼이 있다면 어떤 것이면 좋을까?"

아만코나는 사용자에게 광범위한 질문을 제기하는 것이 올바른 문제를 파악하는 데 도움이 되지 않는다는 사실을 지적한다. "우리는 '지금 무엇을 하고 싶을까?'라고 묻지 않는다. 대신 우선순위 목록인 로드맵을 살펴본다. 우리가 하고 싶은 모든 일과 모든 아이디어가 올바른 방향으로 진행되도록 해야 한다." 아만코나는 설계하고 개발하려는 기능에 대한 계획을 작성해서 실천하고 있다. 그리고 나서 팀은 서로 관련돼 있는 기능을 연계해서 출시하는 이상적인 시점을 협의한다. 다시 정리하면, 하나의 기능을 출시하면 다른 기능에 부정적 또는 긍정적 가치가 부여되는지 여부를 생각해야 한다. 때로는 적절한 가치를 부여하기 위해서 몇 개의 기능을 동시에 출시해야 하는 것을 고려해야 되고, 때로는 통합된 기능보다는 기능을 분리해야 하는 선택도 필요하다. 사용자는 갑작스럽고 광범위하게 UX를 변경하는 것보다는 점진적으로 개선하기를 기대하고 있어서 유튜브에서는 모든 것을 한 번에 릴리스하는 것은 의미 없다고 아만코나는 말한다. "기능에 대한 개발, 출시 일정을 논의하면서 최종 사용자에게 매우 명확하고 응집력 있는 결과를 제공하도록 균형을 맞추게 된다. 비록 다른 팀에 속해 있더라도 우리 모두는 유튜브라는 하나의 이름으로 의사 결정을 해야 한다."

로드맵을 개발할 때는 내부 및 외부의 모든 상황을 반영해야 한다. 무엇을 할 시간이 있는지? 어떻게 시간을 아낄 수 있을지? 팀이 보유한 리소스는 얼마나 되는지? 사용자가 가장 필요로 하는 것은 무엇이며, 어떻게 기술적이고 혁신적인 방식으로 처리할 수 있을지 등 방안을 찾아가면서 향후 팀이 가야 하는 최상의 경로를 결정할 수 있다. 아만코나는 이어 말했다. "그 다음 핵심 사용자의 요구 사항으로 크로스 체크를 했다. 콘텐츠 제작자가 우리가 결정한 핵심 흐름을 원하는지 확인해야 했다. 콘텐츠 제작자는 동영상을 쉽고 간단하게 업로드하고, 조회수를 확인하고, 과거에 업로드한 동영상에 대한 의견을 검토하기 원하는 것을 확인할 수 있었다. 우리 프로덕트 안에서 엔드 투 엔드로 콘텐츠 제작자가 원하는 것을 원활하게 전달하면 그것으로 충분했다. 우리는 먼저 기초를 바로잡고 나서 좋은 프로덕트를 개발할 수 있다."

미나 라드하크리슈난은 "이유에 대해 초점을 맞춰야 한다"고 강조한다. "프로덕트를 개발해야 하는 이유를 모르고는 기능을 개발할 방법이 없다. 항상 개발하고자 하는 많은 아이디어를 가지고 있더라도 프로덕트를 어디로 끌고 가야 할까? 우리가 하려는 일의 목적이 무엇이고, 어떻게 우리 회사의 목표에 연결돼 있을까?"

인터뷰를 통해 알게 된, 프로덕트 리더가 고객과 조직의 요구 사항의 조화가 필요할 때 고려해야 할 사항이다.

- 고객을 위해 왜 이 문제를 해결해야 하는 이유를 이해하자.
- 기업이 고객에게 제공하는 솔루션을 이해하자.
- 고객과 기업 모두를 위한 문제와 어떻게 연결해야 하는지 이해하자.
- 무엇보다 첫 번째 문제에 집중하자.
- 주 단위 프로덕트 일정에 고객과 사용자와 함께하는 일정을 만들자.
- 사용자와 대화하고 관찰하는 방법으로 사용자의 핵심 요구 사항을 이해하자.

- 핵심 주제와 우선순위를 정리한 로드맵을 수립하자.
- 팀에서 작업에 투입해야 하는 시간을 결정하자.
- 외부(프리랜서, 대행사 등)의 도움이 필요한 사항을 정리하자.
- 작업을 흥미롭고 혁신적으로 만드는 기술적인 세부 방법을 논의하자.

팀별로 이러한 정보를 수집하고 정리하는 데 걸리는 시간은 다르다. 숙련된 프로덕트 리더는 기준을 가지고 혼란 없이 올바르게 의사 결정을 한다. 그 기준은 항상 회사의 주요 목표가 된다. 아만코나의 설명을 들어보자. "우리가 사용하는 방법은 구글 전체에서 사용하는 OKR이다. 대부분의 팀에서 OKR을 중요하게 사용한다. 우리는 연 단위의 계획을 가지고 있다. 사업을 성공적으로 이끌기 위해 2017년 팀 계획을 수립했다. 어디에서 핵심 기회를 놓치고 있을까? 현재 사업 현황은 어떤가? 사업은 어디로 가고 있나? 내년에는 무엇에 투자를 해야 하나? 전체 팀의 의견을 취합해 리더십 팀은 내년에 우리가 성공하는 데 필요한 핵심 항목을 결정하게 된다. 그 핵심 항목은 작은 변화, 계속해서 유지해야 하는 항목, 회사의 혁신을 완성하는 모든 것이 될 수 있다."

OKR을 기준으로 사용하면 팀이 초기 로드맵에 실행할 가치가 있는 프로덕트 비전, 기타 주요 지표를 결정하는 데 도움이 된다.

고객 이해하기

책 전체에 걸쳐 감독된 발견, 디자인 스프린트, 여타 발견과 연구 방법을 볼 수 있다. 이러한 방법론은 매우 가치 있으며, 성공적인 프로덕트 리더는 반복적으로 언급한다. 연구, 데이터 수집, 문제를 이해하기 위한 프로토타입은 솔루션을 명확하게 해준다. 테스트 비용이 저렴하고 프로토타이핑 도구가 무료더라도 문제와 연관된 솔루션 정의가 잘못될 이유가 없다. 〈2016 InVision Product Design Report〉에서는 디자이너 중 87퍼센트가 디자인 프로세스에 프로토타입을 포함한다고 언급하고 있다. 이 수치는 고무적이지만, 프로덕트 리더는 팀의 모든 멤버가 이런 유형의 연구와 사용자 테스트를 위해 프로토타입을 수행하도록 해야 한다. 이 연구를 플러럴사이트, 프레시 틸드 소일, 마인드 더 프로덕트를 대상으로 진행됐다면 100퍼센트가 됐을 것이다. 어떤 문제도 테스트되지 않아야 할 이유가 없기 때문에 테스트해야 한다.

프로덕트를 개발하기 전에 사용자 피드백을 받아 검증을 선행하는 데 더 많은 시간을 할애하면 회사, 프로덕트에 유리하다. "기능에 필요한 실제 비용은 디자인, 엔지니어링, 필요한 모든 기능이 포함된 프로덕트만이 아니다"라고 마이크 브라운은 경고한다. "실제 비용은 개발이 완료된 후 생산 단계에서 발생한다. 프로덕트가 생산되고 나서 개선이 필요한 무언가를 해결해야 하기 때문이다. 생산 단계 이후의 모든 기능은 비용으로 고려돼야 한다. 사실 실제 비용은 고객에게 프로덕트를 출하한 이후 발생한다." 브라운은 어떤 의사 결정을 내리기 전에 필요한 정보와 데이터에 좀 더 많은 시간을 투자해야 한다고 주장한다.

IEEE^{Institute of Electrical and Electronics Engineers}는 멤버 데이터를 기반으로 소프트웨어 배포 후 소프트웨어 문제를 해결하는 것은 개발 시작 전 해결하는 것보다 100배의 비용이 든다고 증명한다.

브라운은 힘든 교훈을 얻게 되면서 이제는 모든 새로운 계획에 대해 프로토타이핑을 추진하는 것을 주장한다. 예를 들어 회사에서 직원들과 문서를 작성하는 수준에서 프로토타입을 만드는 것만으로도 우리는 '상호작용에 대한 의미, 문제에 대한 해결 방법은 무엇인지?'에 대해 검토할 수 있다. 이 과정 이후에 사용자를 참여시켜 다른 수준의 상세 사항을 검토하면서 특정한 상호작용을 통해 살펴보게 된다. 이 방법으로 어떤 패턴이 있는지, 문제 해결을 위해서 우리 사이트를 소개할 수 있는지 여부를 지켜볼 수 있다.

"일부 회사에서는 발견 프로세스가 잘 수행되고 있지만, 대부분의 회사는 발견 프로세스가 수행되지 않는다." 프로듀스 랩스의 CEO 멜리사 페리는 회사 규모에 상관없이 충분한 발견이 이뤄지지 않는 정서에 대해 말한다. 그들은 MVP를 만들고 MVP는 프로덕트의 첫 번째 버전이 된다. 그리고 범위를 줄이지 않으며 실험하지 않는다. 단순히 첫 번째 버전을 빌드하고 실행한다. 그리고 프로덕트의 성공을 측정하지 않는다. 코딩을 하기 전 팀이 프로덕트에 대한 많은 질문에 대답하는 논리적인 단계별 접근법이 빠져 있다. 페리는 기업들이 시장에 나가는 것을 너무 서두르고, 왜 그렇게 해야 하는지를 이해하는 데 충분한 시간을 할애하고 있지 않다며 안타까워 한다. 합리적인 수준으로 간단한 테스트를 수행해 실패나 더 지출되는 프로덕트 비용을 회피하도록 하자. 이러한 방법이 프로덕트 개발 시 유용하고 활용 가능한 최선의 방법이다.

올바른 문제 해결 방법은 적절한 사람과 소통하는 것이 필요하다. 누구와 얘기해야 할지 알게 되면 리스크를 줄일 수 있고, 무엇을 확인해야 하는지 알면 가장 중요한 가치를 얻을 수 있다. 도메인과 관계없이 사용자가 겪고 있는 문제를 알 필요가 있다. 문제는 직접 인터뷰를 통해 파악할 수 있다. 올바른 인터뷰 질문을 설계해야 한다. 사용자와 대화하면서 문제를 식별할 수 있다. 올바른 질문을 통해 해결해야 하는 문제와 문제가 가진 가치를 식별할 수 있다. 짐 세믹은 "내부적으로 문제를 인식한다 하더라도 최종 사용자는 그것이 문제라는 사실을 인식하지 못한다는 것이 문제다"라고 말한다.

프로덕트 리더가 중요하게 생각하는 것이 최종 사용자는 중요하지 않을 수 있다는 점을 인정하는 것은 프로세스의 '퍼지 엔드fuzzy end'를 덜 모호하게 만든다. 프로덕트 초기 단계에서는 프로덕트 기능, 가격 책정, 온보딩을 다루지 않는 것이 올바른 소통이다. 최선의 소통은 해결하려는 문제를 철저하게 이해하고 문제 해결이 가치가 있는지에 초점을 맞추는 것이다. 정리하면 문제가 사용자와 고객이 제공해야 하는 가치(시간, 돈, 에너지)를 지불할 만큼 중요한지 고려해야 한다.

또한 사용자의 과거 습관을 극복할 만큼 충분한 가치를 제공해야 한다. 사용자는 사용 중인 프로덕트 또는 솔루션을 바꾸려면 비용이 발생하므로 솔루션이 단순히 좋기만 해서는 안 된다. 솔루션 전환에 필요한 노력보다 더 많은 가치를 가져야 한다.

적절한 사람들과 대화한다고 해서 당신이 모든 대화를 주도하는 것을 의미하지 않는다. 사실 그 반대일 것이다. 올바르게 질문을 하는 것이 문제를 생각하는 올바른 방법이고, 편견 없는 대답을 듣게 한다. "전문적인 조언 중 최고의 충고는 내가 성장하는 동안 어머니에게 들었던 충고와 같은 것이다. 그 조언은 항상 같았지만 실제로 의미하는 바를 깨달은 것은 스물다섯 살 때였던 것 같다." 페이션스라이크미의 마이크 브라운의 설명이다. "귀는 두 개고 입은 하나다. 더 많이 듣는 데 집중하자." 듣는 것은 프로덕트 인력을 포함한 모든 사람에게 중요하다. 의식적으로 듣는 시간을 갖는 것이 모든 것을 잘하게 하는 기술이다. 다음은 듣기 기술을 연마하는 법이다.

- 이해관계자, 사용자, 고객과 하는 대화는 듣는 데 집중하고 가능한 한 가장 마지막에 말하겠다는 마음으로 시작한다.
- 누군가가 관찰, 피드백, 생각을 표현하는 경우, "더 자세히 말씀해

주시겠습니까?" 하고 묻는다.

- 기능 개선, 기능 추가에 대한 의견에 "어떻게 구현할 수 있을까요?" 또는 "어떻게 동작하는지 보여줄 수 있나요?"라고 응답하자.
- 사람들이 말을 끝내면 들은 내용을 다시 질문해서 확인한다.

브라운은 "듣기 기술 연습은 내가 계속 노력하고 있는 것이다"라고 말한다. 외향적인 프로덕트 매니저가 가끔은 뒤로 물러나 듣기만 하는 것이 쉽지 않다. 사람들의 말을 듣는 것이 훨씬 중요하다. 좋은 질문을 하고 많은 사람들의 의견을 들어야 한다. 비율에 맞게 귀와 입을 사용하는 것은 나와 다른 사람 모두에게 도움이 될 것이다.

브라운의 관점에 두 개의 눈을 가지고 있다는 점을 덧붙여서 사용자 연구를 할 때에는 두 개의 눈, 두 개의 귀, 한 개의 입이라는 비율에 맞게 사용하는 것은 참으로 좋은 방법이다.

팀의 기대 관리

기대치를 설정하는 것은 팀이 시간 관리하는 데 도움이 된다. 프로덕트 리더는 항상 기대치를 설정한다. 성공적인 프로덕트 리더는 다르게 행동한다. 긍정적인 예측치 설정에 초점을 맞춘다. 팀이 원하는 것을 논의하면서 건강하고 생산적인 토론의 일부로 예측치를 설정한다. 달성할 수 있는 것에 초점을 맞춰 토론해야 하며, 불가능한 것에 초점을 맞추면 안 된다. 미묘하지만 중요하다. 팀원이 원하지 않는 것을 알리거나 특정한 상황이 발생했을 때 프로덕트가 실패할 수 있다는 점을 말하는 것은 팀원에게 동기부여를 꺾는 잘못된 방법이다. 훌륭한 리더는 자신의 팀에 동기를 부여하기 위해 부정적 기대를 사용하지 않는다. 잘못된 것을 깨달았다면 잘못을 그만두어야 한다. 실패는 과정의 일부이고 고려해야 할 대상이지만 위협으로 사용하면 안 된다. 팀이 경험하고, 배우고, 제약을 받아 생긴 실패는 정상이고, 예측 돼야 한다. 실패를 위협으로 사용하면 사람들이 해결책을 찾기 위해 필요한 도전을 하지 않게 된다. 그렇게 하면 회사, 사용자, 팀을 침체시키고 상처를 주게 된다는 것을 알아야 한다. 접시 돌리기는 접시를 깨면서 배울 수 있다. 실패와 실험은 처벌하면 안 된다.

자신을 아는 것

인터뷰를 진행하는 동안 스타트업에 적합한 리더가 있다는 것을 알게 됐다. 갓 구성된 프로덕트 팀과 협력하는 것은 초기 단계 기업에게는 해결해야 하는 큰 도전 과제다. "나는 두 가지 모두를 경험해봤다." 트루 벤처스의 디자인 파트너이고 이전 어도비의 디자인 담당 부사장 제프 빈은 말했다. "나는 기존 팀과도 작업해보고, 신규로 구성된 팀과도 작업해봤다. 나는 기존 팀과의 작업을 성공적으로 이끌어 내지 못했다. 나는 최상의 결과를 만들기 위해 항상 새로운 팀을 구성해왔다." 샌프란시스코에 있는 획기적인 사용자 경험 회사인 타입킷^{TypeKit}과 어댑티브 패스^{Adaptive Path}의 공동 창립자 빈은 기존 팀과 일하기가 어려워 스타트업 팀을 선호한다고 말한다. 빈은 사람들의 특정한 능력을 선택해서 새롭게 팀을 구성하는데, 기존의 팀에서는 정확하게 팀원을 구성하기 힘들기 때문이다. "기존 팀의 리더로 발을 디디는 것은 절대로 나에게 도움이 되지 못했다." 빈의 경험은 독창적인 것이 아니며 스타트업에만 국한되지 않을 수도 있다. 기존 팀을 채택하거나 기존 팀에 합류하는 것은 문화 스타일을 합병하는 것이다.

이것은 어떤 팀에도 중요한 과제이므로 알맞은 리더를 찾는 것이 중요하다. 리더에게는 팀의 강점을 파악하고 인내심, 하드 스킬, 소프트 스킬 중 무엇이 부족한지 인정하는 것이 중요하다. 지맥스^{Zmags}의 프로덕트 담당 부사장 캐이트 포트^{Cait Porte}는 훌륭한 리더의 차이점을 만드는 자기반성과 자기 인식에 대해 말한다. "나는 인내가 미덕이라고 생각한다. 나는 항상 전진하고 새로운 것을 찾는 누군가가 돼서 다음 일을 찾는다. 나는 의욕이 넘치고 동기부여가 돼 있어서 활기차고 즉시 결과가 나오는 일을 좋아한다. 프로덕트 개발 경력이 많아지면서 인내심이 정말 귀중하다는 것을 깨닫게 됐는데, 피드백을 더 많이 얻을 수 있고, 좀 더 잘 소화해 낼 수 있기 때문이다. 나의 프로덕트 경력 초기를 돌이켜보면 왜 우리가 무엇인가를 빨리 끝내지 못하는지 알 수가 없었다. 'XYZ를 하는 데 왜 그렇게 오래 걸릴까?' 같은 생각을 했다. 새로운 역할을 맡게 되고 나와 주변 사람의 발전을 지켜보면서 인내심이 점점 중요해졌다. 특히 프로덕트 매니저에게는 더 중요하다. 인내심이 기능을 개발해서 출시하고 다시 다음 기능을 개발하는 것보다 훨씬 더 복잡하다는 것을 알게 됐다. 나는 스스로에게 프로세스와 사람들에 대해 인내심을 가져야 한다고 말한다."

프로덕트 리더로서 어디에 가장 큰 가치를 부여할 것인지 정의하는 것이 중요하다. 어떤 상황에 매력을 느끼는지? 초기 단계 회사가 성격과 스타일에 맞는지? 언제 주어지는 것을 자연스럽게 하고 있는지, 언제 어울리지 않는 역할에 적응하기 위해 노력하고 있는지? 우리 모두는 이런 상황을 경험해 왔다. 극히 소수의 리더만이 스타트업과 성숙한 프로덕트 조직 모두에서 리더가 될 수 있다.

스타트업 프로덕트 리더십 스타일

이 책을 쓰고 있는 동안에도 현대의 기술 프로덕트 공간은 청소년기를 지나고 있다. 이 과정은 어색하고, 혼란스럽고, 신뢰 문제로 고통을 겪고 있다. 리더에게는 어떻게 이끌어야 가야 할지 결정하기 쉽지 않은 시기다. 이런 상황은 지난 수십 년 동안 스티브 잡스, 빌 게이츠, 래리 엘리슨 같은 카리스마 넘치는 리더들이 이끄는 회사들이 지배했다는 점을 감안하면 놀랄 일이 아니다. 거장들의 환상적인 개성과 독재 스타일은 성장하고 있는 젊은 프로덕트 리더에게는 신화나 다름없다. 어느 공항을 가더라도 기술 분야의 거장들이 어떻게 기업을 성공으로 이끌었는지를 담은 서적이 쌓여 있는 가판대를 볼 수 있다. 기술 산업계의 프로덕트 리더 이미지의 문제는 기업을 세우기 위해 학교를 떠나는 것을 미디어가 선전하고 있다는 점이다. 지금은 상황이 다르다.

프로덕트 리더로서 살고 있는 현재의 하드웨어와 소프트웨어, 인터넷 세계 등 모든 기술적 환경은 거장들이 성공적인 프로덕트 매니저로 성장했던 상황과는 크게 다르다. 급변하는 전환은 프로덕트 리더의 경력 발전을 이끌어 왔다.

다행히 오늘날에는 전환을 좀 더 쉽게 하는 중요한 프로덕트 리더 집단이 있다. 이러한 변화로 인해 직무의 복잡성이 급증했다. 시장 선두주자에게는 자신의 장비에 어울리는 멋진 박스를 디자인하는 것만으로는 충분하지 않다. 고객의 삶에 좀 더 깊이 접근해 더 복잡하고 종종 숨겨진 문제를 해결하고 가치를 창출해야 한다.

프로덕트 비전과 전략과 전술의 연계

모든 조직과 리더의 가장 큰 과제는 비전과 일상 업무를 연계하는 것이다. 스타트업의 경우 비전 수립을 하고 있는 중일 수 있으므로 특히 더 어렵다. 기업의 비전을 결정하는 것은 프로덕트 리더의 필수 임무는 아니지만 그래도 결정해야 한다. 최소한 프로덕트 리더와 팀은 직접적으로 비전에 영향을 끼쳐야 하고, 비전은 업무 수행을 위한 기반이 돼야 한다. 전략적 프로덕트 비전을 담당하는 직무와 전술적 측면을 담당하는 직무 간에는 상당한 생각의 차이가 있다. 이것이 스타트업의 리더들이 매일 다뤄야 하는 어려움이기도 하다. 어떤 프로덕트 조직도 대부분 전술적인 일을 담당한다. 즉, 프로덕트 리더가 비전에 영향을 끼치지 못한다고 하더라도 팀에 비전을 전달하는 책임을 가지고 있다. 리더에게 중요한 과제는 모든 사람이 전략적 비전을 인식하고, 비전에 기초해 전술적 선택과 의사 결정을 하게 하는 것이다. 스타트업에서 회사의 CEO나 프로덕트 리더는 어떤 전략적 도구를 전술적 수준으로 어떻게 구현할 것인지 이끌어야 한다.

이를 가능하게 하려면 비전과 전략이 조직에 어떤 영향을 미치는지에 관한 질문으로 시작해야 한다. 안타깝게도 대부분 초기 단계 기업은 실행하지 못할 수 있다. 개별 프로덕트 리더와 프로덕트 개발 팀의 비전과 전략은 실제로는 사업 전반 흐름에 영향을 미치지 않을 수 있기 때문이다. 다시 원래 이야기로 되돌아가서, 먼저 다음과 같은 질문을 해야 한다. 회사가 새로운 프로덕트에 대해 충분히 알고 있는지? 무엇이 고객에게 실제로 영향을 끼치고 있는지? 회사 내에 프로덕트를 지원하는 영업, 마케팅, 고객 획득, 운영, 엔지니어링 등 기능을 수행할 역량이 있는지? 이와 같은 질문에 대한 답을 찾을 수 있고, 조직에서 역할 수행을 한다면 전술적 수준에서 접근 가능한 전략과 비전을 만들 수 있다.

프로덕트 리더에게는 모든 사람을 비전으로 연결하는 것이 중요하다. 그렇게 하기 위해서는 비전과 전략이 현실에 기초해야 한다. 한마디로 전략이 단위 경제에 묶여야 한다는 의미다. 단위 경제를 이해하려면 먼저 누구의 행동을 측정하고 있는지 알아야 한다. 취득 원가CAC, Cost of acquisition로는 취득 가치, 장기 취득 요건을 파악할 수 없다. 취득 원가는 단순히 재정적인 비용만을 암시한다. 고객을 이해하는 단계는 많은 스타트업 프로덕트 리더가 무언가를 측정하기 위해 서두르다가 생략하는 단계다.

비전에 매핑하기

비전을 경험 맵, 로드맵, 프로덕트 맵으로 변환하는 것은 직무의 일부다. 그렇다면 어떻게 비전을 선택하고 단계적으로 실행, 성취할 수 있을까? 여기서 해결해야 할 과제는 잔여 업무에 대한 의사 결정이 비전과 연결돼 있는지 확인하는 것이다. 전술 팀은 프로덕트 로드맵에 따라 작업할 때에도 전반적인 비전을 놓치기 쉽다. 테슬라는 미래의 에너지 회사로 포지셔닝해 사업을 시작했다. 불행하게도 공장 현장의 프로덕트 매니저가 자동차 소프트웨어의 단일 구성 요소의 운송을 걱정하면서 그 커다란 비전을 잃게 될 수 있다. 프로덕트 로드맵에 대한 의사 결정은 때때로 조직의 전략적 목표와는 동떨어지는 경우가 있다.

잘 매핑되고 전달된 비전은 다음 요소를 포함한다.

- 시대를 초월하는 조직이 제공해야 하는 가치(디즈니의 "사람들을 행복하게"를 기억하자)
- 특정 기술과 트렌드와는 관계없는 비전
- 사용자 목표와 프로덕트 목표를 기술하는 문서 분리
- 프로덕트가 제공하게 될 커다란 주제와 단계를 포함한 로드맵
- 전달 단계와 전달될 가치 연계

비전과 로드맵이 취하는 물리적 형태는 무엇을 담느냐에 비해서 중요하지 않다. 이러한 과정을 통해 도출된 결과가 정형화된 서식보다 항상 중요하다.

끊임없는 의사소통

프로덕트 리더에게는 이해관계자(투자자, 창립자, 이사회 멤버, 주요 직원, 핵심 고객, 파트너)와 협력해 이해관계자별 우선순위를 이해하고, 팀이 특정 기간에 성취해야 할 일을 승인받는 것이 중요하다. 비전이 명확해지면 프로덕트 리더는 이해관계자와 협력해 전략적 목표에 부합하는 계획을 수립해야 한다. 프로덕트 리더와 매니저가 백지 상태에서 일방적으로 로드맵을 작성하는 것보다는 모두가 참여해 비전을 공고히 하고 팀을 연계하는 협력을 해야 한다. 로드맵은 소통과 합의에 의한 결과물이다. 소통은 프로덕트가 진화하는 동안 수차례에 걸쳐 진행해야 할 필요가 있다. 로드맵은 돌에 새겨져 있지 않아야 한다. 로드맵은 리더십의 다른 도구들과 마찬가지로 사람들을 서로 대화하게 하는 도구다.

우수한 프로덕트 리더는 이해관계자와 함께 일하거나 적어도 이해관계자와 정기적으로 필요한 정보를 공유한다. 지속적인 의사소통은 고립을 피하게 하고, 협력 채널을 열어주고, 의사소통 과정에서 자본을 확보하게 한다. 이것은 리더에게 이해관계자와 임원을 교육할 시간을 갖는다는 것을 의미한다. 정기적인 정보 제공과 교육은 어려운 일이 돼서는 안 된다. 이 정보는 6개월 전에 승인받은 기능이 상황이 바뀌어 더 이상 필요하지 않다는 것을 경영층에 보고하는 것일 수도 있고, 새로운 경쟁 정보이거나 개발에 들인 노력이 실현되지 않았다는 내용일 수도 있다. 이해관계자들에게 애자일 세상에서는 모든 것들이 변할 수 있다는 것을 교육하고 상기시키는 것이 핵심이다. 짐 세믹은 경영진에게 미래 예측을 보고할 때 이렇게 말한다. "우리는 앞으로 2개월, 3개월 내에 무엇이 전달될 것인지 말한다. 더 많은 아이디어가 있지만 확정되지 않았기 때문이다."

프로덕트 리더가 이해관계자를 위한 계획을 세우고 기대를 관리하는 것은 필요하지만, 정기적인 의사소통도 필요하다. 안타깝게도 소규모 기업과 팀에서는 정기적인 의사소통이 일반적이지 않다. 모든 인터뷰에서 가장 성공적인 프로덕트 리더는 프로덕트 조직의 모든 파트, 사용자, 외부 파트너와 정기적으로 적극적으로 의견을 나눴다. 최악의 문제에 직면한 조직은 소통을 하지 않는 문화를 가지고 있었다. 당연히 모든 사람에게 사용할 수 있는 단일 커뮤니케이션 방법은 없다는 것을 관찰했다. 모든 조직마다 고유한 커뮤니케이션 스타일이 있다. 이해관계자와의 공식적인 커뮤니케이션, 일일 스탠드업 미팅, 월간 회의, 비공식적인 모임 등 어떤 미팅 방식에서도 가장 중요한 핵심은 소통 채널을 여는 것이다. 통찰력 있는 프로덕트 리더는 조직 내에 다양한 유형을 위한 채널을 만들 것이다. 다음은 몇 가지 제안 사항이다.

- 꼼꼼한 타입은 상세한 보고서를 요구할 것이다.
- 분석가 타입은 옵션 중 하나를 선택하는 이유를 요구할 수 있다.
- 제작자 타입은 짧은 시간 동안 보고하고 결정하는 것을 요구할 것이다.

다른 기술은 '보여주고 말하기' 접근법이다.

- 프로토타이핑 시연
- 새로운 프로덕트 기능의 상세한 도움말 제공
- 모든 사람의 최신 생각과 피드백을 확인하기 위해 벽 크기의 경험 맵 활용

의사소통 스타일이 무엇이든, 성공적인 조직에는 소통이 끊임없이 이뤄진다는 공통점이 있다.

핵심 가치 발견을 위한 고객의 참여

프로덕트 초기에는 프로덕트 리더가 고객을 대표해야 한다. 완성된 프로덕트, 프로토타입조차 없는 경우에는 프로덕트 리더는 최종 사용자를 대변해야 한다. 즉, 스타트업 프로덕트 리더의 스타일은 주관적인 의견이나 견해를 따르지 않고 편견 없이 고객 의견을 수용할 만큼 유연해야 한다. 이것은 특히 정성적인 관점을 뒷받침할 수 있는 데이터조차 거의 없는 초기 단계 프로덕트에 적용하는 것은 쉽지 않다.

많은 창업자들은 자신을 고객으로 생각한다. 이는 정말 위험한 발상이다. 기업의 역할은 고객의 요구를 프로덕트에 반영해야 하는 것이지, 창업자의 주관적인 경험으로 프로덕트를 만드는 것은 아니다. 프레시북스^{FreshBooks}의 프로덕트 창의성 감독 제레미 베일리^{Jeremy Bailey}는 프로덕트 가치에 대한 스토리와 결과인 브랜드에 대해 이렇게 말한다. "브랜드를 발명하면 안 된다. 고객이 브랜드를 발명하고 나면 브랜드를 고객에 반영하면 된다."

초기 단계 비즈니스에서 고객을 정의하는 이론을 만드는 것은 상대적으로 쉽다. 사업이 이론을 뛰어넘기 위해서는 근본적인 문제를 점검해야 한다. 초기 단계의 스타트업은 이론적인 고객 편의 단계를 벗어나 실제로 돈을 지불하는 고객을 찾는 것이 시급하다. 프로토타입과 초기 프로덕트 버전을 준비하고 테스트하면서 찾을 수 있다.

돈을 지불할 의사가 있는 사람을 찾으면, 누가 프로덕트를 사용할지 파악해야 한다. B2B 프로덕트라면 돈을 지불하는 사람과 사용하는 사람이 거의 같은 사람이 아니며, 종종 사용자 지향적인 프로덕트와는 다른 생각을 가진 사람일 수 있다. 자녀를 위해 프로덕트를 구입하는 부모에 대해 생각해보자. 누가 돈을 지불하는지 알아 내는 것 외에도 프로덕트 사용에 영향을 주는 사람과 프로덕트를 전파하는 사람이 누구인지 이해하는 것도 중요하다.

복잡한 프로덕트 판매 구조에서는 프로덕트 사용자(예: 라인 관리자)와 비용을 지불하는 사람(예: 재무부서)이 다를 수 있다. 충분히 복잡하지 않다고 생각한다면 각 페르소나가 상호 배타적이지 않다는 점을 명심해야 한다. 구매자는 고객과 사용자가 될 수 있으며, 전혀 다른 제3의 인물이 될 수 있다. 초기 프로덕트 전략을 계획할 때 모든 페르소나가 중요하지만 페르소나에 대한 우선순위를 정하는 것이 핵심이다. 당연히 모든 사용자와 고객이 핵심적 비즈니스 가치를 얻는지 파악해야 한다. 이 과정에서 사업을 평가하기 위한 최상의 항목을 결정할 수 있다. 가치가 어디서부터 오고, 어디로 가는지 아는 것은 프로덕트의 성공과 실패를 측정하는 단위 경제를 이해하는 것이다.

올바른 단위 경제를 선택하는 시점을 찾기 원하는 스타트업 프로덕트 리더에게는 최종 상태에 대해 이야기하고, 고객 입력이 필요한 작업 요소를 결정하는 것이 필요하다. 사용자의 피드백이 항상 필요하지는 않지만, 높은 우선순위 기능과 상호작용은 목록에 포함돼서 검토돼야 한다. 기존 프로덕트 환경에서 일하고 있다면, 초기 단계와 무료 고객 단계로 되돌아가 생각하는 정신적 조정이 필요하다. 만일 고객의 작업 방식에 따라 시스템을 설계하는 게 익숙하다면, 고객이 없을 때 어떻게 일을 해야 할까? 드리프트의 데이비드 캔슬은 묻는다. "이런 경우 부트스트랩 시스템을 구축할 때 우리는 가설을 세우기 위해 나와 팀원 모두가 고객 역할을 해야 했다." 캔슬은 이러한 작은 디딤돌이 프로덕트 매니저, 리더가 프로세스를 통해 단계를 향상시키고, 적절한 시점에 적절한 사용자 요구 사항을 추가할 수 있게 한다고 믿는다. 프로덕트가 곧 출시될 예정이고, 실제 베타 사용자를 상대하면 베타 사용자는 고객의 대리인이 된다. 단기 고객을 넘어 다음 단계는 실제 고객의 다양성을 찾고 연구하는 것이다. 사용자와 프로덕트 간의 관계를 이해하는 프로세스는 끝나지 않지만, 프로덕트 리더가 팀에 연구를 위임할 수 있는 시점에 도달하게 된다. "천천히 고객의 숫자가 증가함에 따라 조금씩 손을 떼고 팀이 실제 고객 요구를 통해 작업하도록 할 수 있다." 캔슬의 말이다. 이 프로세스는 가치 흐름을 보여주며 프로덕트 리더의 방향을 나타낸다.

디자인 지향 방법론은 스타트업이 첫 고객과 사용자와의 관계를 어떻게 생각하는지에 대해서도 적용 가능하다. 고객을 아는 것은 사용자 경험 디자인과 비주얼 디자인이 의미 있는 방식으로 프로덕트 경험에 어떻게 연결될지 아는 것이다. 누구를 위해 설계하는지 전략을 개발하는 것은 많은 스타트업의 초석이다. 보스턴의 지식 공유 및 협업 솔루션 앤서^{ANSWR}의 공동 창립자이자 프로덕트 책임자인 앨리 시어^{Ally Shear}는 다음과 같은 접근 방식을 설명한다. "우리는 우리가 어떻게 고객과 작업하고 싶은지, 무엇이 고객에게 동기를 부여하는지 등과 같은 사용자를 이해하는 일부터 시작했다. 프로덕트의 스타일과 기능은 스타트업 솔루션과 소통할 뿐만 아니라 스타트업을 분류하는 신호를 전달한다. 근본적으로 브랜드나 정체성이 강한 회사는 회사의 웹사이트뿐만 아니라 프로덕트 라인에도 그런 정체성을 지니고 있다." 시어는 솔루션과 그 솔루션을 표현하는 방법 사이를 연결하는 것이 최종 사용자에게 중요하다고 생각한다. 그들은 블로그 게시물을 읽든 실제로 프로덕트를 사용하든 프로덕트를 이해하려고 노력한다. 당신이 솔루션과 솔루션의 표현 연결에 모든 노력을 기울인다면, 정말로 중요한 것을 달성할 것이다.

앞서 설명한 것처럼 성공에는 고객 또는 사용자 문제를 이해하는 것이 중요하다. 프로덕트 로드맵 개발이 어려운 이유 가운데 하나는 프로덕트 팀이 최종 사용자에게 충분한 시간을 할애하지 않기 때문이다. 발견 시간의 부족은 망설임 없이 전진하는 데 필요한 지식의 갭을 만든다. 고객 발견 혹은 문제 발견이라 할 수 있는 이 프로세스를 통해 사용자를 이해하는 것은 현대 프로덕트 리더로서 확실한 성공의 길로 간다. 사용자 인터뷰와 대화를 통해 밝혀진 통찰력은 명확성을 더하고 각각의 새로운 통찰력은 인터뷰 질문을 개선하고 좀 더 나은 응답을 생산한다. 짐 세믹은 "10번째 또는 15번째 잠재 고객과 이야기할 때 고객이 가진 문제를 설명할 수 있다"고 말한다. 가장 중요한 부분은 그때 고객이 당신을 인정할 것이라는 것이다. 질적인 대화를 사용하면 문제를 진정으로 이해할 수 있으므로 데이터 수집의 양적 측면을 더 효과적으로 명확하게 해준다. 해결책을 제시하기 전에 프로덕트 책임자는 문제를 잘 이해하고 있다는 확신을 가져야 한다. 세믹은 다음과 같이 강조한다. "그런 다음 문제에 대한 해결책을 고객 및 사용자에게 제시할 수 있다. 솔루션은 프로덕트나 프로토타입 또는 당신이 가진 무엇이든 될 수 있다."

조사를 건너뛰지 말자

프로덕트 스타트업과 초기 단계의 프로젝트는 문제를 이해하는 중요한 첫 단계를 놓칠 때가 있다. 그들은 검증되지 않은 기능이나 화면을 만드는 데 너무 급하다. 사용자 경험을 이해하지 못하면 미래의 계획은 실패로 이어진다. 프로덕트 리더가 잠재 고객을 파악하고 적절하게 설명할 수 있는 페르소나를 개발하는 데 시간과 노력을 투자하면 모호성이 줄어든다. 그래야만 고객 개발, 프로덕트를 실제로 이해하는 과정, 사용자가 설명하는 요구 사항을 해결할 수 있는지 여부 등을 파악할 수 있다. 문제를 이해하고 솔루션을 이해하는 이 두 단계가 완료되면 프로덕트 리더는 최소 실행 가능한 프로덕트 즉, MVP에 포함될 기능이나 프로덕트의 가격을 결정하는 다음 단계로 넘어갈 수 있다.

오직 사용자를 이해하는 것만이 어떤 것을 빌드할지, 언제 기능을 릴리스할지에 대한 고민의 반복을 극복하게 한다. 자신의 문제가 무엇인지 파악하고 명확하게 표현할 수 있게 되면 페르소나의 명확성이 향상된다. 페르소나를 매핑하고 프로덕트의 실제 수익과 사용량, 활용과 비교해 핵심 가치를 확인한 후 새로운 시장이나 신흥 시장에 대한 전략으로 원스텝, 투스텝, 쓰리스텝 접근법을 매핑할 수 있다. 어떤 새로운 프로덕트를 좇아야 할까? 어디로 가야 할까? 이 전략은 무엇을 하지 말아야 할지 그리고 무엇이 쉽게 결과를 얻을 수 있을지 명확하게 해준다.

조사와 데이터, 테스트

처음에는 스타트업 프로덕트 리더는 고객이나 사용자 입장에서 개발을 추진하려고 하지만, 품질 조사 및 견고한 데이터를 확보할 수는 없다. 이 정보는 앞 절에서 설명한 인터뷰나 프로토타입 같은 실제 프로덕트의 모양을 구성한 테스트에 기반한다. 도구, 환경, 산업 및 사용자 유형 등 너무 많은 고려 사항이 존재한다. 프로덕트 리더로서 관심 가져야 할 것은 조사 성과다. 다음 고민은 조사 및 데이터가 초기 프로덕트 비전과 회사 가치 제안을 어떻게 이끌어 내는가다.

조사 접근성 향상

"우리가 열심히 해왔던 일 중 하나는 팀이 조사를 소화할 수 있도록 하는 것이다"라고 과거 트위터twitter의 수석 디자이너이고, 현재 디지털 디자인 프로덕트 설계 회사 앱스트랙트Abstract CEO인 조시 브루어Josh Brewer는 말한다. "조사 데이터에 노출된 팀을 얻는 것이 첫 번째 임무였다. 그들은 우리가 보고 있는 통계 데이터를 보고 특징을 골라내기 시작했다." 브루어가 의도적으로 조사를 팀에 요청하기 전에 조사를 이해할 수 있도록 한 행동은 우리가 관찰할 수 있었던 본받을 만한 모범 경영이었다. 단순히 프로덕트 팀에 조사나 데이터를 제공하는 것은 가치가 없다. 오히려 이해와 소화에 시간이 걸리기 때문에 프로덕트 개선에 장애가 될 수 있다. 물론 리더가 자신의 편견이나 선호를 통해 조사를 필터링해야 함을 의미하지는 않는다. 오히려 팀에 통찰력을 전달할 수 있는 매체를 식별해야 한다. 각 팀은 선호하는 매체나 커뮤니케이션 채널을 결정해야 한다. 데이터는 점점 접근하기 쉬워지고 있지만 이것이 반드시 품질 문제를 해결하지는 못한다. 이상적으로 공유되는 정보의 중요성이 전달 매체를 결정한다. 일례로 고객 인터뷰의 질적 데이터는 팀 구성원이 질문하고 추가적인 명확성을 얻을 수 있는 포럼에서 가장 잘 전달된다. 포럼을 활용하면 대면 토론 없는 광범위한 시장 조사를 할 수 있다.

초기 단계 프로덕트 리더는 올바른 방향으로 안내하기 위해 질적 데이터를 필요로 한다. 회사가 프로덕트나 시장 적합성에 대한 기본적인 검증을 수행하기 위해 엄청난 양의 연구가 필요한 경우는 매우 드물다. "우리는 고객의 주된 어려움이 무엇인지 이해하려고 노력하기 때문에 명확하게 표현할 수 있다"고 브래드 와인버그Brad Weinberg는 말한다. 와인버그는 뉴욕에 기반을 둔 수십 개의 프로덕트 스타트업을 지원하는 의료 인큐베이터 블루프린트 헬스Blueprint Health의 공동 창립자다. 스타트업 리더의 업무는 어떻게 그들의 비즈니스가 잠재적으로 사용자의 문제를 해결할 수 있는지, 고객과의 계약을 맺고 있는지를 설명하는 것이다. "처음에 만드는 모든 것은 상위 수준의 계획이다." 와인버그는 말한다. 상위 수준의 계획 수립이 와인버그와 팀을 위한 첫 번째 단계다. 이 상위 수준 계획에는 다음과 같이 진행할 수 있는 몇 가지 질문이 있다. "고객이 직면한 문제가 무엇인지, 현재 문제가 무엇인지, 문제를 어떻게 해결하려고 하는지, 문제를 해결할 다른 방법을 고객에게 묻는다. 두 번째 단계는 실행하는 것이다."

이 단계는 몇 번의 반복이 필요할 수 있다. 잠재 고객의 의견은 솔루션을 제시하는 방법을 변경하거나 새로운 페르소나를 식별하게 한다. 와인버그가 말한 단순화된 반복의 요점은 고객이 이러한 문제를 해결할 수 있는지 여부와 고객이 솔루션을 구매할 것인지 여부를 찾는 것이다. 와인버그에 따르면 세 번째 단계는 제안된 솔루션을 구입하고 개선하는 데 관심이 있는 사람들을 데려오는 것이다. 잠재 고객이 보고, 만지고, 경험할 수 있도록 "병렬로 와이어프레임과 모형을 제작"할 것을 권장한다. 이 단계에서 프로덕트 리더는 와이어프레임으로 사용자 스토리를 어떻게 해결할 수 있을 지와 같은 기본 기능에 초점을 맞춰야 한다. 이렇게 제작된 것은 모형이지 완성된 솔루션이 아니다. 오히려 제안된 모형에 대한 응답은 프로덕트 리더가 집중해서 봐야 한다. 기본적인 디자인 목업을 만들어 초기의 생각을 검증할 수 있다. 이 과정은 테스트 대상 고객을 유료 고객으로 전환하기보다는 그 의도를 검증하는 것이다. 이 인터뷰 – 빌드 – 유효성 검사 사이클은 위험 수준이 팀이 감당할 수준이 될 때까지 필요한 만큼 반복할 수 있다. 다른 말로 하면, 팀은 다음 버전의 프로토타입으로 대화를 높이기에 충분한 피드백을 갖고 있다고 느낄 때까지 반복할 수 있다.

프로토타이핑은 개념 테스트를 할 때 내부적으로 정의하고 조화롭게 하는 데 도움이 되는 한 가지 방법이다. 프로덕트 책임자는 프로토타입을 테스트 전략의 핵심으로 사용하기 위해 싸워야 한다. 프로토타입을 시장에 내놓고 프로덕트에 기능을 넣기 시작하면 정량적인 사용자 테스트와 조사는 어려워진다. "우리는 다양한 방법으로 사용자 조사를 수행한다"고 스포티파이의 프로젝트 디자인 담당 수석 관리자 에밀리 라위츠Emily Rawitsch는 말한다. "우리는 상위 수준에서 초기 콘셉트 테스트를 하고 때로는 초기 콘셉트가 개발되기도 전에 초기 콘셉트를 테스트했다. 콘셉트를 개발 중일 때 콘셉트를 시험할 때도 있고 때로는 아무것도 없는 상태에서 연구하기도 한다. 초기 콘셉트를 테스트할 때, 우리는 빠르게 움직인다. 디자인 스프린트와 비슷하다. 우리 회사에서 흔히 긴급한 문제를 해결하기 위해 SWAT 팀이나 전문가 그룹과 같은 그룹을 디자인 SWAT이라고 부른다."

이 초기 개념을 연구하는 SWAT 스타일의 연구는 라위츠 팀이 문제 해결책을 찾는 데 필요한 속도를 얻게 한다. "우리는 많은 시간을 투자하지 않기 때문에 빠르게 움직인다"라고 그녀는 설명한다. 다른 프로덕트 팀원이 떠나지 않도록 신속하게 이동하는 균형을 잡는 작업은 정교하게 이뤄진다. "우리는 스프린트보다 훨씬 앞서 있을 수 없으며 개발자는 빨리 개발하는 것을 갈망한다. 종종 우리는 사오일만에 이 작업을 수행한다. 초고속 연구가 어떻게 생겼는지에 대해 2주 전의 예를 사용해보겠다. 첫날에는 자유분방한 사고방식으로 많은 해결책을 모색했다. 둘째 날은 우리가 엔지니어와 프로덕트 매니저를 재결성해 아이디어를 모으고 우리가 실제로 학습하고자 하는 것을 파악했다. 셋째 날, 우리는 프로토타입을 완성해 실제 사용자를 모집하고 세션을 예약하고 중재 가이드를 정리했다. 나흘째에 우리는 30분 동안 다섯 명에서 일곱 명의 사용자에게 이야기하고 있으며, 그날 사무실을 떠나기 전에 연구 결과를 보고하고 우리가 찾아낸 최고의 결과를 이메일로 보냈다. 이 시점에 우리는 코딩된 프로토타입을 실행할 준비가 돼 있었다."

이런 유형의 연구를 수행하는 요점은 전체 프로덕트의 빌드를 피하고, 만들고자 하는 것에 대한 걱정을 잠재우는 것이다. 또한 기본 테스트를 수행하기 전에 세부적인 프로덕트 기능을 극도로 상세하게 작성하는 것도 피할 수 있다. 초기에는 너무 많은 가정이 있다. 때로는 가정에 대한 가정이 있을 수 있다. 이러한 가정을 식별하고 해결할 수 있을 때까지 프로덕트 생산은 추측으로 될 수밖에 없다. 모범 사례와 프로덕트 팀의 이전 경험으로 이러한 지식 격차를 극복할 수 있다고 주장할 수도 있지만, 현실적으로는 연구를 대체할 수 없다. 어떤 상황에서도 프로덕트 리더는 시간과 돈과 에너지 등의 자원을 어떤 연구에 투자해야 할지 결정해야 한다.

우선순위 정하기

프로덕트 리더와 팀이 최종 사용자 피드백을 얻고 연구를 지원하는 데 필요한 작업을 수행했다면 다음 과제는 우선순위를 정하는 것이다. 즉, 충족되지 않은 요구 중 어떤 것이 팀의 주목을 받을까? "두 가지 해답이 있다. 하나는 모든 프로덕트에는 언제나 초기 세트가 있다는 것이다. 우리는 절대적으로 존재해야 했던 몇 가지 것들이 있다는 것을 아주 일찍부터 알고 있었다. 그것이 가장 중요했다"고 조시 브루어는 말한다. "연구와 초기 시장 적합성 테스트는 항상 핵심 항목의 목록을 작성한다. X를 하지 않으면 시스템에서 X에 의존하는 모든 것이 존재하지 않는다. 이런 상황에서 무슨 생각을 할 수 있을까? X를 하지 않는 것이 큰 위험이 될 수 있다는 것이다." 브루어는 이 간단한 2단계 모델을 사용해 팀의 관심을 필요로 하는 사항을 식별한다. 그것은 핵심 항목이거나 다른 핵심 항목이 필요로 하는 중요한 요소다. 마지막으로 브루어는 목록을 통해 팀에 이 작업을 테스트하는 방법을 묻는다. 그 핵심 요소와는 별도로, 우리가 사용한 연구와 방법론으로 점수를 산정하는 메커니즘을 만들어 냈다. 우리는 '아직 순위를 정하지 않은 4개의 요구 사항이 있다'고 편하게 말할 수 있게 됐다.

우선순위는 요구 사항을 해결하는 것도 있지만 프로덕트 개발 수명 주기에 영향을 받는 것도 있다. 요구 사항은 우선순위를 정한 후에는 논리 게이트 함수가 된다. 하지만 현실에서는 항목 우선순위를 매긴 후에도 간혹 경영진, 창업자 또는 가장 높은 비용을 지불하는 고객으로부터 우선순위 목록에 포함된 것보다 많은 시간을 필요로 하는 요구 사항을 포함하라는 요청을 받기도 한다.

어떤 경우에는 완료할 수 있는 방법이 없기도 하다. 브루어는 그러한 시나리오를 다음과 같이 설명한다. "우리는 모든 것을 해야 했다. 집중해서 작업들을 실행해야 했다. 그리고 나서 어떻게 작업들을 조합하고 연결시킬지 고민해야 했다." 모든 요청에 대해서는 아니지만 가끔은 새로운 대화를 필요로 한다는 생각을 갖고 있다. 대화를 구조화하는 방법은 사용하는 팀 구조와 프로세스에 따라 달라진다. 요구 사항의 우선순위에 관한 대화를 나누는 이상적인 방법은 없지만 우선순위에 대한 대화를 편견 없이 자주 해야 한다. 인밸류어블의 프로덕트 관리 이사였던 로즈 그라보스키는 "현재 스프린트에 있는 계획에 대한 피드백을 얻으려면 장기적인 평가와 팀과의 협력이 필요하다"고 조언했다. "또한 들어오는 버그를 살펴보고, 일어나는 문제들 사이의 연결을 시도해야 한다. 다양한 고급 수준 기술과 매우 세분화된 유형의 일들이 매일 있다. 그것이 바로 프로덕트 인재의 삶이다."

우선순위 균형과 긴장감 수용

회사의 전반적인 우선순위와 특정 프로덕트 우선순위 사이에는 언제나 긴장감이 있다. 회사 설립 때는 자본금 모집 같은 다양한 일을 고려해 발생한 일을 처리할 수 있는 다른 방안을 가져야 한다. 이러한 것들은 프로덕트 측면에서 실제로 하는 일을 변경시키거나 영향을 줄 수 있다. 프로덕트 리더가 가진 가장 공통된 질문은 "어떻게 긴장의 균형을 유지할까?"다. 프로덕트 리더는 기능 및 아이디어에 관한 대화에서 우선순위를 매길 수 있는 자리를 항상 마련해야 한다. 대부분의 사람은 자신의 아이디어가 검토 대상이 되고, 가치가 부여되기를 원하기 때문에 아이디어는 너무 많이 넘쳐 나게 될 것이다. 이러한 프로덕트 아이디어를 위한 공간이나 백로그를 만드는 것이 필요하다. 아이디어는 포스트잇이 붙어 있는 화이트보드일 수도 있고, 회사 내 슬랙 채널, 아이디어 관리 도구로 관리될 수 있다. 모두가 아이디어 저장 장소를 알게 되면 아이디어가 검토되고 버려지지 않게 돼 대화가 훨씬 쉬워진다.

"내 목표는 수익성 있는 회사를 만드는 것이기 때문에 나는 중요한 위치에 있다. 우리는 고객이 비용을 지불할 것으로 생각하는 것을 만들고 있고, 그것이 가치가 있다고 믿는다. 그 부분은 검증해야 할 많은 작업이 있다. 또한 우리는 가야 할 길이 있으며, 그 끝이 어디인지 알고 있다"고 앱스트랙트 CEO 조시 브루어는 말했다. 브루어는 스타트업 및 고성장 기업들에게 매우 친숙한 시나리오를 설명하고 있다. 이러한 제약 조건과 트레이드오프는 리더 직무의 일부다. 훌륭한 프로덕트 리더는 이러한 결정을 피하는 대신 현실을 인정하고 받아들인다. 브루어는 트레이드오프와 영향을 좋은 프로세스의 장점을 이끌어 내는 기회로 보고 있다. "이제 우리가 가진 시간과 인원 그리고 기술의 양을 감안해 할 일과 하면 안 되는 일을 결정하는 프레임워크를 만들어보자." 의사 결정은 회사의 비전, 팀이 프로덕트에 꼭 포함해야 한다고 생각하는 것, 현재 팀의 보유 스킬, 스킬 중에 빠진 것, 다양한 수준의 우선순위 등으로부터 제약을 받게 된다.

프레임워크를 통해 프로덕트 리더는 여러 범주의 우선순위들을 모으고 범위를 정할 수 있다. 브루어의 목표는 팀이 하고 싶어 하는 업무로 구성된 완벽한 계획을 갖는 것이다. 다음으로 그 완벽한 계획을 분할한 뒤 이렇게 질문한다. "이 모든 것을 지금 할 수는 없지만 발전할 수 있는 시스템을 구축할 수 있을까? 우리가 가진 모든 데이터를 고려할 때, 이것이 우리가 발전하고자 하는 모습임을 모두 동의할까? 확인됐으면 바로 실행하자."

우선순위 결정 항목에 대한 상세한 검토

최고의 프로덕트 리더들은 자신들이 잘못된 일을 하고 있다는 것을 알게 됐을 때 커다란 두려움을 느낀다고 말한다. 팀에서는 프로덕트 관련 문제 해결에 몇 주, 몇 달, 몇 년을 소비하고나서야 문제를 발견하거나, 통제할 수 없는 상황이라는 것을 알게 된다. "그들이 조금이라도 고개를 들어 사용자 문제를 이해하는 데 시간을 할애했다면, 그 문제가 간단한 조치로 해결될 수도 있다는 사실을 깨달을 수 있었을 것이다." 브루어의 말이다.

"의학 분야를 포함한 기술 세계의 스타트업은 매우 기술 지향적이어서, 어떠한 기능이 필요한지는 알지만 사용자 경험이 어떻게 구현돼야 하는지는 모른다"고 블루프린트 헬스의 브래드 와인버그는 말했다. 그는 프로덕트 리더가 우선순위를 결정하기 위해서는 기능보다는 사용자 스토리 기반으로 문제를 해결하는 방향에서 사고해야 한다고 생각한다. 와인버그는 "'프로덕트 리더'는 사람을 생각하게 한다"고 말한다. "이것은 엔지니어링과 같아 보이지만 방식이 다르다. 엔지니어는 코드와 공학을 잘 알고 있기 때문에 작업을 수행하고 있는 것이다. 프로덕트 사람들은 프로덕트의 기능에 대한 생각만으로 작업을 하고 있다." 와인버그는 팀이 올바른 활동에 집중할 수 있도록 올바른 질문을 하는 것이 중요하다고 말한다. "이 문제를 해결하는 방법은 무엇일까? 설계 및 엔지니어링 관점에서 효율적인 방식으로 이를 달성할 수 있는 방법은 무엇이며, 어떻게 우리가 지니고 있는 핵심 문제를 해결할 수 있을까?"

"그 과정의 일부는 정보를 다양한 방식으로 공유하는 것이다"라고 플레이스터^{Playster}의 프레드 타운스$^{Fred\ Townes}$는 우선순위 프로세스를 설명한다. "우리의 브레이크아웃^{breakout} 세션은 이런 직설적인 말로 시작한다. '이것은 우리가 한 일이다. 이것이 우리가 배운 것이다. 우리는 이것이 중요하다고 동의했다. 이것이 우리가 하는 방식이다.'" 우리와 대화한 많은 리더가 좋은 의사소통의 중요성을 이야기했다. 대다수의 사람들은 의사소통을 크게 신경 쓰지 않거나 간과했다. 신입 매니저나 처음 리더가 된 사람은 좋은 의사소통이 자연스럽게 일어날 거라고 생각한다. 그러나 앞서 설명한 것처럼 좋은 의사소통에는 끊임없는 노력이 필요하다.

조사와 우선순위 재결정

프로덕트 리더는 연구를 통해 놀라운 일들을 배울 수 있다. 팀원들이 작업할 항목을 재검토하거나 우선순위를 무효화할 수 있다. 이러한 통찰력으로 우선순위를 재지정하고, 필요에 따라 항목을 뒤로 배치할 수 있다.

인밸류어블의 에밀리 라위츠는 초기에 생각했던 프로덕트 아이디어에 대한 가정의 변화로 우선순위를 재검토했던 이야기를 들려준다. "나를 깜짝 놀라게 한 것이 있었다. 한때 우리는 웹사이트에 표시되는 검색 결과를 재설계하려고 했다. 지금은 리스트 뷰로 제공된다." 인밸류어블은 프리미엄 경매 사이트로, 비즈니스 모델 및 사용자 경험은 여러 면에서 전자 상거래의 사용자 경험과 유사하다. "그러나 인밸류어블에는 상세한 설명과 상태 보고서가 있었기 때문에 다른 전자 상거래 사이트와는 확실히 차이점이 있다"고 말을 이어 갔다. "사람들은 값비싼 꽃병에 아무런 문제가 없는지, 가격은 어떤지 알고 싶어 하기도 해서 많은 정보가 필요했다. 우리는 전자 상거래 사이트에서 검색 결과를 표시하는 방법에 대해 몇 가지 심리 모델과 기대치를 검토해봤다. 대부분의 검색 결과는 아름다운 그리드로 이미지를 구성하고 있었다."

라위츠의 팀은 사용자 연구에 기초해 고객이 대형 고해상도 이미지를 선호함을 깨달았다. "사용자들이 이미지를 좋아한다는 것을 깨닫고 그리드 뷰를 테스트했다." 먼저 개발 시작 전에 콘셉트를 확인하기 위해 프로토타입을 제작했다. "인비전InVision을 사용해 리스트 뷰 및 그리드 뷰를 제공하는 아이디어를 적용했다. 최종적으로 십여 명과 대화를 나눴다." 처음에는 그리드 뷰가 가장 효과적일 것으로 생각했다. 사용자 연구 과정에서 사용자가 이미지에 높은 가치를 부여했기 때문이었다. 하지만 사용자 반응 결과는 라위츠 팀을 당혹스럽게 했다. 사용자는 그리드 뷰를 좋아하지 않았다. "사용자는 그리드 뷰에 놀라지 않았으며, 우리도 그들이 놀라지 않을 것이라고 생각했다. 우리는 쇼핑을 위해 웹을 검색할 때 많은 항목을 한 번에 볼 수 있기 때문에 그리드 뷰를 원한다는 가설을 세웠었다."

이 사례에서 한곳에서는 효과가 있었더라도 또 다른 상황에서는 효과가 없을 수 있음을 알 수 있다. 여기서 핵심은 새로운 사용자 연구에 기초해 우선순위를 정하는 것이다. 라위츠가 발견한 것처럼 본능적인 반응이나 가정된 상호작용을 기초로 해서 우선순위를 정하게 되면 예상대로 진행되지 않을 수 있다. "많은 사용자가 예전보다 정보를 비교하고 대조하기 더 어렵다고 말했다. 더 이상 견적과 조건을 비교하기 위해 페이지를 넘기기 어렵기 때문이었다. 시선을 지그재그로 옮겨 가며 봐야 했는데, 그것이 사용을 더 어렵게 만들었다. 이 사실은 우리를 놀라게 했다. 우리가 기대한 결과가 아니었기 때문이다. 그렇다고 해서 우리가 구현해서는 안 된다는 것을 의미하는 것은 아니다. 기존 사용자 중에는 기존 환경에 익숙해져 변화를 원하지 않는 경우도 있었기 때문이다. 기존 환경에 익숙해 사이트 변경을 원하지 않는 사용자와도 대화를 나눴다. 그들은 기존 사용법에 익숙했다. 동시에 잠재적인 신규 고객은 새로운 기능에 대해 아무도 관심이 없었기 때문에 그들과 대화하지 않았다. 우리는 생각했던 기능에 대한 우선순위를 낮추고, 사용자 기반에 더 많은 가치를 더 빨리 부여할 수 있는 것에 주력할 수 있음을 알고 있었다."

프로덕트 개발 vs 프로덕트 구입

이상적인 스타트업은 프로덕트 리더가 공동 창업자로 프로덕트의 초기 비전, 전략 및 실행을 관리한다. 사업을 확장하고 기능을 추가할 때 창업자의 시간이 부족해 경험이 많은 프로덕트 리더를 고용해야 하는 필연적인 시기가 있다. 프로덕트 창립자가 CEO이기도 하고 팀 관리, 자본금 모금, 이사회 운영에 이르기까지 책임을 맡는 것이 현실이다.

"내가 작은 조직의 창립 CEO였을 때, 나는 프로덕트 매니저이기도 했다. 2년에서 2년 반 동안 빌드하기 전 유효성 검사를 위해 사람들과 대화하고, 고객을 점검하고, 시장을 관찰하는 좋은 시간을 보냈다"라고 리차드 미로노브Richard Mironov는 CEO 임무와 프로덕트 리더십 업무의 균형에 대해 말한다. "나는 기금 모금, HR, 부동산, 급여 명세서, 엔지니어링 팀 고용 등 CEO가 하는 모든 일을 감당해야 했기 때문에 프로덕트를 필요로 하는 사람을 찾는 일이 늦어졌다. 당연히 아무도 원하지 않은 프로덕트가 됐다." 미로노브의 교훈은 많은 창립자와 CEO들이 가혹하도록 어렵게 배운다는 것이다. "CEO가 하는 직무에 깊은 감사를 표하고 싶다. 결코 다시는 하고 싶지 않다. 그것은 나를 겸허하게 만들고, 분기별 수익에 초점을 맞춘 사람들을 더욱 이해하게 했다." 미로노브는 프로덕트 창립자가 직면한 현실을 상기시켜준다. "내가 얻은 교훈은 이렇다. 우리가 시장에서 해결하고 검증해야 것들에 대해 생각하고 고객의 소리를 들어야 한다고 말하는 것은 쉽다. 하지만 실제로는 그렇게 하기가 쉽지 않아서, 그렇게 하지 않는 것을 정당화하기 쉽다." CEO는 누가 회사를 이끌고 누가 프로덕트를 이끌어 갈지에 관해 거친 질문을 해야 한다.

창업자가 프로덕트 리더 역할을 위임하고자 한다면 적절한 단계에서 필요 인력을 채용해야 한다. 많은 초창기 창업자들은 가장 경험 많은 프로덕트 리더를 찾고 싶어 하지만 너무 빨리 시니어를 고용하는 것은 실수가 될 수 있다. "첫 프로덕트 매니저를 고용하면서 프로덕트 부사장을 채용해서는 안 된다." GV의 켄 노튼의 조언이다. "훌륭한 프로덕트 매니저를 채용해 팀이 성장하고 시간이 흘러 부사장으로 성장하도록 기회를 제공하고, 그때 전환이 안 되면 팀을 다음 단계로 이끌 수 있는 강력한 부사장을 고용해야 한다."

조시 브루어는 그 의견에 동의한다. "프로덕트 담당 부사장이 최고 경영자를 일선에서 손을 떼도록 한 것을 본 적이 있는데, 모든 것이 실패로 끝났다. 부사장에게는 성공으로 이끄는 방법이 없었다. 부사장이 CEO의 책임감을 덜어주지만 이는 매우 위험한 일이다. 리더로 성장하고 일상적인 프로덕트 실행을 맡을 수 있는 숙련된 프로덕트 매니저를 고용하는 것은 당연한 일이지만, 두 프로덕트 리더 사이에 긴장감을 불러올 수 있다. 비전을 소유한 사람은 누구이고, 프로덕트에 대해 누가 최종 결정을 내려야 할까?"

언제나 그렇듯이 핵심은 명확한 책임과 솔직한 의사소통이다. 브루어는 "두 사람의 관계를 발전시키는 가장 좋은 방법은 시간을 투자하는 것이다"라고 조언한다. 다른 이해관계자와 함께 일하면서 창업자와 프로덕트 리더 간의 커뮤니케이션 스타일과 습관을 개발하는 데 시간을 투자하는 것이 중요하다. "우리가 성공했는지 어떻게 알 수 있을까? 그리고 우리는 그것에 동의할 것인가? 당신이 프로덕트 매니저고 A가 성공이라고 생각할 때 CEO는 B라고 생각한다면 문제가 발생한다. 당신은 끊임없이 질문에 대답해야 한다. 그 질문은 우리가 어떻게 협력하고 어떻게 의사소통하는 것인가에 대한 질문이기 때문에 흥미롭다."

설립자가 강력한 프로덕트 배경을 갖고 있지 않은 상황이라면 되도록 빨리 회사의 프로덕트 비전을 수립하고 소유할 수 있는 숙련된 프로덕트 리더를 찾아야 한다. 명확하고 일관된 프로덕트 비전, 성공에 대한 정의, 비전을 달성할 수 있는 능력이 없으면 스타트업은 성공할 수 없다.

스타트업 프로덕트 팀

스타트업 프로덕트 팀을 구축하는 것은 프로덕트 리더가 해야 하는 가장 어려운 일이다. 스타트업은 시장에서의 입지와 가치 제안을 이해하려고 노력한다. 프로덕트 리더를 처음 경험하는 사람에게는 정의되지 않은 팀의 인력을 채용하는 것이 어려울 수 있다. 일부 기업은 이러한 환경에서도 성공하고, 또 다른 일부는 스타트업과 관련된 모호성 때문에 어려움을 겪는다. 우리가 인터뷰한 프로덕트 리더 중 몇몇은 스타트업과 대기업 환경에서 모두 일했다. 이러한 경력은 두 개의 상황이 어떻게 다른지 통찰력을 공유할 수 있었다. 그 차이점 중 일부는 경영 스타일과 개인적 상황에 따라 달라지지만, 또 다른 일부는 회사가 처해 있는 특정 단계와 밀접한 관련이 있다.

이 절에서는 무엇이 스타트업 팀을 독특하게 만드는지, 이상적인 팀원에서 무엇을 원해야 하는지, 회사가 성장함에 따라 준비해야 할 역동성에 대해 생각해볼 것이다. 비즈니스나 프로덕트가 동일하지 않은 것은 분명하지만 팀 구성 및 관리의 특정 요소는 일반화할 수 있다.

소규모 팀에서 역할

소규모 회사의 프로덕트 리더나 소규모 팀을 보유한 스타트업은 다양한 역할을 해야 한다. 프로덕트 설계와 개발, 전략, 시간 단위 관리까지 감당해야 한다. 대기업 계열사와 달리 소규모 팀은 매일 작업해야 하는 일정을 가지고 있지 않으며 각 팀 구성원이 심층 전문가가 되기에 충분한 리소스를 사용하지 못한다. 스타트업은 고객 의견에 따라 작업 우선순위를 신속하게 다시 부여할 수 있다. 잠시 동안 기능 로드맵에 대해 이야기하다가, 얼른 새로운 버그 관련 이야기를 나눌 수 있다. 이 모호한 작업 환경은 모든 사람에게 최적화된 것은 아니다. 한 활동에서 다음 활동으로 전환하기 위해서는 특별한 리더와 특별한 팀을 필요로 한다.

회사 규모에 관계없이 소규모 팀이 대형 팀보다 잘 작동하는 것처럼 보인다. 회사 규모가 작아야 한다는 의미는 아니지만, 팀을 더 작게 만드는 것에 가치가 있음을 의미한다. 고성능 팀에 대한 우리의 연구와 경험이 이 의견을 뒷받침한다. 스크럼과 애자일 방법론의 빠른 선택은 아마존Amazon의 피자 두 판 룰과 다른 일화로 작은 팀이 더 잘 작동한다는 개념을 뒷받침한다. 리차드 밴필드의 『Design Leadership』(O'Reilly, 2015)에 따르면 디지털 디자인 팀과 회사 내 85명이 넘는 디자인 리더를 인터뷰한 결과 적정 사무실 규모는 25~40명인 것으로 나타났다.

팀 역동성 관리

앞서 소개했던 앨리 시어는 "우리는 규모가 매우 작아서 일대일로 작업하고 있지만 그룹으로 일한다고 표현한다. 우리가 더 높은 수준으로 디자인할 때 대개 하나의 그룹으로 일하며, 세부 사항까지 자세히 살펴볼 때 더 효과적이다. 예를 들어 드롭다운, 구성 요소, 스타일을 포함할지 여부를 결정하는 것은 일대일로 진행한다"고 밝혔다. 시어는 전형적인 스타트업 그룹의 역동성을 설명한다. 이런 팀은 시간 단위로 일대일에서 아주 작은 그룹, 큰 그룹까지 변모할 수 있다. 즉, 리더가 한순간에 관리자에서 멘토로 갔다가, 다시 관리자로 되돌아갈 수도 있다. 이 방법은 강력한 의사소통 기술을 필요로 한다. 거품 위에 사는 것은 프로덕트 리더에게 선택 사항이 아니다. 짐 세믹은 프로덕트 매니저가 스타트업 일상의 역동성을 관리하기 위한 기술을 개발해야 한다고 생각한다. "대화할 대상과 대화할 수 있는 방법을 알기 위해서는 의사소통 기술과 정치 기술이 필요하다."

스타트업은 인원이 적기 때문에 의자를 돌려 앉은 것만으로도 대화가 가능할 만큼 팀원 간 의사소통이 쉽다. 하지만 팀이 성장함에 따라 팀의 위치가 분산되고, 쉬웠던 의사소통이 어려워질 수 있다. 팀이 서로 다른 위치에 있다는 것은 여러 어려움을 초래한다. 동일 장소에서의 근무가 더 좋지만, 원격 작업을 받아들이면 다른 위치에서 근무하는 것도 괜찮을 수 있다. 확장된 팀의 장점은 더 많은 사람들이 프로덕트에 주의를 기울여 책임을 진다는 것이다. 하지만 의사소통에 대한 필요성이 증가한다는 단점이 있다. 이런 상황에서 작업이 정체 또는 지연되는 것을 방지하기 위해 매우 선명한 의사 결정이 필요하다. 소규모 팀에서는 대형 팀과는 달리 구조화된 커뮤니케이션 채널이 없기 때문에 일하는 환경이 일관성 없이 진행되는 경향이 있다. 문제를 공유하고 해결책을 찾는 데 하루 또는 일주일 정도 걸릴 수 있으나 다음은 생산이나 테스트가 문제될 것이다.

"어제 종일 문제 해결에 시간을 소비했다. 하루 종일 질문에 대답하고 또 질문에 답하고 이런 저런 많은 것들을 했다." 앱스트랙트의 공동 창립자이자 인기 높은 52 Weeks of UX(52weeksofux.com)의 공동 저자 조시 브루어는 말한다. "그러나 우리는 엄청난 발전을 이뤘다." 브루어는 스타트업에서 계속 왔다 갔다 하는 업무에 대해 설명한다. 그의 팀은 어떤 주에는 마무리를 위해 집중해야 하고 그들이 작업한 모든 이슈에 대해 온종일 토론이 필요한 시점에 도달하게 될 것이다. 갑작스러운 의사소통으로 인해 다양한 솔루션이 필요할 때 저수준의 커뮤니케이션을 일주일 정도 중지할 수 있다. 팀 규모가 작은 환경에서는 집중적인 하루의 의사소통은 강력한 해결책이 될 수 있고 가로막고 있는 문제를 제거할 수 있다. 브루어는 집중적인 의사소통에서 "어떤 일은 잘 끝나 엔지니어링 팀으로 넘어가고, 어떤 일은 보드로 되돌려 또 다른 일들을 처리하도록 한다"고 말한다.

그룹 구조에서 민첩성을 유지, 촉진하는 것은 프로덕트 리더에게 중요한 기술이다. 그러나 그러한 기술이 자연스럽게 주어진다고 생각해서는 안 된다. 인력 관리 기술은 경험을 통해 습득되는 것으로, 타고나는 특성이 아니다. 구조화가 덜 된 조직에서의 경험, 시간에 제한받는 디자인 사고 경험은 이러한 스킬 개발에 매우 유용하다. 설계 스프린트, 감독된 발견, 워크숍 촉진, 심층 탐구는 프로덕트 리더에게 끊임없이 변화하는 그룹 역동성을 관리할 수 있게 하는 공식적인 교육과 경험을 제공한다.

개성과 철학의 조화

스타트업의 경우 서로를 존중하고 신속하게 적응할 수 있는 사람들을 고용하는 것이 필수다. 이러한 자질은 불확실한 상황에서 역할과 책임 변경에 적응하도록 한다. 팀 역할의 단절과 잠재적 이견을 다룰 때는 개방성과 다른 관점의 고려가 필요하다. 적응력은 프로덕트 리더가 다재다능한 사람을 고용해야 하는 것을 의미한다. 간단히 말해서 고용 인력이 맡기로 했던 역할을 그대로 맡을 수도 있고, 그 역할 이상으로 확장될 수도 있다. 초창기 스타트업에서 직원은 잠깐 동안 프로덕트 리더십 역할을 맡아 수행한 후에 영업 담당자로서 업무를 해야 할 수도 있다. 자주 역할을 전환하는 것이 일부 사람에게는 혼란스럽고 좌절감을 줄 수도 있지만, 모든 사람에게 해당하지는 않는다. 과거의 기록을 보고 삶 속에서 어떻게 변화를 처리해왔는지 토론하면서 누가 변화를 감당할 수 있는지 결정할 수 있다. "내 경험에 비춰 볼 때 스타트업이나 새로운 프로덕트 초기 단계에서는 백 퍼센트 확신할 수 없기 때문에 질문의 80퍼센트만 알면 누구나 다 잘리지 않는다"라고 프로덕트플랜의 짐 세믹은 말한다. 불확실성은 스타트업뿐만 아니라 모든 프로덕트 기업에 해당하는 영역이라고 말할 수 있다. 깊이를 모르는 변화무쌍한 바다에서 매일 매일 수영하는 것이 프로덕트 리더의 삶이다.

유연한 성격의 인력을 채용하는 것은 프로덕트 매니저와 리더가 팀에서 더 많은 것을 얻을 수 있음을 의미한다. "나는 평소 경력과 사물에 대한 접근법이 다양한 인력을 찾고 있다." 조시 브루어는 앱스트랙트 팀과 스타트업에서의 경험을 회상했다. "사람들은 모두 자신의 카운터파트너와 일하기를 원한다. 디자이너는 엔지니어링에 초점을 맞추고, 엔지니어는 디자인에 초점을 맞추고, 모든 사람들은 프로덕트에 초점을 맞춘다." 이러한 교차 기능과 중복되는 스킬 세트는 브루어가 추구하는 것으로 채용에 대한 의사 결정 정보다. 여기서 주의해야 할 점은 역할을 이동할 수 있는 여러 전문 분야의 인력이 스타트업에서는 이상적일 수 있지만, 더 크고 성숙한 프로덕트 조직에서는 항상 장점이 되지 않는다. 이 주제는 '신흥 조직' 장에서 더 살펴볼 것이다.

또한 필요한 모든 분야에서 많은 경험과 기술을 갖춘 완벽한 인력을 찾고 있는 것은 채용 프로세스를 무기한으로 연장시킬 수 있다. 더 중요한 것은 필요한 분야에 깊은 경험을 가진 누군가를 찾는 것이다. 필요에 따라 올바른 태도와 적성을 가진 사람을 다른 영역에서 데려올 수 있다.

팀 요소 정렬하기

프로덕트 팀에서는 모두가 프로덕트 배경을 가진 인력으로 구성되지 않는다. 모든 협력이 프로덕트 팀 내부에서만 이뤄지는 것도 아니다. 보스턴의 스타트업 게임페이스 미디어^{Gameface Media}의 수석 수익 관리자 마크 코피^{Mark Coffey}는 "우리는 3년차 완전 초기 스타트업이다"라고 스타트업 프로덕트 팀에 대한 경험을 설명한다. "우리 팀은 매우 작다. CTO와 두 명의 개발자 그리고 프로덕트 관련 업무를 하고 있는 사람이 있지만 프로덕트 경험이 많은 사람일 필요는 없었다." 코피는 수익 창출의 우선순위는 프로덕트 팀의 작업과 일치해야 한다고 조언한다. "나는 프로덕트의 존재 이유가 단지 고객을 창출하는 것이 아니라 수입과 이익을 창출하는 것이라고 생각하고 있는 지금의 CTO를 매우 좋아한다. 회의실에서 모든 명백한 의제를 볼 수 있는 프로덕트 담당자와 함께 앉아 있을 때마다 나는 행복하다." 코피는 훌륭한 프로덕트 리더는 항상 업무에서 수익을 창출하고 비즈니스를 만들어야 한다고 생각한다. 코피가 새로운 프로덕트 인력 고용을 계획하고 인터뷰할 때 그는 "점들을 선으로 잘 연결할 수 있는 사람"을 찾는다.

점을 연결하기 적합한 사람을 찾는다는 것은 비즈니스와 마켓 안에서 일하기에 합당한 인물을 고른다는 것을 의미한다. 상황을 인식하고 민감하게 반응하는 것 말이다. 이를테면 프로덕트 디자인에 대한 어려움은 모든 사람들이 각자 디자인 능력을 어느 정도 가지고 있다고 생각한다는 것이다(특히 CEO). 프로덕트 팀의 디자이너는 이러한 점을 인정하고 사용자 경험을 사용해서 입력을 필터링해야 한다. 코피는 이러한 시나리오가 프로덕트 인력들에게 '점 연결'을 제공하는 가장 좋은 방법이라고 설명한다. "프로덕트 담당자에게 중요한 것은 회의실 내 대화와 작은 의견도 실행할 수 있도록 전환하는 것이다. 그리고 사용자 경험에 초점을 맞춰 모든 사람의 의견이 반영된 것이 될 수 있는 수준으로 팀에 다시 가져와야 한다." 기대를 관리하고, 솔루션을 만들고, 시장 요구와 투입물의 균형을 맞추는 것은 프로덕트 창조자의 삶에서 단 하루면 된다. 하지만 쉬운 일이 아니다. 연습을 통해 가능하다.

다음은 입력을 필터링하고 수집, 전달하기 위한 몇 가지 제안 사항이다. 다음 질문은 미팅에서 잡음을 필터링할 수 있게 하고, 프로덕트 리더가 의사소통과 행동에 집중할 수 있게 한다.

1. 정말 분쟁거리인가? 실제 문제와 어려움을 정의할 수 있는가?
2. 프로덕트와 회사의 비전과 로드맵에 일치하는 문제인가? 꼭 해결해야 할까?
3. 회사의 목표 달성을 위해 해결해야 할 문제인가? 고객에게 가치를 전달하기 위해 얼마나 긴급한가?
4. 긴급한 문제라면 회사는 문제를 해결하기 위한 자원을 보유하고 있는가? 아니라면 나중으로 연기해야 할까?
5. 자원 투입이 가능하다면 이 문제가 프로덕트 가치를 강화할까? 혹은 가치를 하락시키지 않을까?
6. 가치를 강화한다면, 강화된 가치를 고객 및 프로덕트 팀에 쉽게 설명하고 의사소통할 수 있을까?
7. 설명이 쉽지 않다면 왜 그럴까? 단지 복잡해서인가? 비전, 브랜드, 로드맵과 일치하지 않는 건 아닐까?

리더십 스타일을 팀 스타일에 맞추기

성격 유형을 조직 개성에 연계하는 것은 어려울 수 있다. 여타 성공적인 비즈니스와 마찬가지로 팀의 개인적 목표를 조직의 목표와 연결하는 것이 최선이다. "나는 항상 팀의 목표를 생각하려고 노력한다. 당신은 팀이 기대하는 무언가가 있는 환경을 만들어야 한다"라고 프레드 타운스는 말한다.

그는 근원적인 문제를 해결하기 위해 인력을 채용하겠다는 약속보다는 팀의 성격이 조직의 성격과 일치하는지 확인해야 한다고 조언한다. "간단히 말해 팀이 조직에 일치하면 스스로 동기를 부여하고 확장하고 성장할 수 있는 기회를 만들어준다." 타운스는 말은 쉽지만 전략 세우기는 어렵다고 인정한다. 비즈니스와 인격을 적절하게 줄 세우기 위해서는 조직 내에서 개인 목표를 달성하기 위한 단계를 설명할 수 있어야 한다.

프로덕트 리더에게 채용은 종종 신념으로 귀결된다. 플레이스터 사의 섬김의 리더십 같은 개념은 데이터 중심의 의사 결정을 만들고, 창립자의 철학에 맞춰 어떻게 좋은 프로덕트가 생성됐는지에 관한 가설을 검정한다. 이러한 아이디어는 채용의 핵심이다.

"나는 자연스럽게 믿는 것을 배우고 발견하고자 하는 사람들을 찾는다." 타운스의 설명이다. "그들은 자신이 배운 것을 입증할 때 직감을 가지고 가설을 세우기 때문에 큰 성공은 아니더라도 성공하는 경향이 있다." 프로덕트 리더의 행동과 철학을 환경에 연계해 그 특성을 증폭시키는 것이 타운스의 목표다. 프로덕트 리더는 최고가 될 수 있는 안전한 장소를 제공받는다. "프로덕트 리더는 안전하게 유효성을 확인하는 실험을 하는데, 그 결과를 통해 발전하고 직감을 향상시킨다. 동시에 비즈니스에 필요한 가치를 창출하는 방향으로 발전한다." 여기서 교훈은 회사와 동일한 프로덕트 철학을 공유하는 사람들을 고용하면 마찰은 적고 가치 창출은 더 많아진다. 옳고 그름을 불문하고 단순히 당신에게 동의하는 사람들을 고용하는 것은 무의미하다는 것을 유의해야 한다. 성숙한 프로덕트 리더는 고객 중심의 프로덕트 제작 방식에 전념하고 있으며 항상 그 일에 동참해야 한다.

사용자 지향

순수하게 멋진 신기술을 가지고 있기 때문에 프로덕트를 만드는 것은 솔루션이 아니다. 우리는 "문제를 찾아주는 솔루션이 우아한 솔루션이다"라고 말한다. 솔루션을 찾기 위해 시간이나 돈, 에너지를 교환하는 것을 기뻐하는 사람은 누구일까? 우리는 정말로 그들에게 귀를 기울이고 있을까? 그들의 고통을 진정으로 이해하기 위해 그들의 세계에 몰입하고 있을까?

사용자 중심으로 노력한 개발자들과 그렇지 않은 사람들 사이에는 명백한 차이가 있다. 실제로 채용 과정에서 잠재 고객의 문제를 어떻게 해결할 것인지 묻는 과정을 통해 사용자 중심 사고를 테스트할 수 있다. 각 조직은 인터뷰 대상자에 따라 사용자 중심 작업을 수행하는 방법이 다르다. 인터뷰 담당자의 목표는 인터뷰 대상이 프로덕트 담당자로서 문제를 어떻게 해결하는지 확인하는 것이다. 사용자 경험을 고려하기 전에 기술 솔루션을 얘기하나? 객관적인 연구 방법보다 주관적인 견해를 언급하나? 팀에서 어떤 역할을 수행할 것인지 또는 개인으로서 어떻게 일할 것인지 설명하나? 인터뷰 과정의 프로세스와 솔루션은 미래의 행동을 나타낸다. 조직이 목표하는 프로덕트와 정렬된 응답은 성공적인 프로덕트 조직에 중요한 요소다.

허브스팟의 프로덕트 디자인 회사 로켓 인사이트의 공동 창립자이며 UX 이사였던 조슈아 포터의 말을 들어보자. "허브스팟에서 이야기했던 것이 생각난다. 인사 후보와의 인터뷰에서 후보가 가진 고객에 대한 생각을 이야기했다. 우리는 후보에게 프로토타입을 만들게 하거나 흐름을 스케치하고, 고객의 목소리로 이야기하는지 질문했다."

사용자 중심 사고에 대한 기본적인 성향은 업무 접근법에만 나타나는 것이 아니다. 프로덕트 리더의 고객 중심 자세는 글에도 나타난다. 조시 브루어와 함께 「52 Weeks of UX」를 공동 저술한 포터는 팀이 인력을 채용할 때

글쓰기에서 단서를 찾는다고 말한다. "후보자가 1인칭으로 글을 쓰는지, 3인칭으로 글을 쓰는지는 우리가 채용할 때 매우 중요한 특징이다." 포터는 후보자의 3인칭 시점의 글은 자부심의 부족함을 나타낸다고 말한다. 고객을 위한 훌륭한 프로덕트를 만들고 싶다면, 팀 조정은 필수적이다. "팀 구성에서 사고의 틀이 가장 중요한 요소다. 사고의 틀이 성공적인 팀의 핵심이라고 생각한다."

포터와 타운스 같은 경험 많은 프로덕트 리더에 의하면 먼저 소프트 스킬을 연계하는 것이 중요하다. 소프트 스킬의 공통점을 찾게 되면 새로운 팀 구성원에게 즉각적이고 긍정적인 영향을 미칠 수 있는 방법을 알게 된다. 또한 하드 스킬을 업무에 연계해 현장에서 활동할 수 있어야 한다. 하드 스킬 연계는 즉시 프로세스에 가치 부가를 시작하고, 개인적 성장 속도를 향상시키며, 성장할 때 참조할 수 있는 기회를 제공한다. "다른 역할로 이동하거나 다른 조치를 취하고 싶은 경우, 비즈니스 니즈와 그 니즈를 충족하는 사람을 통해 기회를 확장할 수 있다"고 타운스는 설명한다. 좋은 후보자를 배출하는 데 필요한 전략의 요구 사항은 선택할 수 있는 인재를 공급받는 것이다. 산업별 고용 전략 및 전술은 이 책의 범위가 아니지만 프로덕트 리더는 이를 연마해야 한다. 특히 스타트업 프로덕트 리더는 회사의 성장과 채용 계획에 유의해야 한다.

재능 개발

구성원이 조직 내에서 다른 역할로 전환하려면 프로덕트 리더와 대화가 필요하다. 특히 팀이 빨리 성장하고 성숙한 회사보다는 역할이 더 자주 바뀔 것이라고 예상되는 초기 단계 기업에서 더 중요하다. 초기 단계 기업의 직원 대부분은 조직 내에서 1~2년 후를 제대로 상상할 수 없기 때문에 대화는 더욱 필요하다.

리더는 팀에 부족한 역량을 기존 팀원으로 채울지 아니면 외부 인재를 채용할지 고려해야 한다. 팀이 회사 비전과 개인 목표에 연계돼 있다면 역량 확보를 운에 맡길 수 없다. 큰 팀에서는 필요한 역량이 쉽게 채워진다. 대규모 팀에서는 고도로 전문화된 역할이 명확하기 때문이다. 소규모 팀은 겹치는 역할이 많아 재능이나 기술 격차를 가려내기 어렵다. "기본적으로 팀이 클수록 기술 격차는 매우 확실하기 때문에 더 쉽게 고용할 수 있다"고 타운스는 말한다.

조직에 필요한 인력이 팀에 합류하면 조직은 진화하고 성장할 것이다. 리더의 임무는 팀의 각 구성원에게 가장 좋은 성장 경로를 결정하는 것이다. 리더는 팀을 구성하고 팀원의 전문 기술을 개발하는 데 시간을 할애해야 한다. 리더는 동시에 두 가지 모순된 아이디어를 머릿속에 넣어야 하는 복잡한 직업이다. 훌륭한 팀은 훌륭한 인력으로 구성된다. 또한 훌륭한 팀은 매우 다양한 사람들로 구성된다. 개인주의와 다양성을 보호하는 것은 통일된 팀을 만드는 일과 모순되는 것처럼 보이지만 효과가 있다. 개인 간 차이를 인정하면 개인의 정체성을 포기하지 않고 공동의 목표를 향해 일할 수 있는 방법을 찾을 수 있게 한다.

이것은 회사의 비전과 가치를 높게 유지하고 각 팀원에게 성장의 장점에 대해 직접적인 대화를 통해 달성할 수 있다. "우리 모두 다 다르지만 같은 비전과 가치관을 공유하고 있다"고 메시지를 보내는 것이다. 다양성과 통합된 노력을 보존하는 것은 스포츠 팀에서 볼 수 있다. 스포츠 팀에서도 다양한 역할과 기술들이 공통의 목표를 향해 작용한다.

신흥 조직에서 프로덕트 리더십의 고유한 과제는 7장에서 다룰 예정이다.

7

신흥 조직

신임 프로덕트 리더의 최대 과제

초기 스타트업에서 신흥 조직으로 발전하기 위한 핵심 과제는 팀 성장 관리다. 이는 팀에 적절한 사람이 합류하고 있음만을 의미하진 않는다. 의사소통에 문제가 거의 없는 소규모 팀에서 프로덕트 비전에 대해 명시적이고, 사려 깊은 대화와 조정이 필요한 더 큰 조직으로의 전환을 관리하는 것이다. 팀이 성장하면서 직면하게 되는 가장 큰 도전은 프로덕트 리더와 고객 사이에 피할 수 없는 여러 레이어가 생성될 때, 사용자에게 초점을 유지하는 것이다.

인터컴의 폴 애덤스의 말을 들어보자. "성장하면서 경험한 가장 큰 과제는 철학과 프로세스를 구성원에게 전하는 것이었다. 우리의 세 가지 핵심 원칙 '크게 생각하되 작게 시작하라', '학습하라', '우선 원칙부터 설계하라'는 기초 수준에서 이해하기 쉽지만 뉘앙스에 따라 그 차이는 크다. 그래서 우리의 가장 큰 과제는 프로덕트 관리 철학을 새롭게 합류하는 모든 구성원에게 전파하는 것이다. 합류하는 구성원을 포함한 우리 모두는 어떤 일을 새롭게 시작하되 거대하고 빠르게 움직이고 있었기 때문에, 기본을 다루기 위한 준비가 충분하지 않았다."

이러한 문제는 경영 원칙에만 국한하지 않고 리더십 원칙에도 적용해야 한다. 성장은 비즈니스의 거의 모든 운영에 영향을 미치지만, 핵심 비전은 일관되게 유지돼야 한다.

성장하는 기업 리더에게 또 다른 과제는 프로덕트 관리에서 인력 관리로 전환하는 것이다. 좀 더 엄밀히 말해 리더는 프로덕트 관리에서 인력을 관리하고 리딩하는 것으로 전환해야 한다. 의심의 여지없이 매니저에서 리더로의 전환은 리더에게 결정적인 순간이 될 수 있다. SVPG^{Silicon Valley Product Group}의 파트너 크리스 존스^{Chris Jones}는 한 가지 사례를 제시한다. "첫 번째 매니저였던 스티브 루프Steve Roop는 내 경력에서 가장 영향력 있는 조언을 하나 해줬다. 당시 나는 효과적인 개인 공헌자이자 프로덕트 매니저로 인정받았고, 막 채용이 돼 첫 번째 직접 보고를 시작하던 시기였다. 스티브는 첫 번째 주에 해야 하는 두 가지 중요한 일을 나에게 말했다. 첫 번째는 새로운 팀 구성원은 자신의 프로덕트 영역과 고객에 대해 회사 내 누구보다 더 많이 아는 것이 자신의 일이라는 점을 이해해야 한다는 것이었다. 두 번째는 새로운 팀 멤버는 시작일로부터 90일 안에 공개적으로 보이는 '성과'를 내야 한다는 것이었다."

이전에 설명했듯이 팀 내 최고 기술 기여자가 될 필요는 없음을 깨닫는 것은 충격적인 경험일 수 있다. 바로 그 순간 당신은 더 이상 기술자가 아니며 진정한 리더십의 길을 걷고 있음을 깨닫게 된다. "이 조언은 믿을 수 없을 만큼 간단했지만 아주 깊은 영향을 줬다"고 크리스 존스는 고백한다. "새로운 프로덕트 매니저를 합류시키고 프로덕트 매니저의 새로운 전환을 지도해줬다."

존스와 다른 사람들이 발견한 것처럼 기술적인 개인 공헌자에서 사람 중심의 리더가 되는 것은 신입 직원과 그들을 관리하는 매니저 둘 다에게 어느 정도 충격적인 경험이 될 수 있다. 우리는 상당 부분 업무와 기술에 의해 인정을 받는다. 오랫동안 기술을 연마해오다 더 이상 기술에 관심을 기울이지 않아도 되는 위치로 올라가게 되면, 뜻밖의 일이 될 수 있다. 갑자기 새로운 기술 셋을 필요로 하는 지위로 밀려나게 되면 편안함에서 벗어나게 되고, 연약하다고 느끼게 만든다. 이러한 변화를 감독하거나 적극적으로 지지하는 리더는 지금이 팀에 힘든 시기가 될 수 있다는 것을 깨닫는 것이 중요하다. 변화에 민감하게 반응해 팀을 코칭하는 것에서 결과에 큰 차이를 만든다.

사용자 관심 유지하기

최고 프로덕트 책임자, 프로덕트 부사장, CTO가 UX, 프로덕트 관리, 기술 결정을 전적으로 홀로 하는 일은 위험하다. 어느 누가 혼자서 프로덕트에 어떤 것이 적합한지, 자신의 의사 결정이 수많은 사용자에게 어떻게 영향을 미치는지 알 수 있을까? 최근 출하 직전의 제품 디자인을 검토 중인 신생 헬스케어 조직의 프로덕트 리더를 관찰했다. 이 시나리오에서 최종 사용자의 피드백 없이 격리된 상태에서 디자인 의사 결정을 하는 것은 조직에게는 아주 큰 위험 요소가 될 수 있음을 확인할 수 있었다. 프로덕트 리더가 수백만의 의료 전문가와 환자가 디지털 프로덕트 화면에서 보고 싶어 하는 것을 완전히 이해하고 있다고 가정하는 것은 문제를 야기한다.

팀 내에서 의견의 차이가 생기면 일처리에 병목 현상이 발생한다. 재퀼 아만코나는 "프로덕트 매니저는 회사의 특정 결정에 대해 왜 그런 결정을 내려야 했는지를 증명해야 한다"고 말한다. "사실과 데이터로 아이디어를 뒷받침하지 않고 직관에만 의존한다면 많은 사람들이 당신의 주장을 심각하게 받아들이지 않을 것이다." 프로덕트 리더의 경험에 의하면 사용자를 결정의 중심에 세워 사용자가 결정하게 해야 한다. 물론 그렇게 간단한 일은 아니다. 문제는 비즈니스에서 필요한 내부 지식을 고객 피드백, 데이터와 균형을 맞추는 것이다.

"어떻게 고품질 서비스를 계속 유지하고 로드맵을 신속하게 추진할 것인가? 그것이 가장 큰 과제다." 로컬리틱스의 브라이언 던의 말이다. 그렇다면 빠르게 성장하는 조직이나 대규모 사용자를 가진 프로덕트 리더는 이 문제를 어떻게 해결할 수 있나? 두 영역에서 해결책을 찾을 수 있다. 첫째, 모든 성공적인 프로덕트 비즈니스의 기반은 인간 중심의 조직이다. 둘째, 조직 성장의 원칙으로 인간 중심의 디자인과 프로덕트 개발은 지속적으로 신성시돼야 한다. 리더는 고객의 이익을 위해 이를 전파하고 꾸준히 알려야 한다.

창립자는 초기부터 이런 상황에 노출돼 공격 당할 수 있다. 초기 단계 리더들은 자신이 모든 해결책을 가지고 있다고 믿기 쉽다. 하지만 프로덕트에 대한 리더의 가정과 다른 고객의 피드백이 들어오면 고통을 받게 된다. 건강한 리더는 변화를 거쳐서 섬김의 리더가 되는 법을 배운다. 즉, 자신의 아이디어가 아닌 고객의 요구 사항에 부응하는 법을 배우게 된다. 그 반대의 경우는 고객의 피드백과 연구를 무시하는 것이다. 이 후자의 접근 방식은 지난 10년 동안 인기를 얻었다. 이 방식으로 접근하는 리더는 "사람들은 무엇인가를 보여주기 전까지는 자신이 원하는 것을 알지 못한다"고 한 스티브 잡스 Steve Jobs의 말을 귀담아 들었다. 1997년 「비즈니스 위크」의 스티브 잡스 인터뷰에서 나온 이 생각은 프로덕트 리더가 시장 조사와 고객 피드백을 피할 수 있는 편리한 변명거리가 됐다. 프로덕트 리더들이 간과하고 있는 것은 스티브 잡스는 이미 수십 년간 소비자 프로덕트를 만들었으며 프로덕트 예측을 할 수 있는 수년간의 피드백을 모아 왔다는 사실이다. 애플 Apple은 10억 달러로 평가받는 세계적인 브랜드가 됐기 때문에 독보적인 마케팅 능력으로 프로덕트를 출시할 수 있는 거의 유일한 역량을 스티브 잡스에게 부여했다. 이러한 유형의 효율성을 달성한 회사와 프로덕트 리더는 거의 없었다. 애플이 지금처럼 성공하기까지 수십 년이 걸렸다. 신흥 프로덕트 개발을 설명하기 위해 스티브 잡스의 말을 인용하는 것은 어리석은 일이다.

자존심 점검

사용자에게 집중하는 것은 오늘날의 프로덕트 리더에게 좋은 접근 방법이다. 이 방법은 즉각적으로 위험을 감소시킨다. 사용자가 프로덕트와 상호작용하게 되면 상상도 하지 못했던 것과 막을 수 없는 것들을 보여준다. 일부 리더는 새로운 창작물을 사용자에게 너무 일찍 노출하면 자신의 표현의 순도를 떨어뜨릴 수 있다고 느낄지도 모른다. 이것은 이기심에서 나온 이야기다. 사용자 피드백에 열려 있는 것은 독창적인 아이디어에 충격을 주지 않는다. 이 피드백은 선택할 수 있는 최선의 장기적이면서 단기적인 결정이 될 것이다. 프로덕트가 창조적인 프로세스의 결과일 수도 있지만, 리더와 팀이 해야 할 과제를 해왔다면 두려워할 이유가 없다. 이제 성공을 위한 프로덕트가 준비된 것이다. 사용자 연구에서 드러난 진실을 숨기면 힘든 전투에 나서야 한다. 과제가 정확하게 실행된다는 것은 사용자와 대화하는 것을 넘어 경쟁과 시장 환경에 대한 연구, 솔루션의 기술적 타당성을 포함하는 것을 의미한다.

링크드인LinkedIn 설립자 레이드 호프먼Reid Hoffman의 말이다. "프로덕트의 첫 번째 버전이 마음에 들지 않는다는 것은 너무 늦게 출시했다는 의미다."

회사가 성장 단계를 거치면서 창업자의 자아는 갈등을 겪을 수 있다. 스타트업이 첫 프로덕트를 출시하기 시작하면 프로덕트는 창업자나 기업 비즈니스에 더욱 중요해진다. 출시 과정에서 프로덕트 비전과 원하는 경험을 놓치기 쉽다. 자존심은 똑똑한 사람들을 익숙한 아이디어로 후퇴시키고 외부 입력을 차단하게 한다. 이는 사용자가 실제로 원하는 것에 대한 이해와 관점을 잃어버리는 것을 의미한다.

이러한 전환기에 일부 리더는 전체 상황을 무시하고 세부 사항에 파묻힐 수 있다. 프로덕트 리더가 오로지 숫자에 집중하는 것은 드문 일이 아니다. 코인 오퍼레이션, 수익, LTV(생애 가치), CAC(고객 확보 비용), 체류 기간을 살펴보기 시작한다. 모든 것이 단위 경제지만 사용자가 원하는 것과 가치를 잃어버릴 수 있다는 점에서 위험하다. 실질적인 구매 가능성과 뛰어난 고객 만족도를 유지할 수 있는 모든 요인을 사용자 중심으로 유지하면 문제는 스스로 해결된다. 규모가 커지는 것에 의미를 두는 기업은 사용자 중심적이고 기업의 핵심에 공감하는 창립자를 갖지 못한다. 캐피탈원CapitalOne에서 호버카드HoverCards와 인스턴트 로고Instant Logo를 만들고 현재 홈어웨이에서 프로덕트 매니저를 담당하고 있는 마르코 마란디즈는 "사용자 관점을 이해하기 위한 단순한 접근 방식보다는 무엇을 만들고 있는지, 그것이 누구를 위한 것인지가 중요하다"고 충고한다. 마란디즈는 행동에 대한 이해만으로는 충분하지 않다고 생각한다. 즉, 행동에 대한 이해가 기초라고 생각하지만 사람들이 프로덕트와 어떻게 상호작용하는지 상세하게 관찰하면 문제를 좀 더 효과적으로 해결할 수 있다고 믿는다. 마란디즈는 "공감의 모든 아이디어는 처음부터 존재해서 경험을 디자인하고, 프로덕트 관리를 통해 개발자에게 전해져야 한다"고 부연한다. 프로덕트 관리는 항상 다음 요구 사항을 충족해야 한다. 우리가 만들고 있는 이 프로덕트는 무엇인가? 실제로 어떤 가치가 있나? 마란디즈는 프로덕트 제작 일선에 있는 사람에게서 온 피드백을 통해 조직이 이익을 얻는다고 말한다. 엔지니어가 실제로 구축한 내용이 사용자에게 유용하다고 확신하지 못한다면, 그 의견은 매우 중요하므로 그 의견을 분석해야 한다. 기능을 만들고 최적화하는 이유를 이해해야 한다. "사용자의 삶에 실제로 가치를 부여할 수 없더라도 사용자가 프로덕트에 10분에서 15분 정도 더 많은 시간을 투자하게 하기 위해서라면 조직에서 사용할 수 있는 모든 방법을 고려해야 할 필요가 있다."

기술 마스터에서 리더로 가는 여정

프로덕트 회사 설립자와 리더는 다양한 배경을 갖고 있다. 영업과 마케팅 중심 CEO, 엔지니어링 중심 CEO, 운영 중심 CEO, 디자인 마인드를 가진

CEO가 있을 수 있다. 현재 디지털 영역에서 비교적 새롭고 순수하게 프로덕트 배경을 가진 CEO와 창립자는 그다지 많지 않다. 비정상적인 것처럼 보일 수 있지만 단순히 시간 문제일 뿐이다. 시니어 리더가 프로덕트 기반 경험을 축적하기에는 시간이 충분하지 않았다.

때로는 테크니컬 리더십에서 프로덕트 리더십으로의 전환이 순탄하지 않을 수 있지만, 극적인 역할 변화는 드문 일이 아니다. "선임 개발자 중 한 명을 선임 프로덕트 매니저로 만들었고, 고객 지원부에서 나를 주니어 프로덕트 매니저로 만들었다"고 프로드패드와 마인드 더 프로덕트의 공동 설립자 재나 바스토는 말했다. "'그들은' 우리 둘을 합쳐 회사 최초의 프로덕트 팀을 만들었다. 10년이 됐지만 실제 프로덕트 인력을 보유한 적이 없던 300명이 넘는 인력을 가진 상장된 기업의 현실이었다." 바스토의 경험은 친숙할 수도 있다. 여러 가지 이유로 프로덕트 리더가 기술적 위치에서 리더십을 발휘하는 경우는 드물지 않다. "업무를 인계받는 것은 꽤 힘든 일이었다. 우리는 '프로덕트 매니저가 무엇인가?', '프로덕트 사양 또는 로드맵을 어떻게 작성해야 하나?' 등에 대해 인터넷 검색을 하면서 시작했다."

이러한 갑작스러운 전환은 빠르게 성장하는 회사에서 일어난다. 하지만 이제는 변화하고 있다. 우리의 전망은 대부분 기술과 혁신의 속도에 영향을 받는다. 우리는 아직도 기술 진화의 초기 단계에 머물러 있으며 당분간은 이러한 방식이 유지될 것이다. 프로덕트 리더의 기술 전략은 기업의 전략이 될 가능성이 높다. 원하든 원하지 않든 그렇게 진행된다. 좀 더 인간 중심적인 전략으로 천천히 전환되겠지만, 당면한 과제는 기술적인 대화로 모든 것을 해결하려는 욕구를 극복하는 것이다.

미래 준비

신생 기업부터 대기업을 망라해 조직을 융합시키는 방법은 다음과 같다.

- 기술 스택
- 경험 쌓기
- 경험을 강조하기 위해 쌓은 정보
- 위의 것들과 상호작용하는 방법

각 방법에서 사용자를 만나는 위치를 고려해야 한다. 비즈니스의 각 요소가 사용자와 만날 때 어떤 일이 발생하는지 아는 것이 프로덕트 리더로서 역할을 수행하는 것이다. 고객 없이는 상업적 프로덕트 벤처에서 어떠한 가치도 창출할 수 없다. 사용자와 고객의 눈으로 기술, 경험, 정보를 연결시키는 것은 프로덕트 리더가 수용해야 하는 과제다. 이러한 작업은 그룹과 팀으로 나눠져 있다. 기술, 경험, 정보, 상호 협력을 이해하는 것은 객관적이어야 하며 팀을 구성하고, 요소들을 연결해 나가는 의사소통의 흐름은 먼 여정을 가는 것과 같다.

기술 축적과 경험을 제공하는 장치에 관한 기술 트렌드는 프로덕트 리더가 수용할 수 있는 것보다 훨씬 빠르게 진화하고 있다. 웨어러블 기기, IoT 기기, iOS, 안드로이드, 데스크톱, 웹 앱 등 단일 회사가 효과적으로 해결할 수 있는 것보다 더 많은 기술이 존재한다. 기업 전략과 타깃 시장에 따라 계속해서 유지해야 하는 모든 사항을 고려해야 한다. 프로덕트 리더는 기술 대화가 모든 결정을 압도하는 것을 피하기 위해 회사가 기초 프로덕트에 집중하는 것을 심각하게 고려해야 한다. 기업이 핵심 기반을 가지고 있을 때 그것이 의사 결정의 원천이 된다. 핵심 프로덕트와 플랫폼은 다른 비즈니스와 운영적인 결정을 필터링할 수 있는 관점을 제공한다. 이 관점을 통해 핵심에서 출발해 마케팅, 영업, 고객 서비스, 지원, 고객 성공을 알리는 것이 쉬워진다.

전환하는 리더 지원하기

대부분의 고성장 조직의 가장 큰 과제는 프로덕트 리더십 전환 경로를 제공하는 것이다. 초기 단계의 회사는 일상적으로 프로덕트를 운영하는 데 한 명 이상의 창업자가 관여하겠지만 신흥 기업과 급성장하는 기업은 이런 상황을 뛰어넘기를 원할 것이다. 이때 프로덕트 매니저를 채용해 시니어 프로덕트 리더의 운영 부담을 덜어줘야 한다. 그러면 자연스럽게 새로운 문제가 발생한다. 첫 번째 문제는 성장 속도의 균형과 다음 단계로 넘어가려고 노력하려는 리더와의 상호작용이다. 프로덕트 리더가 되고자 하는 대부분의 프로덕트 매니저에게는 매우 힘든 시기다. 일반적으로 프로덕트 리더는 전문가고 전문가는 주로 어려운 기술로 특징되는 역할을 맡는다. 이와 대조적으로 리더십 역할은 상호 의존적인 소프트 스킬 측면이 훨씬 높다고 할 수 있다. 이 전환기에 프로덕트 매니저가 전문가에게 기대는 상황은 드물지 않다. 프로덕트 매니저가 잘 알고 익숙한 영역인 하드 스킬은 오랫동안 중요하게 여겨졌기 때문에 상대적으로 소프트 스킬에 초점을 맞추지 않으려고 한다. 로컬리틱스의 브라이언 던의 말이다. "우리는 지금까지 거의 8년 동안 많은 프로덕트를 보유했다. 초기 단계의 스타트업은 큰 고객을 유치하기 위해 취급하는 프로덕트를 계속 유지해야 한다. 그러면 지속적으로 전 직원의 급여를 지불할 수 있고, 사업을 운영할 수 있다. 우리는 지금 프로덕트/시장에서 우수한 적합성을 갖고 있으며 어떤 프로덕트를 취급할지, 어떤 프로덕트를 취급하지 않아야 하는지에 대해 신중하게 고민해야 할 시점이다." 전환기에 있는 기업에게는 마지막 포인트가 중요하다. 처음에는 충분한 양을 출하하고 싶어도 출하하기가 어렵지만, 어떤 시점이 되면 반대의 문제가 생긴다. 던은 "출하하는 모든 프로덕트는 일정 기간의 유지 보수, 서비스, 지원이 필요하므로 시간이 지남에 따라 출하를 늦추게 된다."고 프로덕트가 당면한 과제를 언급한다.

리더는 문제를 무시하거나 스스로 문제를 통제할 수 있다고 생각하면 안 된다. 주의를 기울여야 하고, 팀과 개인의 변화를 위해 힘써야 한다. 프로덕트 매니저가 도약을 시도할 때 두 가지 시나리오 중 하나가 발생하는 것을 봤다. 첫 번째는 프로젝트 매니저는 도약하지만, 매니저의 소프트 스킬에는 변화가 없다. 두 번째는 프로덕트 매니저가 리더십으로 도약하지만, 팀 리더는 개인들이 역할에 적응할 수 있는 공간을 만들지 못한다. 이 두 가지 시나리오는 전환하는 리더의 가치를 높이지 못하고 모든 면에서 실망스러운 결과를 가져온다.

의사소통 단절 방지하기

앞서 말한 바와 같이 의사소통 방식이 팀의 성패를 가르는 주요한 포인트다. 모든 프로덕트는 의사소통을 통해 성공하거나 실패한다. 이는 팀과 프로덕트 내부의 의사소통을 의미하며, 팀과 조직이 성장하면서 더욱 중요해진다. 프로덕트 리더가 커뮤니케이션 능력을 향상시키는 데 도움이 되는 다음 네 가지 간단한 팁이 있다.

- **개인적 편향을 인정하라:** 존 마에다는 "사람이 물건을 만든다는 것을 잊지 말자. 관계가 더 큰 것을 만든다. 먼저 사람과의 올바른 관계와 갖게 되면, 나머지는 뒤따를 것이다"라고 말한다. UX 세계에서는 사용자의 요구 사항을 고려하는 데 익숙하다. 이를 다른 사람들

과의 의사소통에도 적용하도록 하자. 프로덕트 리더가 의사소통할 때, 리더는 어떻게 사람들이 리더를 경험하게 되는지 고려해야 한다. 무엇을 말하느냐 뿐만 아니라 어떻게 인식되거나 이해될 것인가를 생각해야 한다. 리더는 자신의 말이 의도한 대로 정확히 전해질 것이라는 함정에 빠질 수 있다. 어제 동료, 가족, 친구와 했던 당신의 상호작용을 생각해보자. 잠시 시간을 내 경험했던 의사소통을 생각해보자. 그러고 나서 그들에게 실제로 어떻게 당신과의 대화를 이해했는지 물어보자. 설명하거나 방어하지 말고 있는 그대로 들어야 한다. 그들이 경험한 것이 당신의 의도와 다르다고 단언할 수 있다.

- **적극적으로 듣는 기술을 연습하라:** 어떤 상황에서든 효과적인 의사소통이 이뤄지기 위해서는 당신은 말을 하고 있고, 사람들은 듣기 원하는 상황이 벌어져야 한다. 의사소통에 참여하는 좋은 사례는 사람이 말하는 것을 집중해서 듣고 나서, 당신이 들은 것을 다시 상대방에게 들려주는 것이다. 이렇게 되면 함께 무언가를 만들 수 있는 마법의 장소를 얻게 된다.

- **정보가 어디서 오는지 알아야 한다:** 앞서 말한 개인적 성향과 듣기 기술을 묶고, 다른 면을 고려하자. 의사소통은 말하는 측과 듣는 측으로 이뤄진 방정식과 같다. 듣기에 문제를 가진 사람과 의사소통하는 것은 리더에게 주어진 과제다. 높은 수준의 개념 전략에서부터 일상의 작업 위임에 이르기까지 전달하는 모든 의미는 듣는 사람이 걸러서 듣게 된다. 사람들은 '리스닝 버킷listening bucket'이라고 부르는 잠재적인 공간에 상대방을 두고 들으려고 한다. 영업 팀에게 새로운 경험을 전달하려고 한다고 가정하자. 영업 사원은 당신

의 말을 들을 때, 당신을 이미 프로덕트 리더로 생각하고 있다. 이 것이 확증 편향으로, '프로덕트 리더' 리스닝 버킷 안에서 의사소통을 하게 된다. 즉, 프로덕트 리더가 영업 사원과 영업에 관련된 내용을 말하고 있을 때 사람들은 프로덕트 리더는 영업 리더가 아니라고 생각하고 있기 때문에 프로덕트 리더가 말하는 의미를 축소한다. 이 상황이 스마트한 리더가 되는 기회가 된다. 자신이 원하는 것을 의사소통하기 전에 상대방의 상황을 이해하기 위한 시간과 노력을 투자하게 되면, 상대방은 뭔가 다르게 느끼고 관심이 커져 더 많은 영향을 줄 수 있다. 상대방은 자신의 세계를 이해하고 있다고 느끼기 때문에 여러분은 더 이상 '프로덕트 리더' 버킷에 들어가지 않게 된다. 먼저 듣고 그 다음에 행동이 뒷받침하는 언어를 사용해 연결하는 방식으로 그들과 소통해야 한다.

- **방해물을 제거하라:** 직장과 가정에는 방해물이 예전보다 많다(각종 기기에서 오는 알람은 대화를 방해하기 위해 고의적으로 설계된 것 같다). 이들로 인해 의사소통이 끊어지거나 아이디어 전달에 문제가 있을 수 있다. 회의 중에는 불필요한 기기 사용을 금한다.

여기에 제안하는 도전 과제가 있다. 사용자의 목소리를 듣고 최고의 리더가 되려면, 팀과 소통하고 공동 작업으로 성과를 내야 한다. 프로덕트 리더에게는 의사소통 기술을 개발하는 것이 필수다. 자신의 팀과 의사소통을 잘할 수 없다면, 고객이나 잠재 고객과도 의사소통을 잘해 낼 수 없다. 듣기 능력과 상호 창조적인 능력을 가다듬는 것만으로도 우수한 프로덕트 매니저를 만든다.

전환 리더를 위한 실천적인 조언

신흥 기업은 스타트업과 분위기가 매우 다르지만 스타트업의 유물이 완전히 사라지지 않았을 가능성이 높다. 스타트업 시점에 있었던 습관, 행동, 판에 박힌 일상, 대응은 회사와 팀의 규모가 커지기 시작하면서 균열이 일기 시작한다. 회사를 비상하게 하려던 노력이 현재는 이미 달성된 성공을 훼손할 수 있는 실질적인 위협이 될 수도 있다. 신흥 기업은 스타트업 초기의 시스템과 프로세스가 발전하지 않았을 것이다. 여기서의 발전은 리더십을 포함한다. 극단적인 경우 새로운 리더십 팀을 의미할 수도 있지만 대부분의 조직에서는 적절한 위치에 적절한 인력을 배치해 원활한 성장과 연속성을 보장하는 것이다. 무엇을 해야 하는지는 기업의 문화와 기업이 부딪힌 제약이 결정한다.

스타트업과 신흥 기업의 리더십 차이점을 설명하기 위해 한 가지 시나리오를 가정해보자.

고성장 중인 회사가 스타트업에서 벗어나기 직전 상태에 도달했으며, 현재는 점점 늘어나는 사용자층에게 프로덕트를 제공하고 있다. 이 기업은 훌륭한 신규 프로덕트 아이디어를 제법 보유하고 있으며, 주요 프로덕트가 자리를 잡기 시작했다. 모델은 이미 입증됐으며 기업은 현재 프로덕트의 기능과 다른 프로덕트 라인에 대해 시간, 비용, 에너지를 투자할 수 있다. 투자 용어로 말하면 견인력이 있으며, 실제로 고객이 있다. 회사는 더 이상 검증되지 않은 페르소나와 마켓 데이터와 같은 고객을 대신하는 것에 의존하지 않는다. 실제 고객에게서 실제 피드백을 받는다. 그러나 프로덕트와 기능에 대한 새로운 아이디어는 주로 회사 내 소규모 시니어 그룹에서 나온다. 그 방식으로 항상 진행해오고 있고, 팀의 소수만 고위 경영진의 아이디어에

희석된 고객의 요구 사항을 반영하고 있다. 신흥 기업의 프로덕트 리더는 내부 문제에 집중하는 방식에서 전체를 고려하는 방향으로 사고를 전환해야 한다. 이제 문제는 어떻게 적절한 아이디어와 피드백을 찾는지 여부다.

지속적으로 유지해야 하는 일상적인 버그 수정과 개선 사항으로 인해 프로덕트 매니저의 전환 과정이 더욱 복잡해진다. 성공적으로 스타트업 리더십에서 성장 단계 리더십으로 전환하는 방법은 핵심으로 돌아가는 것이다. 리더는 비즈니스의 핵심 비전이 여전히 의미가 있고 이해되고 있는지 확인해야 한다. 자칫 과거로 회귀하는 것처럼 들리더라도 리더십은 어떤 상황에서든 항상 비전을 위한 것이라는 점을 기억하자. 사람은 회사의 비전과 미래를 명확하게 표현하는 리더를 따른다. 기술과 운영의 탁월함은 리더가 신뢰를 얻을 수 있는 방법이 되겠지만, 누구도 장인의 손재주 때문에 리더를 따르진 않는다.

프로덕트 리더는 팀과 의사소통할 수 있을 만큼 분명히 비전을 이해하고 있는지 스스로 자문해야 한다. 그 질문에 대한 대답을 얻은 후에는 팀이 비전을 이해하고 명확하게 표현할 수 있어야 한다. 그 다음에는 비전을 실천하는 전략을 수립해야 한다. 팀의 성과를 이끌어 내는 경로와 미래의 빅 픽처Big Picture에 이르게 하는 방법을 마련하는 것이다. 달리 말하면, 비전은 목표고 전략은 실행이다. 시니어 프로덕트 리더는 개별 기여자와 함께 비전과 전략의 차이점을 이해해야 한다. 비전과 전략을 하나로 묶어 다루는 것은 잘못된 것이다. 두 가지는 전혀 다르다.

실행은 비전에 영향을 미친다

비전과 전략의 차이점은 아이디어의 가치가 조직 내부에서 어떻게 발생하느지에 있다. 바람직한 조직의 리더는 조직에 높은 수준의 비전을 제시하며, 비전은 개별 실무자 수준에서 실행된다. 여기에 문제가 있다. 리더가 비전을 개발한다고 해서 그 가치가 시작되고 끝나는 것이 아니다. 조직에 집중하고 정렬된 상태를 유지하기 위해서는 아이디어 가치를 실행 수준에서 비전 수준으로 끌어올려야 한다. 실용적인 측면에서 보면 실무자는 자신의 업무를 비전에 연결해야 하고, 리더는 실무자와 고객에게서 오는 통찰을 수용하기 위해 비전을 조정할 의지가 있어야 한다. 리더는 실제 고객 데이터를 활용해 비전 수정에 개방적이어야 하고, 전략이 완전히 변경될 수 있다는 점 역시 받아들여야 한다.

고객의 피드백이 비전과 전략에 어떻게 영향을 미치는지 실제 사례를 살펴보겠다. 플러럴사이트 팀은 학습 경로라는 개념을 연구하고 있었다. 설립자 아론 스코너드Aaron Skonnard는 학습자를 위한 고객 비전, 즉 웹 애플리케이션을 사용하는 방식으로 혜택을 주는 비전을 제시했다. 웹 애플리케이션을 사용해 학습 경로에 참여하고 특정 기술을 익혀 학습자의 경험을 향상시키는 것이다. 이러한 학습 경로는 경력 진로와 유사하다. 이 통찰력은 학습자에게 인기 있는 회사 블로그 주제와 어떻게 연관돼 있는지 관찰하면서 얻었다. 플러럴사이트는 지난 5년 동안 수백 개의 학습 경로가 있었고 트래픽이 집중되는 학습 경로가 있었기 때문에 팀은 대중적이고 이런 학습 경로가 자리를 잡게 됐다는 것을 알게 됐다. 스코너드는 인기 있는 학습 경로를 통해 새로운 비전으로 가는 방법을 제시하게 됐다. 웹 애플리케이션 내부에 학습 경로가 필요하다는 것이다. 비전을 검증하기 위해 프로덕트 팀은 스코너드가 구상한 새로운 버전의 응용 프로그램 와이어프레임을 설계했다.

그러나 팀이 고객과 대화하기 시작했을 때, 학습 경로가 고객과 조화를 이루지 못한다는 점을 재빨리 발견했다. 트래픽이 높지만 실제 사람들이 웹 애플리케이션 안에 머물렀던 시간은 매우 짧았다. 프로덕트 팀이 이 연구에서 발견한 사실은 새로운 비전이 현실과 맞지 않는다는 것이다. 7~15년 경력의 매우 숙련된 개발자인 주요 고객은 기술을 향상시키고 싶어 했지만, 사전에 결정된 경력 경로를 필요로 하지 않는다고 판단했다. 대신 특정 기술을 향상시키려고 했다. 그들은 앞서가는 엔지니어가 되는 것을 원하지 않았다. Angular 등을 배우고 싶어 했고, Angular 2로 확장하고 싶어 했다. 프로토타입의 실행과 프로토타입에 대한 고객 피드백을 통해 비전을 깨달은 순간이었다. 갑작스럽게 비전을 변경해야 했다.

이 사례는 단순히 작동하지 않는 비전에 관한 것이 아니라, 현실 세계의 테스트를 통해 비전에 영향을 주는 것을 발견하는 내용을 다루고 있다. 프로덕트 개발 팀은 학습 경로 대신 기술 경로를 출시해야 한다는 사실을 알게 됐다. 그들이 이뤄 낸 것은 시장에서 배우고 비전을 재구성했다는 것이다. 통찰력은 회사의 프로덕트 전략을 변화시켰고 프로덕트 팀은 사용자가 놀라고 기뻐하는 제품을 출시할 수 있었다.

프로덕트 비전을 명심하면서 새로운 요구 사항 때문에 혼란에 빠지면 안 된다. "사람들은 항상 당신에게 많은 것을 요구할 것이다. 맹목적으로 요구 사항에 휘둘리면 엉뚱한 결과에 도달한다. 당신의 프로덕트는 본래보다 많은 기능, 많은 공간, 복잡성을 갖게 돼 처음 목적했던 가치를 잃어버린다"고 베이스캠프의 프로덕트 매니저 라이언 싱어는 조언한다.

팀 구성

재차 말했지만 팀을 구성하는 이상적인 방법은 없다. 팀 구성과 채용은 모두 상황에 달려 있다. 성공적인 프로덕트 매니저가 이 문제를 해결하는 렌즈는 비즈니스 문화다. 조직을 구성하거나 최적화를 하기 전에 제일 먼저 기업 문화에 맞는 것이 무엇인지부터 생각한다. "프로덕트 매니저에게 가장 중요한 것은 조직 인력 구성을 이해하는 것이다"라고 제비아랩스의 팀 번텔이 말한다. "프로덕트 매니저는 고객의 대변자가 돼야 한다. 다소 상투적인 표현이지만 함께 일하는 사람들이 마음에 드는지 확인해야 한다." 번텔은 프로덕트 리더가 내외부 고객을 대표한다는 것을 알고 있다. "당신은 고객의 대변자가 돼, 고객의 입장에서 함께하고 고객이 믿는 사람이 돼야 한다."

신흥 기업에는 기존 팀이 있을 것이므로 더 큰 조직의 목표와 문화에 팀이 부합하는지 확인하는 것이 프로덕트 리더의 주요한 과제다. 프로덕트 팀은 일상적인 업무에 집중하는 경우가 많으며 리더가 원하는 만큼 큰 그림을 보지 못할 수도 있다. "우리는 장기적인 우선순위에 집중하도록 지원해야 한다." 어도비 마케팅 클라우드의 모바일 부사장 맷 아사이의 말이다. "때로는 단기적인 것에 관심 갖기도 했지만, 나는 팀이 자원을 확보하고 좀 더 장기적인 것에 관심을 갖도록 도움을 줬다." 아사이는 프로덕트 리더가 팀의 시선을 좀 더 장기적인 관점에서 봐야 모두가 원원한다고 믿고 있다. "내 역할은 결국 접착제가 되는 것이다."

팀 구조는 각 회사마다 고유하고 독창적일 필요가 없다. 성공적인 모델을 빌려 쓰는 것은 조직 고유의 팀을 단기간에 구조화하는 것과 비슷하다. 고성장 중인 회사에게 팀 구성 방법 등 솔루션이 필요한 경우 고유한 모델과 구조를 실험해볼 수 있는 여유가 항상 있는 것은 아니다. "프로덕트 조직에는 프로덕트 관리, 사용자 경험, 데이터 과학, 프로덕트 전략과 프로덕트 마케팅을 포함하고 있다"고 로컬리틱스의 브라이언 던이 설명한다. "그리고 표준 마케팅을 담당하는 마케팅 부서를 별도로 운영한다." 던은 로컬리틱스 팀이 스포티파이의 스쿼드squad 모델을 복사해 어떻게 빠른 속도의 구조적 모형으로 적용했는지 설명한다. "우리는 풀스택으로 구성된 다섯 명의 팀원을 보유하고 있다. 내가 말하는 '풀스택full-stack'이란 팀원은 각 스택에 대해 엔지니어링 역량을 가지고 있을 뿐만 아니라, 프로덕트 매니저가 있으며, 기술적 리드를 하는 팀원, 엔지니어, 사용자 접점에서 개발을 담당해 사용자 경험을 가진 인력을 보유하고 있는 것이다." 핵심 팀 또한 모든 팀에게 기술적인 전문 지식을 제공하는 전문가로부터 혜택을 받을 수 있다. 즉 팀을 위한 팀으로 생각하자. "그리고 데이터 사이언스 팀이 있다." 던은 이어 말했다. "데이터 사이언스 팀은 UX팀과 매우 유사하게 운영된다. 조직 내 어떤 팀이 머신러닝 알고리즘을 필요로 하면 그 팀을 도와 프로덕트를 개선할 수 있게 도와준다. 그리고 나서 데이터 사이언스 팀을 그들을 필요로 하는 또 다른 팀과 작업을 하기 위해 움직일 것이다. 즉, 조직 내 요구에 따라 이동하게 된다."

"그것은 도전적이었고 많은 생각을 해야 했다." 금융 기술 프로젝트의 글로벌 제공 기업인 버추사 폴라리스Virtusa Polaris의 사용자 경험 사례 담당 부사장 데이비드 카츠David Katz의 말이다. 카츠는 버추사 폴라리스가 사용자 중심의 설계와 개발에 대한 수요 증가에 적응하도록 고용됐다. 분산된 조직이 된다는 것은 전 세계에 인력을 갖고 있다는 것을 의미한다. "나는 약간 다른 방식으로 일하고 싶었다." 카츠는 팀 관점에서 프로덕트 배송 그룹을 구성하는 문제에 접근했다. "우리의 목표는 전 세계에 흩어져 있는 사람을 모으는 것보다는 연습을 통해 커뮤니티를 조직하고 깊이 있는 스튜디오 몇 개를 구성하는 것이다." 카츠는 이것을 진행 중인 프로세스라고 말한다. 버추사 폴라리스와 같은 규모의 회사에서는 절대로 어떤 팀도 정적이어서는 안 된다. 그는 전술적으로 뉴욕 지역에 있는 몇 명의 원격 근무자 그룹과 보스턴 지역에 스튜디오를 설립했다. 회사는 보스턴과 뉴욕 주변에 역량을 갖추게 돼 중요한 능력과 커뮤니티 감각을 유지할 수 있게 됐다. 이미 탁월한 원격 팀을 보유한 회사에게는 도전이 될 수 있다. 카츠의 해결책이 모든 신흥 비즈니스에 맞는 건 아니지만 중요한 사실은 각 회사는 자신의 비즈니스에 적합한 구성을 찾아야 한다는 점이다. "우리는 뉴욕에 스튜디오 공간을 만드는 중이다. 우리 모두가 한 지붕 아래 있는 것이 중요하다. 사람들이 고객 사이트를 방문하지 않을 때, 서로 협력하고 작업할 수 있는 좋은 공간이 필요하다. 그것은 우리가 가고 있는 방향이다."

팀에 적합한 인력 확보

근무지 외에 팀에 필요한 인력을 어떻게 찾아야 할까? 근무지에 관한 기업의 선호가 결정되면, 기업 환경에 맞는 인력을 찾아야 한다. "우리는 훌륭한 인재를 찾기 위해서 수년 동안 채용 담당자와 협력해왔다"고 카츠는 설명한다. 채용 전략을 결정한 카츠는 단계별로 계획을 실행할 수 있었다. 첫 번째 단계는 팀의 핵심 인력을 만드는 것이었다. "우리는 두세 명으로 핵심 요원을 구축하기 시작했고 거기서 중요한 성과가 도출됐다"고 설명한다. "우리는 의도적으로 품질을 유지하기 위해 팀을 천천히 구축했다. 나는 의식적으로 기준을 낮추지 않기 위해 노력했다." 다른 성공적인 프로덕트 리더들과 마찬가지로 그는 무엇보다도 인력의 품질을 유지했다. 빠르게 성장하는 기업에게는 매우 어려운 일이다. 필요한 경우 프로덕트 팀에게는 항상 리소스를 제공하라는 압력이 있다. "1만 8천 명을 가진 조직에는 종종 어려움이 있다"고 그는 토로했다. "UX와 프로덕트 기능에 대한 잠재적인 요구가 많은 프로젝트가 있기 때문에 그러한 요구 사항을 일부 충족시키기 위한 인력을 추가해야 한다는 지속적인 압력이 있다." 프로덕트 리더는 신규 인력에 높은 기준을 유지하려는 조직의 요구 사항과의 균형을 유지해야 한다.

"모집과 면담 과정에서 몇 가지 일이 있다. 하나는 포트폴리오 평가다. 모두가 포트폴리오를 가지고 있고 많은 포트폴리오가 훌륭한데, 그 포트폴리오가 실제로 한 일인지 확인하는 건 힘든 작업이었다. 포트폴리오에 표시된 항목에 대해 어떤 기여를 했는지 확인하는 것이 필요했다." 카츠는 채용 대상 직원과 일대일 작업을 진행하면서 평가하는 유사한 과제를 설명한다. 프로덕트 리더는 나머지 조직의 일을 수행하고 일종의 표준 적응 교육을 적용하려고 하는 만큼 기준이 낮아질 수 있다는 위협이 있다. 핵심은 개인이 수행한 성과를 그들이 속한 팀의 전반적인 결과와 분리하는 것이다. "일반적으로 사람들은 팀에서 일하므로 개인별로 어떤 공헌을 했는지 파악하는 것이 어렵다. 우리가 해오고 있는 과제 가운데 하나는 인터뷰 프로세스의 일부에 모든 사람이 참여하는 디자인 실습을 만드는 것이다."

카츠는 입사 응시생에게 첫 번째 토론 후 서로에게 관심이 생기면 디자인 실습을 요청한다. "정말 간단한 모바일 전자 상거래 결제 실습이다." 카츠 팀은 후보자에게 사용자 스토리를 제공하고 후보자에게 스토리를 만족시키는 디자인을 만들 것을 요청한다. "우리는 실제 개방적으로 만들었고, 정말로 효과적인 것을 발견했다. 하나는 사람들에게 아주 쉽게 접근할 수 있고 많은 지식을 필요로 하지 않는다는 이야기다. 요즘은 모두가 모바일 결제를 해본 경험이 있을 것이다. 하지만 사람을 선택하는 실습을 수행하는 것에는 미묘한 차이가 있다."

이러한 요청을 해결하는 데 있어서 옳거나 틀린 방법은 없기 때문에 카츠는 이러한 유형의 사고 연습을 통해 팀이 자신의 기술과 관심사가 어디에 있는지 알게 한다고 말한다. "상호작용 설계, 시각 디자인, 정보 아키텍처, 그리고 사물에 대한 전반적인 표현. 그들은 그것을 어떻게 했는가? 프로토타입 도구를 사용하나? 정적 와이어프레임을 만드는가? 정말로 충실도 높은 구성을 하나? 아니면 좀 더 구조적이며 핵심적인 흐름을 보여줄 것인가?" 이 실습을 통해 얻은 통찰력은 카츠가 단순히 포트폴리오를 보거나 후보자와 이야기하는 것만으로는 얻을 수 없는 대답을 제공한다는 것이다. "어떤 때는 놀라울 정도로 훌륭한 예제를 보기도 했고, 기대가 높았는데 실망한 경우도 있었다"고 카츠는 말한다. "이것은 사람들이 할 수 있는 것과 할 수 없는 것, 생각하는 방법, 시간을 어디에 쓰느냐를 알 수 있는 훌륭한 방법이다."

8

대기업 조직

1955년 「포춘Fortune」이 발표한 500대 기업 가운데 429개 기업이 현재는 존재하지 않는다. 실제로 1950년대 이후 S&P500지수에서 기업들의 평균 수명은 60년 이상에서 15년으로 감소했다. 시장은 그 어느 때보다 빠르게 변화하고 있으며 인터넷 속도에 발맞춰 변화하는 것이 조직이 살아남을 수 있는 유일한 방법이다. 말은 쉽지만 대부분 대기업에게는 거의 불가능하다.

상승하는 변화의 속도는 혁신을 불러오고 훌륭한 프로덕트를 만들어 낸다. 또한 경쟁사가 회사를 무너뜨리기 전에 스스로 붕괴되는 기업 조직의 역량에 대해 이전보다 훨씬 더 큰 압박이 가해지고 있다. 동시에 기존 시스템의 유지 보수 및 업그레이드 비용은 새로운 개발을 방해하며, 인수 및 고객 기대 비용이 증가함에 따라 시장 점유율을 획득하기 위한 기존 마케팅 도구는 실패하고 있다.

이러한 모든 압박은 기업의 프로덕트 리더라면 누구나 공평하게 받는다.

엔터프라이즈 프로덕트 리더를 위한 큰 도전

스타트업 기업이나 성장하는 회사들은 동일한 경험을 하게 된다. 하지만 각 기업에게 주어지는 고유한 시련은 프로덕트 조직의 자만심과 끊임없이 맞서고 필요 시 혁신을 추구하는 것이다. 변화를 위한 욕구는 필수적이며 특히 기존 프로덕트들에 대해 끊임없이 변화를 추구해야 한다.

성공 후 현재 상태의 안주 피하기

『Lean Enterprise』(O'reilly, 2015)의 공동 저자 배리 오라일리Barry O'Reilly는 "성공은 미래의 성공을 가로막는 가장 큰 장애물이다"라고 말하며, "수십억 달러 규모의 기업을 성공적으로 운영할 때, 모든 수치가 좋아 보이고 도표가 모두 오르고 오른쪽으로 향하며 당신의 모든 경험을 쏟아 부은 전략을 통해 성공적인 회사로 이끌어 왔다. 그런데도 왜 변화가 필요할까?"라고 묻는다.

성공을 위험으로 간주하기에는 직관력이 떨어지는 것처럼 보일 수 있지만, 기업이 자신의 지위에 안주하고, 점진적인 개선에 초점을 두다가 더 큰 기회를 놓치고 젊고 야망적인 경쟁자들에게 추월 당하는 일은 과거에도 여러 번 반복됐다.

오라일리는 "자신이 하고 있는 일이 진정으로 효과 있는 일인지 확인하기 위해 끊임없이 도전해야만 한다는 사실을 인식하기 위해서는 다른 것을 시도해야 할지, 아니면 바꿔야 할지를 판단하는 진정한 용기가 필요하다"라고 조언했다.

성공 후에도 규율 지키기

27개 시장에서 2억 명이 넘는 고객을 확보한 노르웨이 통신 회사 텔레노Telenor의 프로덕트 부사장 리사 롱Lisa Long의 말을 들어보자. "가장 어려운 점은 당신이 세상의 모든 돈을 갖고 있다는 점이다. 그 돈을 어디에 써야 할지 고민이 필요하다. 자원이 부족하고, 현금을 분별력 있게 사용해야 하는 스타트업 기업과 달리 대기업들은 많은 자원을 가지고 있다. 문제는 자원이 너무 많은 나머지 딱히 성공적이지 못한 프로젝트를 계속 이끌고 나가려는 유혹에 빠진다는 점이다. '아마 이번 코너를 돌면 뭔가 하나 더 발견할지도 몰라' 하곤 한다. 대기업의 자원 투자는 스타트업 기업만큼 생사를 다루지 않기 때문에, 자원 투자를 언제 중단해야 하는지 아는 건 매우 어렵다."

규모가 커지더라도 집중하기

아무리 훌륭한 프로덕트 리더라도 모두가 만족하는 해결책을 줄 수 없다고 말할 것이다. 모든 회사는 이러한 어려움을 겪는다. 회사들은 사업 확장 중에도 특정 시장에 집중해야 한다. 기업의 규모가 작을 때 이것이 더 쉬울 수도 있다. 초기 단계의 회사는 특정 문제에 더 집중하는 경향이 있지만, 회사가 성장함에 따라 하나의 문제에 집중하는 것이 어려워진다. 회사가 엔터프라이즈급에 이르렀을 때 가해지는 성장과 규모에 대한 압박은 집중력을 유지하려는 모든 노력을 분산시킨다.

프로덕트 리더로서 겪는 가장 어려운 일은 기존 혹은 새로운 시장에서 성장함과 동시에 기존 고객에게 가치를 제공하는 일이다. 이러한 마찰을 극복하기 위한 해결책은 없지만 성공적인 프로덕트 회사에서 주목할 만한 패턴이 몇 가지 있다.

첫 번째 고려 사항은 조직을 돋보이게 하는, 적어도 하나의 프로덕트를 보유하고 있는지 확인하는 것이다. 프로덕트가 여러 개 있다고 가정할 때 적어도 다른 프로덕트보다 월등히 뛰어난 프로덕트를 원하게 된다. 항상 동일한 프로덕트일 필요는 없지만 뛰어난 프로덕트는 기업에 있어서 판도를 바꾸거나 시장을 선도하고 오랜 기간 동안 프로덕트 가치를 전달할 수 있다. 애플과 같은 소비자 중심 회사에게는 이것이 아이폰이며, 인튜잇과 같은 B2B 회사에게는 퀵북이며, 구글에게 이것은 애드워즈^{Adwords}의 기반이 되는 검색 기능이다. 이러한 주력 프로덕트들은 고객 및 사업에 막대한 가치를 제공함과 동시에 자사 홍보의 최고봉 역할을 이중으로 수행한다. 대히트 상품이 없는 회사들은 가장 큰 잠재력을 가진 프로덕트를 선택하고 그 프로덕트를 두드러지게 만드는 일에 집중하기를 추천한다.

고객들에게 회사의 가치를 전달할 수 있는 가장 효과적인 쐐기가 어떤 프로덕트인지 이해하는 것은 월등히 뛰어난 프로덕트와 긴밀하게 연결된다. 대부분 다른 프로덕트들보다 뛰어난 프로덕트이지만 그렇지 않을 수도 있다. 어떤 프로덕트가 문을 열고 고객 기반과 관계를 형성하는지 파악하면 다른 관련된 프로덕트들도 시장에 진입할 수 있다. 월등히 뛰어난 프로덕트가 마케팅 엔진이라면, 고객의 문을 여는 프로덕트는 판매를 촉진할 것이다.

끝으로 프로덕트 리더십은 가장 흥미로운 고객층에 집중해야 한다. 모든 고객층이 평등하게 만들어지진 않는다. 일부는 많은 돈을 벌지만 시장 점유율이 낮을 수 있다. 다른 일부는 강력한 네트워크 영향력을 갖고 있지만 가장 핵심적인 가치를 형성하지 못할 수 있다. 리더십이 어떤 고객층의 목표와 핵심 결과를 달성할지 결정하는 것은 매우 중요하다. 여기서 점을 연결한다는 것은 프로덕트 가치 전달 목표에 부합하는 고도의 집중된 마케팅 노력을 시작하는 것을 의미한다.

과거 HSBC에서 일했고, 현재 세인즈버리에서 디지털 오피스와 협업을 담당하는 선임 프로덕트 책임자 랜디 실버Randy Silver는 이러한 아이디어를 확장했다. "대기업 환경에서는 운영 규모가 다르게 동작한다. 소규모 회사의 경우 2~3개월 내에 결과를 내지 못하면 실패한 것처럼 느껴진다. 하지만 대기업의 경우 회사 전체적인 변화는 2~3년이 걸릴 수도 있다. 규제 환경에 따라서는 몇 달이 더 걸릴 수도 있다. 국가 간 데이터 전송을 다루거나 새로운 공급업체를 도입하거나, 혹은 다른 나라의 직원들로부터 피드백을 요청하는 일은 매우 복잡해질 수 있다. 구형 컴퓨터 시스템뿐만이 아니다. 프로세스가 완전히 복잡 미묘해질 수 있으며 조직 역학은 더욱 꼬일 수 있다. 이러한 규모의 회사는 종종 합병과 인수로 규모가 커지고, 사업 단위 또는 지역 간, 다른 시스템 및 프로세스를 이어받을 수 있다. 또한 이미 알려진 구조 외에도 기존 시스템이나 구조를 변화시키기 위해서는 종종 문서화되지 않은 체크 포인트를 살펴봐야 할 수도 있다".

배리 오라일리는 이에 덧붙였다. "일반적으로 혁신을 제한하는 요소는 상충되는 사업 목표, 대립하는 우선순위, 국부적인 성과 측정 그리고 성공 기준이다. 이 요소들은 전통적으로 경쟁이 치열하고 빠르게 진화하는 사업 환경에서 직원들의 행동과 결과를 통제하기 위한 관리 도구였으나 창조성과 반응성, 독창성을 저하시키는 악영향을 불러왔다."

오토데스크Autodesk에서 체험 디자인 부사장을 맡고 있는 마리아 주디체Maria Giudice는 이렇게 자신의 생각을 공유했다. "우리 회사의 포트폴리오에는 140개 이상의 프로덕트가 있다. 그렇기 때문에 한 제품 경험이 다른 제품 경험으로 일관되게 연결되지 못할 것이라고 상상할 수 있다. 물론 수년 전에는 그랬을 수 있지만, 현재 우리 회사는 극도의 소프트웨어 중심에서 사용자 경험 중심의 회사로 바뀌고 있기 때문에 프로덕트 간의 일관성은 필수다. 고객에게 일관된 경험을 제공하고 있는지, 단순하게 프로덕트만 실어 내고 있는지 자문해봐야 한다."

고객 중심의 고 투 마켓 전략 수립

가정해보자. 대개 기업을 설립하거나 대기업 조직일 경우 상장된 조직일 가능성이 크다. 이 경우 선임 리더로서 매주 발생하는 많은 토론에서 '상회하고 올리기beat and raise'가 우선돼야 하며 가장 중심에 서야 한다. 프로덕트 관리 분야의 선임 리더에게 있어서 가장 큰 고려 사항은 매출과 프로덕트의 고 투 마켓go-to-market 전략에 대한 마케팅 팀의 영향이다. 프로덕트 자체가 마케팅이 될까? 아니면 별도의 마케팅 전략이 필요할까? 언제, 어떻게, 어떤 프로덕트를 출시할지 누가 의사 결정을 내려야 할까? 어떤 기능을 개발해야 하는지 결정하는 사람은 누구인가? 이러한 종류의 결정은 과거엔 종종 수익과 직결되곤 했다.

놀랄 일은 아니지만 인터뷰한 많은 기업에서 기업의 프로덕트 로드맵을 기업 전체 매출의 상위 3분의 1 이상을 차지하는 고객이 결정지었다. 이러한 현상이 빈번히 발생하는 이유는 이 방법이 '상회하고 올리기' 모델에 대한 연간 성장 예측치를 달성할 수 있기 때문이다. 이러한 측정 지표를 둘러싼 성과 달성 능력은 거의 모든 회사에서 주주 성장과 가치를 창출한다. 가치가 창출된다고 고위 리더와 직원들에게 양도 제한 조건부 주식이나 다른 형식의 회사 자본을 나눠 주게 되면, 빈약한 환경을 만들게 된다. 고객 가치 제공과 관련이 없는 이러한 상황은 진흙탕 싸움이 될 수도 있다. 우리는 이러한 상황을 겪어 봤기 때문에 이 점을 강조하고 싶다. 마치 극복할 수 없는 충격파처럼 보일지도 모른다. 그러나 세계 최고의 프로덕트 리더는 이러한 압력을 이겨 내고 앞으로 나아갈 수 있는 역량을 갖추고 있다. 최고의 프로덕트 리더들은 고 투 마켓 마케팅 팀이 발견하기 전 수평선 너머에 무엇이 있는지 예측할 수 있는 능력이 있다.

가장 성공적인 프로덕트 리더가 배치하는 비밀 무기는 통찰력과 인간 중심의 연구 원칙이다. 경영진과 시장 압력이 변화를 주도하기 전에 통찰력을 가지고 데이터를 모으는 것은 대형 프로덕트 조직에서 매우 중요하다. 프로덕트 리더들은 수익 콘퍼런스 콜earnings conference call에서 받을 어려운 질문에 대비하기 위해 고객을 분석한 정보를 갖추고 있어야 한다.

경영진 및 시장 통계 관련 회의에서 "데이터는 거짓말하지 않는다"라는 오래된 속담은 유용하게 사용된다. 통계적으로 유의미하고 관련이 있는 데이터로 무장한 프로덕트 리더는 크게 앞서 나갈 수 있다. 특정 고객층이 원하는 것과 기꺼이 돈을 지불하고자 하는 의사를 강화하는 데이터는 향후 프로덕트 출시와 혁신을 위한 경로를 보여준다. 이는 기능이나 이익 모델보다는 지속 가능한 경험을 쌓는 것이 중요하다고 말한다. 조사를 통해 프로덕트 리더는 매출 상위 3분의 1의 고객들과 '상회하고 올리는' 상황의 욕구를 따로 분리할 수 있으며, 동시에 근본적으로 가치 있는 사용자와 구매자 문제를 해결할 수 있다.

효과적인 의사소통 및 공동 작업

성공적인 프로덕트 리더의 공통 관심사는 팀과 직속 상사뿐만 아니라 영업팀 및 마케팅 팀과도 소통하는 의사소통 기술이다. 최고의 프로덕트 리더는 영업 및 마케팅 담당자와 긴밀한 관계를 유지한다. 어떤 경우 일관된 협력을 유지하기 위해 대표가 책상을 공유한다고 말하기도 한다. 규모 면에서 효과적인 부서 간의 의사소통을 위해서는 적어도 매주 회의를 권장한다. 영업 및 마케팅 그룹은 정기적으로 모든 적절한 발견 및 새로운 가치 전달에 대해 숙지하고 있어야 한다. 또한 영업 팀과 마케팅 팀의 통찰력을 프로덕트에 주입하는 것 역시 중요하다. 결국 영업 팀과 마케팅 팀은 언제나 최전방에 서 있으며, 공유할 수 있는 고객 피드백을 갖고 있다.

건전해 보이는 데이터 피하기

오라일리는 자신이 생각하는 기업 환경에서 가장 큰 과제 가운데 하나를 다음과 같이 설명한다. "임원에게 전달되는 정보의 상당 부분은 가공된다. 프로덕트 개발 팀이 무언가를 개발하고 보고서를 제출할 때, 보고하기 부끄러운 것이 있거나 실제 수치보다 과장된 수치로 이야기하고자 할 때, 무언가 큰 문제가 있을 때, 상사가 보고서를 어떻게 받아들일지 두렵기 때문에 데이터를 숨기곤 한다. 프로젝트에서 빨간색 글자가 삽입된 보고서가 고위층에게 전달됐을 때 곤경에 빠지지 않기 위해 빨간색 글자를 주황색으로 바꾼다. 더 높은 고위층에 전달될 땐 주황색 글자를 초록색으로 바꾼다. 대표는 초록색으로 가득한 대시보드를 보고 이 정보를 바탕으로 전략적 사업 결정을 내릴 것이다. 즉, 그들은 잘못된 정보를 토대로 의사 결정을 내리고 있다. 그들의 결정이 잘못되는 것도 그다지 놀랍지 않으며, 결과가 어그러지는 것을 충분히 이해할 수 있다. 이제는 조직 위아래로 잘못된 정보가 순환되고, 결과적으로 이 순환으로 인해 조직 위아래에서 만들어진 결정이 더욱 더 악화된 결정으로 이어질 수 있다."

이런 상황에서 프로덕트 리더는 팀원들과 얘기하거나 실제 고객과 직접 대화하는 것이 많은 도움이 될 수 있다. 가공되지 않은 출처로부터 정보를 얻는 것은 궁극적으로 더 나은 결정을 내리게 돕는다.

오라일리는 설명했다. "가장 좋은 예시가 넷플릭스Netflix의 CEO 리드 헤이스팅스Reed Hastings이다. 그는 매 3개월마다 회사의 모든 임원들과 30분 미팅을 갖는다. 주요 부서 운영자들과 고객 테스트 세션을 통해 현재 어떤 일이 진행되고 있고, 어떤 것이 잘 진행되고 어떤 것이 잘 진행되지 않는지 파악한다."

더 나은 결정을 하기 위해 정확하고 가공되지 않은 정보와 피드백을 올바른 사람에게 전달하기 위한 조직 내외부의 감각 네트워크를 구축하는 것은 탁월한 프로덕트 리더의 특징이다.

올바른 것을 측정하기

이 책의 서두에서 설명한 바와 같이 훌륭한 프로덕트를 만드는 것은 프로덕트의 성공 여부를 측정하고, 이러한 측정 지표를 바꿀 수 있는 것은 팀의 능력에 달려 있다. 그러나 대부분 기업들은 측정 방법이 잘못됐다.

아만코나는 몇 가지 다른 방법으로 성공을 측정한다. 유튜브에게 있어서 매우 중요한 것은 크리에이터들의 만족도다. 아만코나는 "유튜브는 CSAT라고 하는 크리에이터 만족도를 갖고 있으며, 회사의 목표는 CSAT를 가능한 높이는 것이다. 크리에이터는 영상의 생명줄이다. 크리에이터가 없다면 유튜브는 콘텐츠가 사라지고 시청자와 시청자의 만족감밖에 남지 않는다." CSAT 점수는 크리에이터가 유튜브에서 얼마나 쉽게 커뮤니티를 구축할 수 있는가를 평가해 유튜브 프로덕트의 성공을 측정한다.

아만코나는 말한다. "우리는 플랫폼에서 크리에이터들의 사업 성장에 도움을 주기 위해 이들과 얼마나 소통하고 있을까? 크리에이터들이 필요한 도구를 제공하고 있을까? 유튜브에서 성장하기 위해 사용할 수 있는 전략을 명확하게 제시하고 있을까? 유튜브의 서비스, 지원과 파트너십은 크리에이터 측면에서의 커다란 지표다." 또한 그녀는 여러 설문 조사를 사용한다. 크리에이터에게 다양한 빈도와 유형의 질문을 보내는 것이다. "나는 설문 항목이 데이터를 결정한다고 생각한다. 지표들이 유튜브에게 말해주는 것들을 더 자세히 알아보기 위해 크리에이터와의 대화를 통해 설문 결과를 대조 검토한다. 유튜브는 수평적으로나 수직적으로 서로 다른 그룹 간에 나타나는 차이점들을 파헤치고자 한다. 아마 음악 크리에이터는 게임 크리에이터와 다르게 느낄지도 모른다. 왜 그런지 그 이유를 알아야 한다. 설문을 통해 크리에이터들의 의견을 들을 수 있고, 그들의 의견은 회사가 어떻게 플랫폼으로 성공할 수 있는지 알게 한다." 아만코나의 설명이다.

어도비는 첫 25년 동안 성공의 주요 지표로 '얼마나 많은 소프트웨어 패키지가 팔리는가' 이 한 가지만을 측정했다. 하지만 이 지표는 채택률이나 사용량, 고객 만족도에 대해 알려주지 않는다. 장기 고객과의 관계 개발을 장려하지도 않는다. 이 평가 지표는 가능한 자주 고객들에게 새 버전을 판매하는 데에 초점이 맞춰져 있었다. 어도비가 클라우드 모델로 전환했을 때, 근본적으로 가입과 갱신에 초점을 맞추도록 성공 지표를 변경해 전혀 다른 고객 관계를 형성했다. 이러한 변화는 직접적으로 프로덕트(온라인 마케팅 도구)와 고객들의 수요(고객 확보 및 유지)가 나란히 서도록 만들었으며, 이는 어도비에게 있어서 완전히 새로운 사업 영역인 마케팅 클라우드[1]로 이어졌다.

조직에 적합한 지표와 측정 방법을 결정하는 방법은 다음과 같다. KPI나 OKR, 성공을 결정하기 위한 측정 툴 중 한 가지를 선택해야 한다고 가정했을 때, 어떤 것이 올바른 피드백을 줄 수 있는지 알 수 있을까? 많은 프로덕트 리더들이 겪는 초기 문제는 방대한 데이터를 갖고 있지만 그 데이터를 통찰력으로 전환할 수 있는 방법이 충분하지 않다는 것이다. 기업 대표들은 집중해야 할 측정 지표를 선택하고 그 측정 지표가 왜 중요한지 이해하는 과정을 거쳐야 한다.

D+H의 프로덕트 매니저 조너선 고윈스Jonathan Gowins는 회사의 접근 방법에 대해 다음과 같이 말한다. "하나의 KPI는 수익이다. 이것은 단순하다. 팔지 않으면 수익을 창출할 수 없고, 실적이 저조해진다. 다른 지표는 거의 모든 산업을 휩쓸었던 순 추천 고객 지수 즉, NPS이다. NPS를 통해 프로덕트가 얼마나 고객을 만족시키는지 프로덕트의 인식에 대해 알 수 있다. 하지만 NPS의 이면에는 누군가가 홍보하고, 설치하고, 가치를 제안해야 하기 때문

---

1   어도비의 통합 온라인 마케팅 플랫폼 - 옮긴이

에 비용이 발생한다. 그 다음 어떤 프로덕트가 살아남는다면 그것은 비용으로 인해 불리하게 거래되고 문제가 발생하게 된다. NPS는 그 감정들을 가져와서 우리들과 정서를 공유하고 프로덕트에 대한 느낌을 제공한다. 우리는 두 가지 모두를 사용한다."

D+H는 금융 및 금융 산업을 위한 B2B 솔루션을 설계하고 개발하는 데 주력하고 있는 핀테크 프로덕트 회사다. 돈은 본질적으로 감정적이다. 집을 사기 위해 돈을 모으거나, 사랑하는 사람을 위해 선물을 구입하고, 값비싼 자동차 수리비를 어떻게 지불할까 생각하는 것, 이 모든 것이 감정적으로 반응한다. 전 세계 모든 사람들과 즉시 연결될 수 있는 오늘날, 우리는 재정에 대한 빠른 접근과 통제를 요구한다. 고윈스와 그와 같은 다른 프로덕트 매니저들은 다양한 이해관계자 그룹에 귀를 기울이고 있으며, 이러한 요구들을 실제 사람들과 그들의 자산을 위한 프로덕트로 만들어 낸다. 고윈스는 그의 회사가 B2B 프로덕트를 생산하지만 그럼에도 최종 사용자를 최우선으로 두기 때문에 NPS 측정을 강조한다.

어떤 측정 시스템을 선택하더라도 측정하고자 하는 것이 팀원과 회사의 관심을 끌 것이란 점을 명심해야 하며, 따라서 현명하게 선택해야 한다. 고윈스는 "데이터에 관한 한 고객들이 자신들이 필요로 하는 선례를 정하기 때문에 우리는 고객과 함께 일한다. 궁극적으로 우리는 그들이 필요로 하는 솔루션을 제공하는 것이다. 구매를 한다면, 그게 검증 번호 1번이 될 것이다. 좋은 NPS를 받는다면, 그것이 검증 번호 2번이 될 것이다."

이는 수익, ARR이나 CAC와 같은 성능 지향적 수치와 LTV와 NPS와 같은 품질 또는 고객 만족도 수치를 모두 나타낼 수 있는 균형적인 지표를 선택하는 것의 중요성을 강조한다.

회사 문화 안에서 일하기

"어떤 사람들은 하나의 대기업 내에서 다양한 업무 경험과 함께 전체 업무 경력을 쌓을 수 있다." HSBC의 랜디 실버의 말이다. "이것은 고유한 기업 문화일 수 있으며, 이 문화는 변화를 수용하지 않을 수 있다. 하지만 이 보수적인 문화가 기업의 본래 성공 이유이자 기업이 혼란에 빠지지 않은 이유가 될 수 있다. 고유 기업 문화는 큰 좌절로 이어질 수 있으나 동시에 엄청난 기회가 될 수 있다. 또한 기업 문화를 사랑하지 않더라도, 기업 문화에 감사는 하게 될 것이다. 기업 문화 없이는 사람들을 사로잡지 못하기 때문이다."

물론 모든 기업 조직이 이런 규모나 문화를 갖고 있지 않다. 그러나 그렇지 않더라도 프로덕트 리더는 팀이 전반적인 구조와 문화에 어떻게 부합하는지 고려해야 하며 동시에 의사소통에 중점을 둬야 한다. 고객 중심의 반복적인 프로덕트 기능 개발을 필요로 하는 기업의 조직에서, 조직 내부나 조직 위쪽으로 영감을 주고, 영향력을 발휘하고, 주도적으로 이끄는 프로덕트 리더들의 능력은 더욱 중요하다.

기업 프로덕트 리더들은 회사의 조직 구조와 예산 및 통제, 개발 프로세스를 반드시 염두에 둬야 한다. 마이크로소프트Microsoft 윈도우 부서 부사장 스티븐 시노프스키Steven Sinofsky는 "조직도를 만드는 것은 프로덕트를 만드는 것과 같다. 조직의 구조가 프로덕트에 반영된다. 업무의 깊이는 자원 배분에 반영되고 업무 기능 간 협업은 리더에 의해 반영된다"고 말한다.

변화에 영향을 미치기 위해서는 프로덕트 리더가 조직이 이해할 수 있는 방식으로 제시할 수 있어야 한다. 오라일리는 "혁신을 성장 전략에 연결함으로 조직에 대한 목표나 전략, 기금의 우선순위를 보장하며, 전략 전달을 통해 사업 전략과 실행 간의 연계를 제공한다"고 말했다.

기업 리더십

성공으로 이끌기 위한 팀의 조직 설계와 함께 수반되는 리더십 스타일을 다루는 것은 프로덕트 리더의 가장 어려운 업무 가운데 하나다. 이 조직을 설계하는 과정에서 많은 장애물이 드러난다. 문제를 깊이 살펴보기 전에 가장 큰 장애물 중 하나를 인식하기 위한 시간이 필요하다. 리더가 존재하는 영역에서 권력 투쟁이나 통제력을 갖고자 하는 많은 세력은 회사 전체에 영향을 주고 있으며 이것은 하루 종일 팀을 방해할 것이다. 시대의 변화를 통해 미래를 조심스럽게 긍정적으로 받아들일 수 있다. 고위 리더들은 점점 기술 관리자보다는 사람 관리자가 돼 가고 있다. 우리 조직이 현재까지도 이전의 지휘 및 통제 기관의 영향을 받는 것은 사실이며, 그렇기 때문에 아직 이러한 행동의 영향 아래에 있는 리더들이 있다. 지휘 및 통제는 종종 DNA에 지휘, 통제하고자 하는 습관이 프로그래밍된 고위급 종신 직원이 있는 오래된 회사에서 나타난다. 그러나 이러한 경향이 변화하고 있다는 긍정적인 징후를 볼 수 있다. 노련한 기술 리더와 프로덕트 리더들의 사람과 문화 경영을 향한 깊은 욕구를 볼 수 있다. 경험이 풍부한 기술 리더와 프로덕트 리더는 그들의 리더가 사람과 문화 경영에 초점을 맞추기 위해 필요한 하드 스킬과 소프트 스킬을 모두 갖추고 있는지에 관심을 보인다.

내외부 고객과의 의사소통

조직이 성장함에 따라 의사소통이 감소할 가능성도 높아진다. 팀원이 20명을 초과할 경우, 팀원을 살펴보는 것을 잊거나 비공식적인 고객 회의를 놓치기 쉽다. 건강한 의사소통 방식은 모든 사람 즉, 내부 팀원과 외부 사용자를 모두 고객이라고 생각하는 것이다. 프로덕트 리더는 고객의 관점에서 세상을 볼 때 더 나은 관점을 얻을 수 있다. 내부 팀원을 고객처럼 대우하면 자동적으로 '섬김의 리더' 사고방식을 가지게 된다. 섬김의 리더는 조직 내 사람들의 성장과 복지에 중점을 둔다. 전통적인 리더십에서 조직의 최상위에 있는 누군가는 힘을 축적하고, 힘을 행사하는 팀을 동반한다. 반면 섬김의 리더는 권력을 공유하고, 다른 사람의 필요를 우선적으로 생각하며, 사람들이 최대한 발전하고 높은 성과를 낼 수 있도록 지원한다.

최고의 프로덕트 리더는 달력에 의사소통을 위한 날짜를 따로 적어 두고 대화의 시간을 마련한다. 몸매 관리를 위해 운동 일정을 짜듯 원활한 의사소통도 마찬가지다. 맷 아사이는 이렇게 말했다. "나는 동료들과 잘 소통하고 있는지 확인하기 위해 정기적으로 시간을 보낸다. 인적 요소는 필수적으로 관리가 필요하다." 이는 팀원 및 고객과의 소통에도 적용된다. 성숙한 회사의 경우 보고서나 데이터를 보고 업무를 마쳤다고 결론을 내리기 쉽지만 대면 의사소통에서 실제 통찰력이 드러나게 된다. 아사이는 "데이터도 중요하지만 사람은 더욱 더 중요하다. 나는 매주 유타에 있는 사무실에 핸드폰을 하릴없이 보는 직원들이 있다면 그들에게 점심을 산다"라고 말한다.

이러한 팀원과의 정기적인 소통도 중요하지만, 고객들의 요구를 이해하기 위해 취해야 할 다른 조치들이 있다. 지맥스의 케이트 포트는 회사에서의 의사소통은 다양한 방식으로 이뤄져야 한다고 말한다. "다양한 의사소통 방식은 프로덕트 관리를 위해 필요하다. 나는 팀원과 함께 사용성과 사용자 경험 테스트를 하고 있다. 나는 현재 UX 팀과 협력해 사용성 및 사용자 경험 시나리오에 대해 파악하고 사용자의 의견을 경청한다. 또 회사나 회사의 특정 상품 등 다양한 관점에서 고객들의 최우선 관심에 대해 이해하기 위해 노력한다."

이러한 의사소통의 결합은 포트가 필요로 하는 좋은 영향력을 제공하지만, 그는 구체적인 통찰력을 얻기 위해 구조화된 실행 방식을 더 선호한다. "우리는 '100달러 질문'이라는 것을 실행한다. '만약 우리 플랫폼에서 100달러어치만 살 수 있다면 어떻게 100달러를 쓸까?' 하고 묻는다. 고객의 관점을 생각해보는 우선순위 결정 연습이다." 이러한 목표가 분명하거나 구조화된 의사소통은 고객으로부터 특정 데이터나 통찰력을 얻어내기 위해 설계됐다.

대부분의 리더 직책과 마찬가지로 프로덕트 리더에게 의사소통의 병목이 발생하며 순차적으로 의사 결정을 하게 된다. 프로덕트 리더가 올바른 정보를 얻지 못하면 현명한 결정이나 적절한 때 의사 결정을 내리지 못한다. 프로덕트 리더 업무의 일부는 무엇을 어떻게 해야 가장 관련성 높고 중요한 정보를 제공받을 수 있는지 알아 내는 것이다. 프로덕트 리더가 모든 정보를 수집하는 단순한 잡동사니 주머니가 돼서는 어떤 문제도 해결하지 못한다. 실제로 프로덕트 매니저나 리더를 통해 모든 정보를 필터링하는 것은 병목 현상을 더 심각하게 만들 뿐이다. 최고의 프로덕트 리더는 잡음으로부터 좋은 의사소통을 필터링하는 전문가이기도 하다. 프로덕트 리더들은 의사소통의 출처에 관해 매우 선택적이다. 의심의 여지없이 최고의 출처는 고객이다. 고객 및 사용자와의 직접적인 접촉을 통해 얻을 수 있는 정보는 최고로 가치 있는 정보가 된다. 포트는 "나는 적어도 하루 한 번 고객들과 대화를 나눈다. 사업 차원에서 전략적으로 생각할 때 그들과 대화를 나누는 것은 긍정적인 기반이 되기 때문에 좋아한다. 프로덕트 매니저가 고객들로부터 의견을 듣고 그들이 겪는 문제를 이해하는 것은 매우 중요하다. 나는 내가 지금까지 맡았던 모든 직책에서 동일한 방법을 사용해왔다"라고 말했다.

신치 파이낸셜의 공동 설립자이자 UX 팀장 조 랜프트 Joe Ranft는 "우리는 프로덕트를 만들 때, 설계 시작 전 많은 사용자 인터뷰를 진행한다. 한두 시간의 인터뷰는 사람들이 필요로 하는 정보를 정의하는 데 도움이 된다"고 말했다. 랜프트는 고객과의 소통을 더 쉽게 해 팀이 통찰력을 개발하는 방법을 다음과 같이 설명한다. "나는 청구서 사진을 찍고 사람들에게 포스팅을 요청해, 그들의 소비를 바꿔야 할 때 조언을 제공하는 프로덕트를 가지고 있다. 그 새로운 프로덕트는 사람들이 쇼핑을 하러 돌아다니고 싶어 하지 않고 그저 조언을 원한다는 사실을 토대로 개발됐다. 나는 UserTesting.com을 좋아하지만 실제 사용자 옆에 앉아서 그들에게 질문하는 것을 더 선호한다. 그들과 이야기하는 것은 몇몇 온라인 테스트보다 더 어렵게 느껴진다. 나는 아직도 사용자를 회사로 데려오고 그들이 프로덕트를 사용하는 것을 살펴보며 어떻게 생각하는지 물어보는 전통적인 사용자 테스트를 더 좋아한다."

랜프트는 포트와 다른 사람들이 말해준 '고객과 직접 대면하는 의사소통이 유용한 통찰력을 얻기 위해 선호되는 방법'이란 것을 확인시켜 준다. 랜프트는 이어 말했다. "대면하는 의사소통에서는 고객들의 얼굴을 직접 볼 수 있고, 고객들이 방향을 잃을 때 바로 알 수 있다. 특히 전화나 휴대전화 설계를 테스트할 때, 사람들이 전화나 휴대전화가 작동하지 않으면 기기를 톡톡 두드리는 모습을 볼 수 있다. 나는 사용자가 실제로 프로덕트를 쓰는 모습을 반드시 봐야 한다고 생각한다. 온라인 사용자 테스트에서는 사용자들의 프로덕트에 대한 느낌을 알기 어렵다. 이것이 '사람들을 직접 데려오는' 구식 방식이 여전히 효과가 있는 이유다." 많은 프로덕트 리더들은 정보를 소화하고, 소화된 정보를 의사 결정에 사용한다. 그러나 프로덕트 리더의 본질적인 업무는 팀에 대한 필터 역할을 수행하는 것이며 프로덕트 리더들은 이를 이해해야 한다. 프로덕트 리더는 가장 중요한 정보와 통찰력만 팀원에게 전달해야 한다. 더 나아가 이러한 통찰력들을 어떻게 팀원들과 공유할 것인지를 결정하는 것도 프로덕트 리더의 업무 중 하나다.

포트는 "이는 우리가 하고자 하는 일 가운데 하나가 고객 분석 대시보드를 만드는 것이기 때문에 고객에 대한 분석을 연구한다. 우리는 고객이 어떻게 성공을 측정하는지 이해하는 데 많은 관심을 가진다. 그들에게 사업의 중요한 요소는 무엇인지, 우리 프로덕트의 어떤 점을 기대하는지 이해하기 위해 노력한다"고 말했다.

협력 촉진하기

오토데스크의 마리아 주디체는 "탁월한 프로덕트 관리는 변화에 관한 것이며 변화는 리더십을 요구한다. 따라서 오늘날의 프로덕트 매니저와 디자이너는 리더가 돼야 한다. 결과물을 만들어 내는 사람에서 연결된 사회의 수호자가 돼야 한다. 최고의 아이디어와 솔루션은 팀원 모두가 과정에 기여한다고 느끼는 여러 전문 분야가 섞인 팀으로부터 나온다. 모든 팀원은 창의적이다. 모든 팀원을 창의적인 프로세스의 일부로 만들어야 한다"고 말했다.

직장 동료들을 공동 창작자로 대우하고, 각자가 자신의 전문 분야와 세계관에 따라 그들 고유의 생각을 가질 수 있음을 존중해야 한다. 또한 다양한 팀이 같은 목표를 공유할 수 있지만 서로 다른 언어를 사용한다는 점을 유의해야 한다. 더 많은 사람은 더 많은 아이디어와 더 나은 솔루션을 만들어 낸다. 어떻게 강력한 내부 커뮤니티를 구축하는지 알아보자.

오라일리는 "사람들은 교차 기능이 작은 프로덕트 팀에서만 중요하다고 생각하지만 그것은 옳지 않다. 우리가 발견한 최고 실적의 리더십이 발휘되는 팀은 전체 사업 범위에서 교차 기능을 사용하고 있었다. 이것이 부서를 이끌어 가는 사람이 필요한 이유다. 이것을 개별 프로덕트 개발 팀과 비교했을 때, 작은 규모가 아닌 대규모다"라고 덧붙였다.

기업 문화 변화시키기

주디체는 "우리는 고립된 상태에서 벗어나기 위해 해결해야 할 큰 문제를 파악하며, 문제를 함께 해결하기 위해 다른 프로덕트의 사람들을 직접 선택하고 있다"고 말했다. 또한 주디체는 "다른 프로덕트의 사람을 직접 선택하는 것은 고립된 상태를 타파함과 동시에 개별 프로덕트에 대한 편견을 전략으로 전환함에 따라 더 나은 프로덕트 경험을 만들어 낸다. 우리는 또한 실무 전담 팀을 만들고 있다. 연구에 열정적인 사람, 시각적 디자인에 열정적인 사람 그리고 정보 구조에 열정적인 사람들이 우리 회사에 있으며, 그들을 한곳에 모아 그들 고유의 규범을 갖도록 한다. 그들의 업무는 조직 전체의 업무 관행을 향상시키고 향후 더 나은 프로덕트를 제공할 수 있게 하는 것이다"라고 전했다. 기업 환경에 변화를 가져오는 일은 아무리 뛰어난 리더라도 혼자 할 수 없다. 변화와 혁신에 대해 협력하고, 사용 가능한 자원들을 활용해 기업 환경에 변화를 가져오는 것은 중요하다.

오라일리는 말했다. "조직의 모든 구성원이 혁신 과정에 참여할 수 있도록 내부 아이디어 자원들을 활용해야 한다. 이 과정에는 종종 기업가와 다른 리더들이 외부의 혁신으로부터 개방적일 수 있도록 '우리 회사 내부에서 만든 것이 아니다'라는 사고를 제거하는 기업 문화 변화를 필요로 한다. 사업 내부의 사람들에게 다른 조직이 그들과 협업하거나, 혹은 협업하지 않더라도 그들의 아이디어를 활용하는 것이 가장 중요하다는 사실을 말해줘야 한다."

말하기보다 보여주기

오라일리의 말을 더 들어보자. "고위급 리더들과 일할 때, 나는 새로운 프로덕트가 무엇인지 테스트하거나, 새로운 프로세스가 어떻게 실행될지 테스트하고, 고위급 리더들이 리더로서 스스로를 변화시키려는 노력을 테스트하는 실패 허용safe-to-fail 실험을 통해 고위급 리더들의 정신적인 모델을 깰수 있는 시나리오를 끊임없이 만든다."

팀원들에게 사용자 중심의 반복적인 개발 프로세스가 어떻게 동작하는지, 얼마나 가치 있는지, 실행이 얼마나 어려운지 진정으로 이해할 수 있도록 예제를 통해 이끌고 보여주도록 하자.

타냐 코드리의 말이다. "쉽게 이길 수 있는 방법을 찾고 지표를 움직여라. 모든 사람이 열광할 것이다. 또 수치가 올라갈 때마다 축하하는 시간을 가져라. 리더는 리더 본인과 팀원 간의 신뢰를 쌓을 의무가 있다. 이를 시행하면 모든 사람이 흥분하게 되고 결과적으로 더 큰 변화로 이어진다."

오라일리는 "반복적이고 실험적인 시행착오를 통한 의사소통 개발은 서류상으로는 쉬워 보이지만 실제로는 상상할 수 없을 정도로 어렵다. 시행착오를 통한 프로덕트 개발 경험은 실제로 가장 혁신적인 일 중 하나다. 이를 경험 후 경영진과 팀원들은 리더십을 강조하기 시작하고, 프로덕트 개발이 얼마나 어려운 일인지 사람들에게 강조하기 시작한다"라고 결론짓는다.

비전의 명료성 유지하기

프레딕티브 인덱스Predictive Index의 프로덕트 부사장 맷 포엡셀Matt Poepsel은 "로드맵의 역할은 회사가 어떤 방향으로 나아가야 하는지에 대한 회사의 비전을 나타낸다. 나는 우리 회사가 꽤 혁신적인 일을 하고 있다고 생각한다. 솔직히 경쟁사들은 상대적으로 정체돼 혁신적이지 않다고 생각한다"고 고백했다. 50년 동안 인력 분석을 해온 프레딕티브 인덱스는 매년 전세계 5천 개 이상의 고객사에 3백만 명 이상의 구직자와 직원 평가를 제공한다. 포엡셀은 "우리의 로드맵은 회사의 비전과 기업이 어떻게 성장해 나갈 것인가를 나타낸다"고 말했다. 이러한 로드맵과 비전을 일치시키는 것의 핵심은 역동성이며 로드맵은 90일마다 검토돼야 하고 수정이 필요하다. 로드맵과 비전을 일치시키면 역동적이고 진화하는 제품 환경의 현실에 균형을 맞추는 동시에, 장기적인 비전까지 그려 가게 된다. 포엡셀은 "우리는 매 분기 첫 주에 최신 버전의 로드맵을 만들지만 실제로는 15개월의 로드맵이 만들어진다"고 말했다. 이 접근법은 프로덕트 리더에게 있어 '먼 미래를 위해 팀원에 집중하고 동시에 가까운 미래를 위해 팀원을 관리해야 한다'는 직관적이지 않은 요구 사항에 균형을 맞춘다. 포엡셀은 이 접근법이 어떻게 작동하는지 다음과 같이 자세히 설명한다.

"우리가 15개월 로드맵을 만드는 이유는 이 방법이 이전 분기 동안 달성한 바를 요약해주기 때문이다. 빠르게 변화하는 조직을 따라잡기 힘들기 때문에 이 접근법은 우리 회사에 매우 중요하다. '무얼 해야 할까?'라는 질문에 대답하기 위해, 가장 빨리 처리해야 하는 일에 90일을 포함시키고, 특정 기간 내에 제공할 수 있을 것으로 예상되는 내용에 대해 진보적인 12개월 간의 계획을 수립한다. 이 방법을 통해 우리 회사의 파트너 기업들은 무엇이 개선될지, 어떤 것들을 기대할 수 있는지 완전히 알 수 있다."

프로덕트 포트폴리오 접근 방법

대기업 조직의 상당한 리소스를 가장 효율적인 방법으로 활용할 줄 아는 것이 성공적인 프로덕트 리더십의 핵심이다. 아이디어 단계든 성숙되고 안정된 시장을 대상으로 하든 혹은 성장 사업이나 사양 산업을 준비하는 것이든 간에 시장에서 모든 프로덕트가 다 다르기 때문에, 프로덕트 조직을 거기에 맞춰 구성하는 것이 중요하다. 포트폴리오 접근 방식은 모든 프로덕트를 전체론적인 방식으로 고려할 수 있게 해주며, 이와 동시에 프로덕트 단계와 필요에 맞는 자원을 각각의 프로덕트에 할당해준다.

텔레노는 IBM, 마이크로소프트와 마찬가지로 자사 프로덕트를 내부적으로 분류하기 위해 5단계 시스템을 설계했다. 더 많은 연구가 필요한 비슷한 행동을 보이는 사용자 그룹의 아이디어 수집 단계부터, 성숙 단계의 프로덕트 최적화를 필요로 하는 최종 단계까지 5단계 시스템을 통해 텔레노는 각 단계에 알맞은 자원을 지원할 수 있다.

첫 번째 단계에서는 많은 아이디어가 실패한다. 실패해도 괜찮다. 자원 분배 단계화를 통해 텔레노는 검증된 아이디어만 프로덕트 개발 단계로 진행되고 검증된 프로덕트만이 성장 및 마케팅 단계로 진행될 수 있도록 한다.

여기서 중요한 점은 5단계 전체에서 회사가 배운 내용은 중앙 데이터베이스에 저장된다는 것이다. 텔레노의 리사 롱은 "데이터베이스에는 회사가 어떤 것들을 시도해봤는지 그 정보가 저장돼 있다. 방글라데시의 교육에 대해 우리 회사가 한 일을 알고 싶은 프로덕트 매니저가 데이터베이스에서 정보를 찾아보고 '아, 우리 회사가 이 건에 대해 프로젝트를 진행한 적이 있구나! 우리 회사가 이 건을 통해 이런 점을 배웠구나'라고 말할 수 있다. 이러한 데이터베이스는 다음 프로덕트 매니저들이 자신의 프로덕트를 더 좋게 만드는 데 필요한 정보의 일부분이다"라고 말했다.

더 크게 생각하기 위해 작게 생각하기

조직에서 기업가 정신을 허용하는 것보다 더 많은 권한을 부여하고 혁신을 주도하는 것은 없다. 또한 기업가 정신을 허용하는 유일한 방법은 경영진의 통제에서 벗어나 회사와 부서, 프로덕트, 팀 차원에서 일정 수준의 자율성을 도입하는 것이다.

이 책 앞부분에서 고객과 밀접한 다기능 팀이 자율적이고 그들만의 전략 및 전술을 실행할 수 있는 독립성을 가지고 있다는 것에 대해 이야기했으며, 이러한 다기능 팀이 사람들에게 사랑받는 프로덕트를 만드는 가장 좋은 방법이라고 설명했다. 그렇다면 이를 대기업에서 가능케 하는 방법을 알아보자.

확실한 솔루션은 사업의 구성 요소를 작은 부분으로 나누는 것이다. 아마존은 피자 두 판이 부족할 만큼 팀 구성원이 커져서는 안 된다는 '피자 두 판 팀'이라는 개념을 고수하고 있다. 아마존에 20만 이상의 직원들이 일하고 있음을 생각해봤을 때, 아마존에 정말 많은 팀이 있다는 사실을 알 수 있다.

또 다른 접근법은 소규모 팀이 문제를 해결할 수 있다고 믿는 것이다. 대기업에서 일하는 네 사람이 변화를 가져올 수 있을까? 어도비에서는 그렇게 한다. 어도비의 최신 제품인 어도비 XD의 프로덕트 디자인 총괄을 담당하는 탈린 워즈워드^{Talin Wadsworth}는 새 대형 프로덕트를 출시하기 위해 그렇게 큰 회사가 어떻게 작게 생각을 할 수 있는지 설명한다. 많은 프로덕트 사용자들이 기억하듯이, 이야기는 디자인 툴이 든든한 포토샵과 일러스트레이터로부터 파이어워크와 같은 하이브리드 툴로 전환되면서 시작된다. 워즈워드는 파이어워크와 디지털 프로덕트 디자이너들과의 관련성을 이렇게 이야기한다. "파이어워크는 우리 회사 업무를 위해 만들어졌다고 생각한다. 회사에서 여전히 포토샵을 사용하는 디자이너들이 있었고 모두 일러스트레이터를 어느 정도 사용하고 있었다. 하지만 파이어워크는 해상도에 대해 생각할 필요가 없기 때문에 우리 회사에 이상적인 툴이었다. 우리는 스크린을 디자인하고 있었고 파이어워크는 스크린을 디자인하는 툴이었기 때문에 파이어워크가 점점 정교해질 것이라고 믿었다." 어느 날 갑자기 파이어워크의 발등에 불이 떨어졌다. 스케치Sketch라는 작은 회사가 디자인 툴 시장에서 어도비의 존재를 위협하기 시작한 것이다. 파이어워크는 창의적인 프로덕트 툴의 일부였지만 프로토타입 프로덕트는 업계에 좌절과 혼란의 파동을 불러왔다. 어도비에게 디자이너와 프로덕트 사람들을 위한 새로운 디자인을 개발할 때 도움을 줄 수 있는 툴을 개발하기 위해 새로운 노력이 필요하다는 메시지와 다름없었다.

워즈워드는 "우리 회사는 기회를 놓쳤다"고 말했다. "끝이 올 것을 알았지만 우리는 디자인에 도움에 되는 다른 툴을 찾고 있었다." 스케치는 이미 디자인 업계에 파란을 일으키고 있었고, (외부의) 디자이너들은 초기 단계의 신규 프로덕트를 만드는 방법 문제를 해결하기 위해 가능한 모든 방법을 시도해 보고 있었다. 아마도 키노트Keynote가 가장 많이 선호됐던 프로덕트였을 것이다. 워즈워드는 프로덕트 디자인의 도전에 대해 강조하며, "몇 년간 나의 작업 대부분은 키노트에서 이뤄졌다. 수석 '프로덕트 디자이너'로서 나의 일은 프로덕트의 초기 콘셉트를 잡고 스토리텔링을 만들어 내는 것이었다. 나는 내 프레젠테이션과 디자인에 더 많은 상호작용과 역동적인 흐름을 추가하기 시작했다"고 말했다. 그와 그의 팀원들은 키노트가 프로토타입을 신속하게 만드는 데 매우 유용한 툴임을 발견한 것이다. 워즈워드는 "우리는 주변에서 무엇이 일어나고 있는지, 우리에게 필요한 현대적인 툴에 대해 깨닫게 됐다"고 말했다. 팀은 포토샵이나 스케치 같은 하나의 프로그램에서 디자인하고 다른 프로그램에서 프로토타이핑하는 것보다 통합된 툴에서 디자인하고 아이디어를 테스트 가능한 프로토타입에 반영하기를 원했다. 한마디로 디자인 작업과 프로토타이핑 작업은 결합돼야 했다. 워즈워드는 설명했다. "우리는 키노트라는 하나의 툴이 신뢰할 수 있는 정확한 픽셀 디자인을 제공함과 동시에 프로토타이핑 기능을 제공하고 있다고 생각한다. 우리는 툴의 DNA 안에 동작성과 상호작용을 주입하고자 했다."

프로덕트 리더들은 종종 그들이 사용하는 툴이 결과에 영향을 미치는 상황에 직면한다. 워즈워드는 "이건 닭이 먼저냐 달걀이 먼저냐 하는 상황과 같다. 문제가 있으면 새로운 툴이 생겨나고, 그 툴이 프로세스에 결합되는 순간 툴은 결과에 영향을 미친다. 만약 디자인, 새로운 동작성과 상호작용을 제공하는 도구가 있다고 가정했을 때, 상호작용 디자인의 한계를 뛰어넘기 위해 디자이너들이 사용할 수 있는 툴이 생겨난다. 어도비에서 일하는 디자이너로서 우리는 이러한 도구의 필요성을 느꼈다"라고 덧붙였다.

성공하기 전에 만들기

'성공하고 싶다면 이미 자신이 성공했다고 생각하라'는 문구는 초기 단계 프로덕트 팀에게 동기를 부여한다. 이러한 팀이 더 안정적이 되면 단순한 생각을 넘어 모든 새로운 아이디어 개발에 프로토타이핑을 구축하기를 추천한다. 워즈워드는 "우리의 프로세스는 스타트업 기업과 동일하게 시작했다. 팀원이 네 명뿐이었기 때문에 아침에 아이디어에 관해 얘기하면 바로 실행하고 하루가 끝나기 전에 아이디어를 테스트해볼 수 있었다"라고 말했다. 당시는 프로덕트 디자인 작업이 키노트에서 이뤄졌으며, 팀이 모든 것을 즉시 수행할 수 없다는 사실에 일찌감치 동의했기 때문에, 첫 번째 프로토타입은 퍼즐의 일부분에 대한 해결 방법을 제시했다. 가장 첫 번째 프로토타입은 웹 브라우저에서 화면 디자인에 중점을 둔 간단한 툴과 기능이었다. 워즈워드는 이어서 말했다. "우리가 최초로 만든 '프로토타입'은 단순한 반복 기능을 제공하는 프로덕트였다. 우리는 UI 디자인에서 반복되는 도형 패턴을 신속하게 배치할 수 있는 기능이 필요함을 알고 있었다. 첫 번째 프로토타입에서는 수평, 수직, 가로, 세로 등의 방향으로 원하는 도형을 반복 배치할 수 있었다." 이러한 겸손한 접근법은 규모에 상관없이 모든 조직에서 중요하다. 필요한 기능이 너무 많아 하나만 고르기 힘들 때, 초기 프로토타이핑과 테스트를 간소화하는 이 접근법은 더욱 더 중요하다. 너무 많은 자원과 충분하지 않은 제약 조건은 프로세스를 커지게 하고, 프로세스 참여자들을 게으르게 만든다. 워즈워드는 "우리는 어떤 문제를 해결할 것인지 정리하는 프로세스가 필요했다. 집중할 만한 다양한 문제들이 있었지만 우리가 선택한 것은 다른 여러 가지 프로세스와 비유될 수 있다. 기본적으로 우리는 우선순위를 정해야 했다. 우리는 말하고자 하는 스토리를 알아내야 했으며, 어떻게 스토리를 풀어 나갈 것인가 생각해야 했다. 아이디어를 시작하고 진행하는 와중에 어떻게 진행할지를 찾았다"라고 말한다.

프로토타이핑과 테스트가 끝나더라도 새로운 아이디어를 만들어 내고자 하는 정신은 계속 유지돼야 했다. 워즈워드는 초기 유효성 검사를 어떻게 수행했는지 다음 단계를 통해 설명한다. "프로토타이핑과 테스트가 끝난 다음부터는 스토리를 계속 각색해 나갔다. 이것은 신나는 과정이었다. 툴을 만드는 것은 그저 우리의 본 업무를 하는 것과 같다." 어도비는 대기업이지만 고객들의 툴 채택 가능성이나 고객들이 표현하지 않는 욕구에 대해서는 전혀 생각하지 않았다. "우리는 창의적인 툴을 판매하는 데 집중하는 회사다. 그래서 시장 조사에 많은 시간을 보낸다. 외부 디자인 그룹에게 우리가 가진 초기 콘셉트를 보여주고 검증하면서 초기 프로토타입을 검토하기 시작했고 그들과 파트너십을 맺기 시작했다." 워즈워드의 말이다. 어도비는 스타트업 정신으로 시작한 프로덕트 기회를 더 큰 성공을 위해 공격적으로 시장을 공략했다.

캐털런트Catalant(이전 아우얼리 너드Hourly Nerd)의 공동 설립자 팻 페티티Pat Petitti는 새로운 기능과 개념을 지속적으로 프로토타이핑해 내부 고객과 잠재 고객, 투자자 모두의 주목을 끌 수 있었던 방법에 대해 다음과 같이 설명한다. "우리는 대여섯 장짜리 키노트에서 목업부터 시작했다. 시간이 지나면서 목업은 수면 아래에서 만들던 프로덕트와 유사한 70장짜리 프로덕트가 됐다." 페티티는 회사의 가장 큰 고객인 제너럴 일렉트릭스(GE)를 사로잡고 신흥 프로젝트 매칭 플랫폼에서 3천 3백만 달러를 모은 공을 프로토타이핑에 돌린다.

어도비와 같은 확립된 브랜드든 설립 이후 탄력을 유지하고자 하는 캐털런트 같은 급성장 중인 회사든 프로토타이핑은 거의 모든 회사에 유용하다.

3부

고객, 대행사, 파트너, 외부 이해관계자와의 협력

모든 사업에는 핵심 사업 주변에서 가치를 전하도록 돕는 파트너와, 대행사, 고객, 외부 이해관계자, 판매업체가 참여하는 생태계가 있다. 오늘날 고객 중심 시대에는 여러 프로덕트 회사가 고객 주변에 포진 중이라고 하는 것이 더 정확할 수도 있다. 어떻든 간에 외부와 협력할 때는 고려할 일이 참 많다. 시장 환경이 다르고, 회사의 규모가 다르고, 하나의 솔루션으로 해결할 수 없는 외부 이해관계자가 존재할 수 있다. 그동안 알 수 있었던 것은 이해관계자 및 파트너 관리 기술을 보유한 프로덕트 리더가 필요한 것을 얻을 가능성이 더 높다는 것이다. 이 책 전체에서 고객에게 더 가까이 가기 위한 전략을 논의했다. 3부에서는 프로덕트 생산 프로세스에 참여하는 모든 파트너를 대상으로 고객에 접근하기 위한 전략과 전술을 확장 논의한다.

9
파트너 생태계 계획하기

9장에서는 파트너 환경 구성 계획을 제안한다. 파트너에서 고객으로 가치가 흐르는 생태계를 고찰하면 새로운 통찰력이 생길 것이다. 이 계획은 경험 맵, 사업 캔버스, 활동과 가치를 나타내는 플로우 다이어그램, 의사소통 흐름 등 여러 형태로 표현할 수 있다. 회사와 프로덕트의 변화에 따라 관계 중 일부는 추가되거나 제거, 변경된다. 이러한 진화는 정상이므로 파트너, 판매업체와의 관계는 수시로 재평가돼야 한다.

파트너 맵핑을 하는 데 있어서 옳고 그른 방법이란 없지만 경험 맵 형태가 효과적이다. 경험 맵은 내부 팀과 고객 간의 접점과 상호작용을 시간적으로 보여준다. 파트너 맵의 경우, 고객 관계 접점은 회사 및 프로덕트 수명 주기에 서비스나 가치를 제공하는 파트너도 포함한다.

프로덕트 회사들을 컨설팅하면서 그 회사들이 경험 맵을 준비하지 않거나 가치 흐름을 명확히 설명하지 못하고 있음을 알게 됐다. 예시된 경험 맵을 맨 처음 볼 때 이들도 놀란다. 기억해야 할 사항은 회사에 파트너와 대행사가 다수 있겠지만, 이들도 누군가의 외부 파트너가 될 수 있다는 것이다. 제공자와 파트너의 네트워크에서 어떤 참가자가 가치를 제공하거나 받는지 잘 살펴봐야 한다. 이런 훈련은 모든 회사에 중요하지만 대기업인 경우 필수다. 회사가 성장하면서 네트워크도 같이 성장하며, 가치가 흐르는 곳을 간과하기 쉽다.

실행하기

제임스 켈러James Keller가 오리건 주 포틀랜드의 언콕트 스튜디오Uncorked Studios에 계약직으로 합류했을 때, 그녀의 첫 임무는 프로덕트 디자인 스튜디오의 문제를 해결하고 프로세스 곳곳에 구조를 구축하는 일이었다. 켈러의 이전 회사는 월마트^{Walmart}에 인수됐고, 그녀는 계속 근무하며 관계 프로세스 전문가로서 평판을 들어왔다. 그녀가 스튜디오에 합류한 뒤 얼마 되지 않아 대행사로서 구글, 삼성, 스카이프를 포함한 프로덕트 리더 고객과 협력하는 방법이 완전히 정비됐음이 밝혀졌다. 초기 몇몇 컨설팅을 마치고, 그녀는 언콕트 팀에 기호학 담당 상근 임원으로 합류했다. 이 역할을 맡으면서 그녀는 전략 실행 같은 일을 수행했다.

고객 파트너십 전략은 우리가 외부 기업과 근무하는 모든 프로덕트 리더에게 추천한 것으로, 예외적인 커뮤니케이션을 일차적인 목표로 상향 조정하는 것과 일치했다. 켈러는 이 전략을 고객 파트너십이라 부른다. 켈러는 "고객 파트너십이라는 명칭은 너무나 분명해서 우리가 무엇을 준비하고 있는지 잊지 않도록 해준다"라고 얘기한다. 하지만 고객 파트너십은 그저 하나의 명칭이 아니라, 언콕트에서 하는 모든 일 배후에 있는 영향력이 큰 개념이자 방법론이다. 고객 파트너십 전략은 세 가지 실행 분야로 나뉜다.

고객 관계

고객에게 더욱 가까이 다가갈 수 있음

기호학

프로덕트 전략의 스튜디오 버전

프로덕트 실행

전략에서 활동의 시작점

"프레임워크는 프로덕트 구축 프로세스에 대한 리더십의 삼두정치를 적용할 능력을 부여한다"고 켈러는 말한다. 켈러의 팀이 고객의 프로덕트 조직과 협력하는 방법은 믿을 수 없을 정도로 단순하지만, 적용하기는 어렵다. 이런 사례를 전달하는 방법은 좋은 관계가 언어와 수단의 세심한 이용을 근간으로 한다는 아이디어에 기반을 두고 있다. 켈러는 "의사소통하고 프로세스를 이용하는 방법은 어떻게 실행하고 어떻게 고객과 협업할지에 대한 신호가 된다"고 말한다. 상호작용에서는 언어가 무엇보다 더 중요하다. 모두가 같은 언어로 말할 때 문화와 기술 차이는 신속히 극복된다.

공통 가치 확인

고객 팀과 스튜디오 팀이 같은 생각으로 협업하기 위해 켈러는 Q덱을 사용한다. Q는 '질문'을 나타내며 의사소통이 최적화되기 위해 각 당사자가 상대방에 대해 알 필요가 있을 모든 일에 대한 체크리스트를 제공한다. Q덱은 팀이 작업 배경의 목적을 이해하도록 다음과 같이 가장 중요한 질문을 제기하기도 한다.

- 왜 만들고 있는가?
- 왜 중요한가?
- 가치를 전달할 것인가?
- 어떻게 가치를 전달할 것인가?
- 팀의 성공을 어떻게 측정할 것인가?
- 일이 잘못되면 무슨 일이 생기는가?
- 직면한 문제를 어떻게 해결하는가?

"프로덕트가 왜 만들어지는지 알 때 프로덕트에 대해 가장 잘 알게 된다. 이 프로세스는 내부 프로덕트와 프로젝트에 적용된다"고 켈러는 말한다.

고객 파트너십 프레임워크에 기술된 상세한 질문과 연속되는 대화는 이미 작업이 많은 팀에게는 불필요한 부담을 줄 수도 있다. 켈러는 고객 반응을 다음과 같이 묘사한다. "처음에 의뢰인은 '잠깐만요, 당신은 현재 이 일 외에 또 다른 일을 하라고 요청하는 건가요?'라고 말하면 우리는 '아니오. 지금 우리에게는 결론을 도출하기 위한 프레임워크가 있어요'라고 대답한다. 리더십 직무는 고객 관리 직무지만 올바른 언어가 없는 경우도 있다. 모두 같은 생각을 하고 있는지 확인하기 위해 공통 언어로 만들고 있을 뿐이다." 켈러는 스마트한 사람을 위한 의사소통 프레임워크나 수단이 없으면 의사소통이 올바르게 일어날 수 없다는 점을 단호히 지적한다. 그녀는 "의사소통 전략이 없으면 무엇이 우선순위가 높은지 어떻게 알 수 있을까?"라고 묻는다. "프로덕트의 핵심이 무엇인지 이해할 필요가 있다." 비전의 시작점이 같으면 팀은 동일한 목표에 맞춰 전진할 수 있다. 고객 측 엔지니어인지 우리 측 설계자인지 상관없이 모든 사람에게 효과가 있다.

신뢰는 시발점

텍사스 주 오스틴 소재 프로덕트 설계 스튜디오인 펀사이즈Funsize의 CEO 겸 수석 설계사 앤서니 아르멘다리즈Anthony Armendariz는 "신뢰는 무언가를 함께 만들기 시작하면서 형성된다"고 말한다. "거대하거나 복잡할 필요는 없지만, 무언가를 함께 창출할 때 신뢰도 창출된다." 아르멘다리즈는 회사와 협업하는 것이 어떤 것인지 보여주는 작은 프로젝트로 파트너와의 관계를 시작하는 방법을 제안한다. 신뢰 구축은 스튜디오와 고객 간 관계를 훨씬 더 소중하게 만든다. 오픈테이블OpenTable이나 그루폰Groupon, 델Dell과 같은 회사를 위해 디지털 프로덕트를 설계하는 펀사이즈는 고객이 혁신을 위해 자신의 회사에 일을 맡긴다고 믿는다. 관계 형성 작업은 시작부터 이를 인정하고 혁신에 집중할 프로세스를 만든다는 것을 의미한다. 한계를 허물어버리는 관계를 주장하고 이를 이행하는 것은 대행사와 고객 모두를 이롭게 한다. 아르멘다리즈는 궁극적으로 설계 및 개발 스튜디오를 임시방편으로 고용하는 프로덕트 회사는 관계의 가치를 알지 못할 것이라고 제언한다. 외주로 진행된 설계와 개발은 신속히 상품화될 수 있기 때문에, 작업에서 강조하는 것은 항상 문제 해결이나 전략 혁신이어야 한다. 아르멘다리즈는 말한다. "고객은 우리에게 '어떻게 하면 미래를 예측하는 최신 아이디어와 기술을 활용할 수 있을까?'라고 묻는다."

아르멘다리즈가 제기한 최종 요점은 아웃소싱에 대해 가장 자주 묻는 질문을 강조한 것이다. 즉, 언제 어디에 외부 팀을 이용해야 하는가? 다음 절에서 컨설턴트와 스튜디오, 기업을 활용하는 최상의 방법과 시간에 대해 논의할 것이다.

고객 요구 사항의 가치

버추사 폴라리스의 사용자 경험 사례 담당 부사장 데이비드 카츠는 "우리는 간혹 프로젝트에서 이런 '고객'에 대한 과제에 직면한다"고 고백한다. "놀랍게도 고객 합의를 얻기 위한 가장 어려운 일 중 하나는 고객의 사용자에게 접근할 수 있는 권한을 얻는 것이다." 카츠의 말에 따르면 프로덕트 회사는 파트너가 자사 고객에게 말을 거는 것에 두려움을 느낀다고 한다. "이들은 우리가 사용자에게 직접 접근하기보다 프로덕트 소유주를 통해 일하기를 바란다. 나는 그 문제를 둘러싼 창의적인 해결 방법을 찾는 법을 배웠다. 내가 컨설팅에 입문하기 전에 경험한 중요한 것 중 하나는 1980년대 후반 자전거 회사 캐논데일Cannondale에 근무할 때였다. 당시에는 UX와 같은 것이 없었고 나는 마케팅 임원 중 한 명이었다." 카츠는 고객에게 직접 말하는 데 알게 되는 장애물에 낙담하지 않고, 피드백과 통찰력을 얻기 위한 자신만의 전략을 찾았다.

그는 "고객에게 직접 접근하기 위해 몇 가지 일을 했다"고 말한다. "입사 후 바로 현지 자전거 점포에 가 사장에게 내가 토요일에 일할 수 있겠느냐고 물었다. 그리고 약 6개월 동안 정규 직원으로 일했다. 나는 자전거 점포에서 캐논데일 대표가 아니었다. 상자를 풀고, 매장에서 온갖 일을 했고, 자전거 점포가 받는 상자 포장법 등 일상적인 일에서 많은 통찰력을 얻었다. 이런 통찰력 덕분에 일하던 방법 중 실제 몇 가지 개선을 했다."

카츠는 고객에게 접근하는 데 공식적인 절차가 필요한 것이 아님을 입증했다. 글로벌 기업조차 사용자에게 직접 접근할 수 있다. 프로덕트 리더는 고객에게 더 가까이 가기 위해 약간의 진취력과 창의력을 이용할 필요가 있을 뿐이다. 카츠는 "나는 주기적으로 한 무더기의 보증서를 쥐고 다수의 고객들에게 무작위로 전화를 걸곤 했다"라고 말한다. "매주 한 시간씩 최근 한두 달 이내 자전거 구입자에게 전화를 해 지금까지 사용 소감을 묻곤 했다." 카츠는 대부분의 사람들이 물건을 구매한 회사로부터 전화를 받은 적이 없었다고 설명한다. "세상에! 이들은 매우 놀랐으며, 나는 그들이 친구들과 함께 자전거를 타고 외출한 그날 늦게나 그 주말에서야 친구들에게 다음과 같이 말했다는 것을 알았다. '무슨 일이 있었는지 알아? 내가 이 자전거를 얼마나 좋아하는지 알고 싶어 하는 캐논데일 사람한테 전화가 왔었어.' 때때로 통찰력을 얻기 위해 약간 다른 방법으로 접근할 필요가 있다."

이와 같은 사례는 훌륭하다. 카츠는 프로덕트 리더가 한정된 자원 안에서 창의적으로 고객에 접근한 대단한 사례를 만들어 냈다. 대부분의 회사는 발견 단계가 선행되도록 설계 및 개발 프로세스를 구조화하려 한다. 이러한 구조화는 필요하지만, 이것이 발견 프로세스의 유일한 부분은 아니다. 상세 설계 및 개발에 들어가기 전에 최초 연구와 발견이 중요하지만, 이미 시장에 있는 프로덕트의 약점이나 기회를 노출하지는 않는다. 이런 상황에서는 프로덕트 팀이 사용자와 시간을 보내고 관찰하며 문제를 철저히 조사하는 질문이 필요하다. 인터뷰를 위해 사용자를 회의실로 끌어들이라는 의미는 아니다. 오히려 사용자와 함께 책상 앞에 앉아 그들이 일하는 것을 지켜보고, 사무실에 어떤 장식이 있는지, 모니터에 붙은 메모지에 뭐라고 써 두었는지, 이용하는 시스템의 복잡성을 극복하기 위해 어떤 것을 활용하는지 보는 것이다. 모든 사용자 상황에서 분명히 표현할 수 있는 것과 표현 불가한 것이 있을 것이다. 후자의 경우 숙달된 관찰자나 인터뷰 대상이 말하지 않았거나 미숙하게 표현된 것을 애플리케이션 설계를 위한 통찰력 있는 특징이나 뉘앙스로 해석할 수 있다.

이런 사항을 모두 말하는 것은 어렵다. 건물 밖으로 나가 실제 고객이나 잠재 고객에게 그들이 겪은 경험에 대해 질문해보자. 그들이 일하는 것, 프로덕트를 사용하는 것, 고객이 해결하고자 하는 문제를 살펴보자. 우리는 팀이 공항으로 가는 길에 사용자와 함께 택시를 타고 가며, 쇼핑을 돕고, 약국 판매대 뒤에서 많은 시간을 보내고, NFL 경기장에 무선 라우터를 설치하는 엔지니어와 동행하는 것을 본 적이 있다. 추적 연구나 분석으로 도출된 데이터만으로는 이런 고품질 정보를 얻을 수 없다. 이런 고객 조사는 사무실에서 벗어나는 재미있는 경험을 제공한다.

컨설턴트를 이용하는 시기와 이유

외부 개발 스튜디오와 함께 일할 때, 프로덕트 리더는 자원을 강화하거나 특정 문제를 해결하기 위해 외부 팀을 활용할지 결정할 필요가 있다. 이런 접근 방식에는 중요한 차이점이 있다.

지난 몇 년 사이 많은 변화가 있었다. 과거에는 외부 스튜디오나 기업은 프로젝트 수행을 돕는 인력 수급을 위한 임시방편이었지만, 오늘날에는 그렇게 쉽게 생각할 수 없다. 외부 인력을 활용한 지 대략 10년이 지나면서 자리 잡은 솔루션을 실행하기 위해 전문가를 이용하는 것은 복잡한 설계나 개발 문제를 해결하기 위해 전문가를 이용하는 것만큼 유용하지는 않다는 것을 관찰하게 됐다.

회사가 성공하려면 우수한 프로덕트 리더십이 매우 중요하다는 것은 명확하다. 그러나 인적 자원, 리더십, 또는 노하우를 항상 내부에서 찾을 수 없다. 그렇다고 완벽한 채용이 될 때까지 포기하거나 기다려야만 할까? 물론 아니다. 컨설턴트를 새로운 통찰력과 지식, 시장 진입의 속도의 창으로 생각하자. 순식간에 전문가로부터 배울 수 있는데 왜 시행착오를 통해 배우려고 할까?

프로덕트 리더십을 돕도록 컨설턴트를 고용하는 데에는 어려운 도전과 함정이 있다. 단기 또는 장기 고용인 경우에만 효과가 있다. 컨설턴트가 개발한 새로운 전략이나 문화는 리스크로 인해 완전히 적용하기 어렵다.

경험 및 전략적 갭 채우기

최초로 프로덕트 팀을 구축하고 프로덕트 리더를 고용하거나, 단순히 경험 많은 프로덕트 리더의 조언과 멘토를 구하고자 하는 경우 컨설턴트를 고용하는 것이 경험과 도움과 통찰력을 즉시 얻을 수 있는 훌륭한 방법이 될 수 있다. 우수한 상근 인력을 찾는 것은 쉽지 않다. 믿음직한 프로덕트 중심 설계 능력과 개발 능력을 가진 인재의 공급이 수요와 맞은 적은 없었다. 설상 가상으로 채용 수요자, 인사 관리자는 이러한 프로덕트에 특화된 인력을 채용하는 방법을 모른다. 직무 기술서는 급성장하는 설계 회사에서 필요로 하는 인력과는 괴리가 있다. 고문과 컨설턴트에 의지하는 것이 인재 풀의 일시적 또는 전술적 갭을 메꿀 수 있는 방법이 될 수 있다.

변화 관리하기

회사 문화를 바꾸는 것은 어려울 수 있다. 팀원이 서로 얼굴을 맞대고 실험하고 실패할 수 있는 안전한 공간을 만드는 것 또한 어려울 수 있다. 경험 많은 조력자나 코치가 프로세스를 이끌 수 있지만, 이들이 떠난 후에도 경영진이 받아들이고 변화를 유지하겠다고 약속하는 경우에만 가능하다. 외부 조력자를 영입하는 것은 오래된 습관을 타파하거나 새로운 관점을 갖게 하는 촉매가 되기도 한다.

팀 내 외부 조력을 포용하기

무엇보다도 외부에서 온 프로덕트 리더가 오랜 기간 동안 팀에 받아들여져야 이 책에서 논의하고 있는 모든 것을 실행할 수 있는 기회를 가질 수 있다. 즉, 아이디어를 수행하고 성과를 획득하기 위해 자율성을 갖고 팀을 강화하는 반복적인 사고와 사용자 중심의 문화를 만드는 것에서 가능하다. 반드시 외부 조력자와 내부 인력이 같이 근무해야 한다는 의미가 아니다. 이들이 팀의 일원이 돼 장기적인 관계가 필요하다는 것을 의미한다. 앤서니 아르멘다리즈의 말처럼, 대행사와 의뢰인으로 일하기 위해서는 신뢰가 매우 중요하다. 그 신뢰는 형성될 필요가 있고, 신뢰를 형성하는 가장 좋은 방법은 프로젝트에 관해 긴밀히 협력하는 것이다. 신뢰 형성 시간이 필요하면 소규모로 시작해 신뢰가 확보된 뒤 프로젝트 규모를 확대하면 된다.

우리는 외부의 인재와 컨설턴트를 활용할 때에는 내부 팀원과 같이 대우하라고 조언한다. 협업하는 데에 시간을 투자하라. 이들을 훈련시키거나 필요한 경우에는 실무에 투입시키자. 가능한 경우 어디서에나 동일한 플랫폼, 동일한 채널, 동일한 수단을 이용해서 의사소통 하고 있는지 확인하라. 업무 관리용으로 내부 팀은 지라Jira를 사용하고 외부 팀은 베이스캠프를 사용하면 아무 소용이 없다. 원하는 의사소통 방법이 구체적이어야 한다. 프레시 틸드 소일의 고객 서비스 팀 업무 중 하나는 론치패드LaunchPad라는 상세한 고객 적응 프로세스client onboarding process다. 론치패드 설문지에 기재된 질문은 가장 정교한 세부 사항까지 파고든다. 긴 주말 연휴에 막판 최종 결정을 내리기 전까지는 업데이트나 질문을 받기 위해 개인별 선호 사항을 알아보는 것은 너무 세세하다고 여겨질 수도 있다. 대행사 인력을 팀으로 포함시키라는 의미는 그들의 업무 프로세스와 커뮤니케이션을 팀에 포함시키라는 뜻이다.

위험 관리하기

물론 복잡한 프로세스에서는 항상 찬사와 영광만 있진 않다. 많은 경우 특히 대기업에서는 컨설턴트를 '희생양'으로 고용하는 것을 볼 수 있다. 컨설턴트들은 마지막 순간에 도착해 팀에 소속되지 못하며, 로드맵과 요구 사항을 만들고 출시하는 모든 기능에 온 힘을 다한다. 우리는 컨설턴트들을 불러들이는 것이 '첩보 작전'처럼 느끼게 한다는 말과 직원들은 경영진이 다른 접근법을 고려했으면 한다는 얘기를 여러 번 들었다. 만약 당신이 이런 상황에 빠진다면, 아마도 이 책에 기술한 프로덕트 리더에 가까운 이와 함께 일하기를 선호할 것이다. 경영진이 진정한 인간 중심의 프로덕트 리더가 기여할 능력에 익숙하지 않다면, 컨설팅을 통해 확장하거나 제어하려고 할 것이다. 우수한 프로덕트 리더는 경영진에게 기업 전략이 진정한 제품 전략이라는 것을 보여 경영진에게 힘을 실어줄 수 있고, 리더가 되고, 신뢰를 받고, 책임을 지며, 최고의 자산이 될 것이다.

대행사, 설계 기업 그리고 개발 회사

외부에서 조달하는 프로덕트 창조 작업의 가치에 대한 상당한 혼동이 있다. 보는 관점에 따라 모든 프로덕트 설계 및 개발을 조직 내부에 유지하자는 주장도 있고, 모두 아웃소싱하자는 주장도 있다. 이것은 개방형 대 폐쇄형 사무실 공간 논쟁과 아주 유사하게, 흑백을 지나치게 강조하며 그 중간에 있는 수많은 회색 음영에는 관심을 두지 않는 과잉 선전이나 다름없다. 수십 년 동안 디지털 프로덕트 생산 분야에서 일하고 수많은 프로덕트 리더와 인터뷰하면서 단언할 수 있는 부분은 모든 것을 아웃소싱하지도 않고, 모든 것을 사내에 유지하지도 않는 것이 정답이라는 점이다. 아웃소싱의 가치를 이해하려면 해야 할 일의 가치도 이해해야 한다.

일리야 포진Ilya Pozin은 2013년 포브스 기사에서 "웹사이트 비용은 얼마일까?"라는 질문에 대답한다. 포진이 가격 책정이라는 어려운 도전에 대한 설명을 시작하기 전 2천 건의 프로젝트를 해낸 후에도 "여전히 이 질문에 대답할 수 없다"라고 말한다. 수많은 디지털 설계 및 개발 프로젝트에서 일해온 프로덕트 리더로서 그의 고통에 깊게 공감한다. 프로젝트의 가치 측정에 대한 어려움을 토로하는 대화가 있어 왔다. 포진의 딜레마에 공정하게 대처하기 위해서 기사는 소규모 프로젝트를 대상으로 한 것으로 보인다. 소규모 프로젝트는 본질적인 문제가 있다. 시장의 맨 하위는 a) 이전에는 웹사이트 시장에 진입한 적이 없는 단순한 구매자이거나 b) 자금 부족에 의해 제한이 있거나, c) 모두 동일한 상품 서비스 더미와 직면하고 있다. 프로덕트 자산을 계획하고 설계하며 개발하는 파트너 찾기는 간단한 웹사이트 프로젝트보다 훨씬 더 복잡하다. 명확하게 표현하기 위해 우선 시장의 상품화된 목표를 피하고 디지털 프로덕트 창조의 상위 계층에 집중해야 한다. 프로덕트에 집중한 대행사, 디지털 프로덕트 설계 기업, 프로덕트 엔지니어링에 집중한 개발 회사가 포함될 수 있다.

회사는 고립돼 있으면 안 된다. 프로덕트 회사와 파트너는 반드시 협력해야 한다. 이 절에서 어떻게 그리고 왜 일이 잘못될 수 있는지, 그런 장애물을 피하는 방법을 살펴볼 것이다. 성공을 위해 자신과 파트너를 설정하기 위해 프로덕트 리더가 해야 할 일이 무엇인지 고찰해보자.

- **주기적인 아웃소싱의 필요성을 인정하라:** 인력을 채용하는 많은 회사가 직면하는 어려움은 외주로 조달한 서비스의 가치와 이러한 투자가 완성된 프로덕트에 미칠 영향을 이해하는 것이다. 대개 프로덕트 회사에 의해 수행된 대규모의 복잡한 웹 애플리케이션 작업에는 투자 수익과 관련된 과제를 가지고 있다. 이 세상의 모든 회사는 외부 기업이나 컨설팅 회사, 고문에게서 오는 어떤 가치를 얻는 것에 의존한다. 외부 기업과의 협력을 피할 수 없기 때문에, 당신 팀이 혼자 모든 일을 단독으로 수행할 수 있는 척하기보다는 파트너십을 어떻게 운영할지 이해하는 것이 더 낫다.
- **아웃소싱 가치를 산정하기 위한 현재 방법을 적용하라:** 전문 서비스(예를

들어 디지털 프로덕트 설계 및 개발 서비스)가 업계에서 어떻게 평가되고 있는지 이해하려면 프로젝트 관리 삼각지대를 살펴봐야 한다. 철의 삼각지대라고도 부르는 이 모델은 모든 일을 설계하고 만들기 위해 비용, 범위, 품질의 세 가지 측면으로 구성된다. 때로는 범위가 시간으로 대체된다. 삼각지대는 프로젝트 자원을 어디에 투입해야 할지, 어디에서 회수할 수 있는지 등의 의사 결정을 가이드한다. "세 개를 모두 가질 수는 없기 때문에 두 개만 선택하라"는 말을 많이 쓴다. 다시 말하면 프로젝트를 비용은 적지만 기능을 유지해야 할 필요가 있다면, 결과물의 품질을 희생할 필요가 있다는 의미다. 이것이 많은 기업의 현실이다. 범위가 방대하고 자금이 없으면 훌륭한 프로덕트를 생산해 내기 특히 어렵다. 프로덕트 리더의 어려움은 고객 비즈니스에서 수행돼야 하는 업무의 가치나 영향을 충분히 설명하지 못한다는 것이다. 하지만 삼각지대 자체가 문제는 아니다. 문제는 삼각지대의 실행자가 프로젝트의 가치를 결정하는 작업을 피하기 위해 이 상황을 자신도 모르게 이용하는 것이다. 프로젝트의 가치는 결코 인도까지 걸린 시간이나 기간이 아니다. 설계자나 개발자가 품질은 주관적이기 때문에 결정하기 거의 불가능하다고 말하는 것을 흔히 들을 수 있다. 이들은 품질과 관련된 대화를 피하기 위해 요구된 결과물을 위한 시간 비용을 자세히 살핀다. 우리는 그러한 일을 저질러왔다. 양측 모두에게 이익이 되는 대안을 찾으려면 시간이 걸린다.

- **가치에 초점을 두기 위한 일정:** 시간을 크기가 상이한 덩어리로 분리할 수 있다. 각 프로젝트별로 최상의 시간을 결정하면 가치를 더 잘 관리할 수 있다. 소규모 프로젝트를 관리할 때는 한 시간 단위가 좋은 덩어리다. 몇 주, 몇 번의 스프린트, 몇 개월은 식별된 마일스톤

또는 정의된 로드맵을 가진 대규모 프로젝트에 더 잘 어울린다. 일부 기업과 대행사는 청구 가능 시간에서 성공적으로 벗어나 스프린트와 같은 더 광범위한 기한으로 이동했다. 개발 서비스에서는 맨먼스man month도 노력에 대한 일반적인 척도다. 맨먼스는 1개월 동안의 자원 비용에 대한 계산이다. 기간과 상관없이 시간은 여전히 서비스를 평가하기 위한 공통분모다. 상향식으로 구축하고 한 시간을 시간 측정 단위로 사용하거나 급여를 줄여 나가는 방법과 관계없이 시간은 여전히 척도로 사용되고 있다. 시간을 기초로 사용하는 계산의 문제점은 가치에 기여하는 기타 요소를 무시하거나 최소화한다는 것이다. 예컨대 연구 단축이나 잘못된 판매업체 선정에 따른 비용이나 작업을 수행하지 않아 발생한 기회비용을 어떻게 산출할까? 핵심은 '시간 비용' 접근 방식이 업계로 하여금 청구 대상 시간을 유일한 산출 근거로 사용하도록 강제한다는 것이다. 성공적 프로젝트의 핵심적인 질문을 무시한다. 즉, 이렇게 하는 것이 내 예산을 가장 잘 사용하는 것이었을까? 설계 및 개발 스튜디오는 서비스를 평가하기 위해 전통적으로 시간 산정 방법을 이용했다. 이 방법으로 시간당, 주당, 또는 월별로 비용을 산정할 수 있지만, 프로젝트별로 고정 비용을 청구하기도 한다. 고정 비용도 간접적인 방법으로 시간과 재료를 산정한다. 기업은 프로젝트에 대한 시간과 재료를 추정한 후 본질적으로 더 짧은 기간 동안 해낼 수 있고 상당한 이익을 낼 수 있다고 확신한다. 비용 산정은 도박과 같아서 기업이 프로젝트를 부적절하게 추정하면 기업은 심각한 현금 흐름 중압감에 시달릴 수 있다. 최악의 시나리오로 일시 해고나 심지어 파산까지 이어질 수 있기 때문에 기업과 의뢰인에게도 아주 위험하다. 그러면 프로덕트 리더는 프로젝트를 완수하지 못하고 떠나야 한다. 소규모 프로젝트나 분리된 과업에 사용하는 경우에는 고정 가격 입찰 방식이 효과적일 수 있다. 불확실성이 많은 장기적이고 복잡한 프로젝트에서는 고정 가격 입찰 방식은 적용하기 어렵다는 점에 주의해야 한다.

- **RFP는 누구에게도 도움이 되지 않음을 인식하라:** 프로덕트 리더가 과업의 금액을 결정하기 위해 이용하는 또 다른 방법은 파트너로 하여금 가치를 팔도록 하는 것이다. 가치라는 용어를 사용했지만, 입찰 파트너는 가치를 비용으로 해석할 수 있다. 예를 들어 입찰 과정을 통해 상품, 서비스 또는 귀중한 자산 조달에 관심이 있는 대행사나 회사가 잠재 공급 업체에게 제안 요청서(RFP)를 제시하고 구매자(이 경우에는 프로덕트 리더)는 다수 판매업체로부터 받은 견적서를 비교하거나, 내부 기한 및 예산을 토대로 내부 계산에 이용한다. 일단 파트너가 낙찰받게 되면 과업을 어떻게 시행할 것인지 그 이해가 부족하기 때문에 어떠한 옵션도 최적은 아니다. RFP 프로세스의 결과는 누가 가장 저렴했는지, 또는 누구와 입찰 전 관계가 있었는지, 또는 누구의 응찰 조건이 가장 좋았는지를 나타내지만 누가 최우수 파트너일지는 알 수 없다. 일반적으로 내부 예산은 외부와 단절된 상태에서 구성되기 때문에, 프로젝트를 완료하기 위해 필요한 실제 과업 비용에 대해서는 아무것도 밝히지 못한다. 게다가 RFP는 프로젝트 평가 프로세스 중에는 마찰을 일으키는 원천이 되고 만다. 잠시 동안 구조 수술이 필요하다고 상상해보자. 여러 의사 사무실에 전화해 협업을 위한 고정 예산과 일정이 있다고 말하며 경쟁 입찰을 해 낙찰자를 선택하려고 한다면, 이 시나리오가 어떻게 끝날 것이라고 생각하는가? 대부분은 당신의 제안에 코웃음을 치고 당신을 무시할 것이다. 하지만 자격이 없는 의사는 일을 수주

하려고 지나치게 낮은 예산을 제출할 것이다(수술이 잘 되길 바랄 뿐이다). 외부 기업에 고정 예산과 일정이 있는 프로덕트 개발 프로젝트 응찰을 요청할 때도 마찬가지다. 이런 상황에서 외부 파트너가 제안한 비용으로 인해 노력이 과소평가되며, 고객은 비교 대상 시장 비용을 비용 측정 기준으로 삼기 때문에 노력에 대한 과소평가의 타당성이 보강된다. 이는 양쪽 다 손해인 시나리오다. 프로젝트가 과소평가되면 기업이나 스튜디오는 의무를 충족시키지 못할 것이며, 의뢰인은 원하는 품질을 얻을 수 없다.

- **시간이 유일한 가치가 아님을 인식하라:** 프로덕트 리더에게는 문제를 정의하거나 프로세스를 조정할 방법을 검토할 시간이 반드시 필요하다. 간혹 난관에 부딪힐 때는 어떤 일이 발생할 것인지, 이를 보완하기 위한 전략이 무엇인지 논의할 필요가 있다. 이 단계가 생략되면 성공이나 진행을 결정할 측정 기준은 잘못되거나 주관적으로 결정될 것이다. 측정을 변경하면 결과는 분명히 상이해질 것이다.

- **잘못된 인센티브에 주의하라:** 가치 측정 기준으로 시간을 두고 컨설턴트 비용을 지급하는 경우 컨설턴트는 프로젝트에 더 많은 시간을 보내도록 장려받는다. 컨설턴트 세계에서는 더 많은 시간은 더 많은 수입과 같다. 파트너가 돈을 더 받기 위해 고의로 과다 청구하거나 근무 시간 기록표를 위조하는 것을 상상하지 않는 건 아니지만, 시간이 비용 청구의 기준이 되면 더 오랫동안 일을 유지하는 기업이 이익을 보게 된다. 또한 시간 제약에 의한 방해를 받지도 않는다. 문제는 잘못된 측정 기준에 의해 보상을 하게 된다는 것이다. 앞서 언급한 것과 같이 어떤 기준으로 측정하든 주목을 받게 된다.

- **전략적 가치 대 비용을 따져라:** 작업 비용은 작업의 가치와 같지 않다. 저렴한 기업을 선정하는 이유는 내부 인력을 사용하는 것보

다 더 싸다고 생각하기 때문이다. 그래서 내부 인력을 활용하는 것이 점점 더 매력이 없어지고 있다. 내부 팀을 구성하는 것은 장기적이고 비용이 많이 든다. 회의에 참석할 때 사용할 탈것을 마련하기 위해 자동차 공장을 짓지 않는 것처럼, 고층 건물을 지으려고 건설 회사를 창업하지는 않는다. 이제 확고하게 클라우드 서비스와 SaaS^{Software as a Service}(서비스형 소프트웨어) 툴에 대한 아웃소싱 가치를 알고 있는 시대에 살고 있다. 요즘에는 대부분의 진보적인 회사가 프로덕트 작업 중 일부를 외주로 처리하기 때문에 그런 관계를 효과적으로 관리할 방법이 필요하다. 좋은 소식은 이런 일을 수십년 동안 해온 프로덕트 설계 및 개발 파트너가 많다는 것이다. 이들은 훌륭한 프로덕트를 만드는 방법을 알고 있으며, 프로덕트 리더는 이 기술을 이용할 수 있다. 선도적인 프로덕트 설계 회사 클리어레프트의 앤디 버드는 "우리가 어떻게 가치를 전달하느냐고?"라며 되묻는다. "우리는 인재 기반의 사업에 종사하고 있다. 놀라운 능력자를 고용하고, 그들이 참여하는 동안 최상의 결과를 낼 수 있는 환경을 만든다. 의뢰인에게 우리가 최상의 협업 파트너가 될 것이라고 전달하는 데 능숙하다. 문제를 이해하고 이를 효율적이고 효과적인 방법으로 해결해 가치를 전달한다."

예제 시나리오

앞의 팁을 무시하게 됐을 때 어떤 일이 발생할 수 있는지 상상한 예를 살펴보자. 제인은 헬스케어 업계에 B2B 소프트웨어 애플리케이션을 제공하는 회사의 수석 프로덕트 담당자다. 회사는 새로운 모바일 앱과 웹 애플리케이션용으로 참신한 사용자 인터페이스가 필요하다고 계획한다. 회사가 필요하다고 한 것에 유념해야 한다. 제인의 회사에서는 고객이 여러 가지 상이한 휴대용 기기에서 애플리케이션을 사용할 것이라고 판단하기 때문에, 프로젝트에서는 여러 단계의 설계, 개발 및 테스트가 필요할 것이다. 제인은 프로덕트 팀과 함께 작업해서 새로운 기능을 상세화하고 추정 프로세스를 시작한다. 조직 내에서 받는 압력 때문에 제인과 팀은 프로세스를 서두르고 가정에 대한 검증을 생략한다. 촉박한 마감 시한 때문에 과거 연구에 의존하며 요구 사항을 수집하고 범위를 직접 수행하는 것을 선호한다. 분명히 실수하는 것처럼 보이지만, 이러한 일은 정확히 매일 발생하고 있다. 이 창작품이 궁극적으로 어떤 대가를 치를지 알지 못한 채, 제인은 이리저리 알아보고, "내가 전에 있던 회사에서 웹 프로젝트를 할 때, 이런 타입의 요건에 대해 얼마를 지급했어"라든가 "전에 있던 회사는 앱을 구축하기 위해 얼마를 청구했지만, 그건 몇 년 전 일이야"와 같은 말을 듣는다. 제인은 이전에도 웹 설계 프로젝트를 이끈 적이 있었지만, 이번 프로젝트는 과거보다 규모가 크고 복잡하다. 제인은 이런 상황을 위한 표준 솔루션으로 입찰 최종목록의 컨설팅 회사를 고용하는 것으로 생각한다. 전문가 컨설턴트가 제공한 작업은 일반적으로 솔루션을 생산하는 데 투자하는 시간의 양에 의해 가치가 평가된다. 제인은 제안서를 모아 약간의 수준 높은 대화를 한 후에 결정한다. 제인이 수행했던 유일한 비교는 잘못된 문제에서 기초한 범위에 대해 판매업체의 가격을 기반으로 선택한 것이었기 때문에 전체 비용을 여전히 파악하지 못하고 있다. 제인은 가치가 아닌 시간 비용을 기준으로 작업을 측정한다. 컨설턴트가 프로젝트에 소요하는 시간을 측정하는 것은 역효과를 낳는다.

그렇다면 제인은 이런 시나리오를 어떻게 방지할 수 있을까? 첫째, 서두르지 않고 대면해서 경쟁 입찰을 할 수 있도록 프로젝트를 자세히 살피고 문제를 이해할 필요가 있다. 이때는 좋은 파트너가 도움이 된다. 몇몇 전문가를 초빙해 어떻게 생각하는지 더 잘 알 수 있다. 잠재적 파트너에게 연구 사항을 보여주고 사려 깊은 질문보다는 더 많은 솔루션을 제안받고 있다면, 제인은 잘못된 방법으로 사람들을 상대하고 있는 것이다. 훌륭한 파트너는 항상 훌륭한 질문으로 신규 프로젝트 대화를 시작한다. 이들은 제안을 하기 전에 피드백 및 데이터 배후의 근본 원인을 이해하려 한다. 제인이 기업과 대화하고 그들의 접근 방식을 관찰하는 데 약간의 시간을 투자하면, 상대하는 기업의 품질을 더 잘 이해할 수 있다.

프로덕트 리더의 관점

상대방의 입장에서 프로덕트 리더는 내부 비용과 고객 가치의 균형을 유지하는 방법으로 작업을 평가할 필요가 있다. 이런 계산이 처음이라면, 프로젝트 비용을 결정하기 위해 시장 시세를 이용할 수 있다. 입찰자를 모으고 같은 유형의 프로덕트를 비교하기 위해 시장 시세를 이용한다. 내부에서 더 저렴한 비용으로 할 수 있다면 그 경로를 생각할 수도 있다. 물론 확실한 형태가 없는 전문 서비스에 같은 유형은 없다. 유사한 툴이나 소모품을 비교하는 방법으로 가격이나 비용을 사용하는 것도 꽤 효과가 있긴 하지만, 서비스에 대한 가치를 결정하는 데는 비효율적이다. 법률 자문이 필요한 경우 중요한 사건을 변호하기 위해 저렴한 초급 변호사를 고용하지는 않을 것이다. 이와 마찬가지로 자녀에게 까다로운 수술을 하기 위해 싸구려 돌팔이 의사를 고용하는 것은 터무니없는 일이다. 그러면 필수적인 프로덕트를 만드는 데 왜 경험이 부족한 디자인 팀이나 개발 팀을 고용한단 말인가? 우리가 가치를 결정하는 방법이 모든 전문 서비스에는 동일하게 적용돼야 한다. 저렴하다는 이유만으로 기업이나 대행사를 고용하게 되면 프로덕트로서 대우받기 위한 높은 수준의 작업 기준을 달성할 수 없다.

클리어레프트는 컨설팅 기업으로 좋은 회사지만 모든 사람들이 가치를 알아주지는 않는다. 가치는 객관적이지 않기 때문에 오늘 소중한 것이 내일은 소중하지 않을 수 있다. 회사가 속한 무대와 프로젝트 기대치에는 많은 관계가 있다. 숙달된 파트너와 협업하더라도 프로덕트 생산 프로젝트의 가치를 추정하는 방법을 결정하기는 어렵다. 정확히 추정하기 위해 사용 가능한 방법은 가치 기반의 가격 결정이라 부르는 개념이 있다.

가치 기반 가격 결정을 살펴보는 두 가지 방법이 있다. 첫 번째는 작업이 조직에 대해 가지는 미래 가치(투자 수익률, ROI)다, 두 번째는 산출물을 만들기 위해 필요한 내부 자원과 동등한 가치다. 후자는 유동 자본 계산과 유사하다. 프로젝트를 시작하기 전에는 회사가 ROI 값을 알기가 매우 어렵다는 사실을 고려해서 두 번째 가치 계산 방법에 집중해야 한다.

유동 자본에 대한 배후의 아이디어는 기업은 항상 부채보다 자산이 더 많아야 한다는 것이다. 이 두 숫자 간의 차이는 유동 자본이다. 분명히 자산보다 부채가 더 많으면 문제에 봉착할 수 있다. 목표는 성장 기회를 방해하지 않거나 현금 흐름에 피해를 주지 않도록 자본을 활용하고 있는지 확인하는 것이다. 프로덕트 리더가 프로덕트 설계 및 개발 프로젝트 가치를 이해하려면, 프로젝트가 성공하기 위해 자본이 어떻게 활용되는지 알 필요가 있다. 유동 자본 모델을 가치 기준으로 이용하면 이를 효과적으로 할 수 있다.

프로젝트의 가치는 동일한 작업을 하기 위해 정규직 직원FTE, full-time employee에게 지급될 비용과 쉽게 비교될 수 있다. 프로젝트의 가치를 무언가 만들기 위해 걸린 시간과 비례해 측정하는 대신, 의뢰인 팀은 그런 사람들을 모두 고용하는 동등한 노력에 기반을 둔 가치를 측정할 수 있다. 이 계산에 포함되는 것은 모집인의 수수료와, 세금, 헬스케어, 외부 코치에 의한 훈련(예를 들어 스크럼 또는 린 훈련)과 같은 경비나 수수료는 물론 그런 사람들을 모집하고 실무 투입 및 훈련하기 위해 걸리는 시간일 수도 있다.

동등한 내부 자원 방법론을 이용한 가치 기반 가격 결정의 예를 고려해보자. SaaS 기업에 근무하는 수석 프로덕트 담당관 제프가 웹 프로덕트 사용자 경험 및 연관 사용자 인터페이스 정비를 시작한다. 내부에는 UX 및 UI 설계 기술이 없다. 프로젝트 범위를 추정하기 위해 제프는 프로젝트에서 해결할 필요가 있는 문제의 최종 후보 명단을 작성한다. 그는 프로덕트 팀과 함께 설계 스프린트를 실행하고 영향이 큰 일부 솔루션을 시험해 이 문제를 해결할 가치가 있다고 결정한다. 그는 이렇게 검증된 솔루션을 구현하고자 한다. 콘텐츠 요구 사항, 마케팅 파트너로부터 받는 전문가 입력 사항 그리고 내부 팀에서 필요로 할 시간(회의, 검토, 결심 지점 등)을 거기에 추가한다. 그는 요구 사항 목록과 과업을 시행하는 데 필요할 기술과 비교한다. 예컨대 생성될 새로운 페이지 요소에 약 5~6페이지의 원본 콘텐츠가 필요하며 이 일에 카피라이터나 콘텐츠 전문가가 필요할 것이지만 회사는 그들 중 아무도 채용하지 않을 것임을 안다. 계속해서 이 프로젝트를 완료하기 위해 필요한 인적 자원 목록을 만든다. 다음은 제프의 가설 목록이다.

고위 UX 전문가

사용자 경험 계획 및 아키텍처

고위 사용자 인터페이스 설계자

시각적 설계와 레이아웃 리드

사용자 인터페이스 설계자

지원 및 이중화를 제공하기 위한 2차 시각적 설계자

고위 프론트엔드 개발자

UI 및 프론트엔드 코딩

프로젝트 매니저

프로젝트 관리 및 프로젝트의 행정

제프는 필요로 하는 역할 목록을 보유하고 있기 때문에, 회사가 역할에 맞는 인재를 정규직으로 고용하면 비용이 얼마나 될지 추정할 수 있다. 웹에 있는 공공 조사 데이터 및 급여 가이드로부터 각자의 비용을 추정할 수 있다. 일단 급여를 계산했더라도 여전히 고용 비용을 추가할 필요가 있다. 이 사항에는 내부 면담 시간과 모집인 비용(통상 초년도 급여의 20%), 실무 투입 및 비용, 이 프로세스에서 소요된 시간의 기회비용이 포함된다.

다음 단계는 이 프로젝트를 외주 처리하려면 비용이 얼마나 들지 파악하는 것이다. 몇몇 프로덕트 설계 및 개발 회사와 함께 프로젝트 비용을 결정한다. 외주를 수행하는 파트너 기업이 청구한 수수료가 완성된 프로덕트의 현재 가치다. 일단 프로젝트가 시행되면 외주 처리한 팀은 즉시 시작할 수 있고 장기적인 비용은 없다는 것을 염두에 두고, FTE 고용에 드는 비용보다 훨씬 더 적은 비용으로 프로젝트를 외주로 처리할 수 있음을 알게 된다.

FTE 팀에게 투자한 경우, 투자 수익률은 마이너스가 될 수 있다. 바꿔 말하면 영구적 기술에 대한 투자의 미래 가치는 완성된 프로덕트의 현재 가치에서 최초 연간 투자액을 뺀 것과 같다. 게다가 FTE가 회사에 남게 되면 인력 유지에 필요한 비용을 매년 부담해야 한다. 고용, 훈련 및 인재 유지에 필요한 시간, 노력 및 자금 비용을 들지 않게 할 수 있는 시나리오도 없다. 달리 말하면 지름길은 없다.

프로덕트 개발 또는 애플리케이션 UI 프로젝트 등을 고려하는 경우에 어떤 의미를 갖는가? 향후 몇 개월 동안의 50만 달러가 소요되는 고용에 관한 의사 결정을 내리는 것과 단기간 동안에 투자 수익을 제공할 무언가에 대해 10만 달러를 지불하는 것 가운데 선택을 해야 한다면 후자를 택할 것이다. 이건 쉬운 결정이다. 하지만 프로젝트가 완료된 후에도 정규직 팀의 가치가 유의하게 증가한다고 결정하면 FTE 경로로 가야 하는 것이다. 제약 사항은 일반적으로 시장에 출시된 시기와 시간 경과에 따른 팀 활용에 달려 있다. 대부분의 신생 벤처 기업에는 완전한 프로덕트 팀을 구축하고 이들을 실무에 투입할 시간과 자원이 많지 않은 반면, 경쟁자들은 프로덕트를 시장에 출시하고 있다.

회사가 시간제 근무 직원이나 프리랜서를 고용하기로 결정했다 하더라도 여전히 동일한 경비와 비용이 존재한다. 설계 및 개발 시간제 근무 직원은 지금 당장 수요가 많기 때문에, 회사는 검색 및 모집 프로세스를 계속 살펴볼 필요가 있다. 시급은 급여 비율보다 더 높이 치솟는 경향이 있기 때문에 거기서 비용을 절약할 수는 없다. 사실 시간제 근무 설계자와 개발자를 고용하는 것이 훨씬 더 값비쌀 수 있다. 복리후생비 지급과 관련해 진행 중인 비용이 더 적긴 하지만 여전히 기회비용은 같다.

일부 프로덕트 매니저는 정규직 직원을 보유하고, 이들의 주인 의식으로 산출물을 통제할 수 있다고 생각한다. 하지만 인재는 언제든지 이직할 수 있기 때문에 통제한다는 것은 환상이다.

"프로덕트 설계는 전략적이다"라는 불합리한 주장

프로덕트 회사가 자체 프로덕트 설계 및 개발 팀을 보유하는 이유는 내부 인력의 활동이 전략적으로 중요하기 때문이라고 말한다. 동의한다. 하지만 내부 인력의 활동이 언제 전략적이 되고 누구를 위해 전략적인지에 대해서는 동의하지 않는다. 일반적으로 프로덕트 회사의 전략적 가치는 프로덕트 비전을 고객 가치로 효과적으로 이행하는 것이다.

소프트웨어 프로덕트를 만드는 데는 많은 단계를 거친다. 초기 단계에 프로덕트는 빠른 반복적 시험과 개선을 거칠 필요가 있다. 시제품과 알파 빌드는 전술적으로 필요하다. 이것으로 가정을 시험하며 고객을 견인할 수 있는 증거를 검증한다. 이 초기 단계에 할 수 있는 최상의 전략적 고용은 힘든 일이 가능한 정규직 프로덕트 매니저나 빠른 사이클로 시제품을 만들고 시험할 수 있는 전략 프로덕트 설계 팀이다. 프로덕트를 보유하기 전에 프로덕트 팀을 구축하는 것은 재정적으로 무책임하다. 로컬리틱스의 브라이언 딘은 "때로는 비용에 다모클레스의 검Sword of Damocles(신변에 늘 따라다니는 위험)이 위에 매달려 있기 때문에 대행사가 내부 팀보다 더 효과적으로 수행할 수 있다"고 말한다. "우리는 즉시 효과적으로 일하기 때문에 의뢰인은 얼마를 지급하고 있는지 알게 돼, 양측 모두에게 일정 수준의 절박감이 생긴다. 간혹 그 절박감이 해로울 수도 있지만 대개 내부적으로 결여된 일정 수준의 집중과 비전, 모멘텀이 생긴다."

린 UX는 시작부터 크게 시작하는 것은 잘되면 무책임, 최악의 경우에는 치명적이라는 것을 가르쳐준다. 완전한 프로덕트 설계 및 개발 팀을 고용하는 것이 필수적인 전략적 요구 사항이라는 주장은 이전 소프트웨어 및 기술 창립자 세대와 관련될 수 있지만, 가치 전달 기대치가 높고 실패에 대한 내성이 낮은 경제에서는 타당성이 없다. 린이 신생 벤처 기업 및 혁신에서 잘 통하는 이유는 더 큰 통찰력과 이익을 만드는 데 상대적으로 작은 투자로 가능하게 해주기 때문이다.

솔루션은 흑백 논리가 아니다. 프로덕트의 진화를 여러 단계로 분리할 때 프로덕트 만들기가 대단히 쉬워진다. 각 단계에는 상이한 자원과 고려 사항이 필요하다. 프로세스 초반에는 신속히 움직이고 위험을 최소한으로 유지하고자 한다. 급여 대상자 명단에 숙련자 인원수를 추가하는 대신 외주 처리한 전략적 파트너와 협력을 통해 목표를 달성할 수 있다. 기업이 성장하는 동안 외주 처리 인력 비용을 풀타임 급여 대상자로 채용할 수 있다. 시간이 맞고 시장에서 견인력이 생겼을 때, 정규직 설계 및 개발 팀을 고용할 수 있다.

프리랜서 또는 계약자

프리랜서나 계약자에 대한 관념은 프로덕트 시장에서는 부정적인 의미를 내포하고 있다. 프리랜서는 대행사나 정규직 직원 이후 대개 초기 개시 비용을 절약하고 제약 사항을 완화하기 위한 자원으로, 적시에 비용 대비 효과적인 인재를 찾지 못하는 꽤 큰 팀에서 임시방편으로 사용할 수 있는 마지막 수단으로 인식된다. 프리랜서에 대한 우리 견해는 정반대며, 어떻게 보면 자체로 '외주 처리 집단'을 육성하는 면에서 기회가 된다. 프리랜서와 계약자라는 용어를 부정적인 맥락으로 사용할 수 있지만, 여기서 바라는 목적은 검증된 프리랜서와 계약자의 그룹을 갖는 것이다. 이들은 함께 실적을 만들어 가는 통합된 관계를 갖고 있고, 조직의 비전과 임무에 연계돼 있는 독립된 파트너다. 이들은 자신의 수행 작업에 대해 깊은 관심을 가지기도 하며 자신의 참여가 조직의 이익과 가치에 연계돼 있는지 확인하기도 한다. 재능 있는 전문가 그룹을 관리하는 것은 엄청난 시간이 소요된다. 회사 및 프로덕트 라인의 규모에 달려 있지만, 관계가 성숙하면서 궁극적으로 계약자 중에서 여러 명을 정규직 직원으로 채용하는 일은 흔하다. 우리는 전적으로 계약직 역할에만 의존하는 아주 규모가 큰 조직에서 일하고 있는 친한 친구들이 많다.

전략적 파트너

파트너 네트워크는 회사의 최대 자산 가운데 하나다. 이들은 판매나 마케팅만 다루기 때문에 프로덕트 팀에게는 잘 알려져 있지 않다. 세상에서 가장 큰 대부분의 기업들의 최고의 수입에서 약 30~40퍼센트 정도가 파트너십 거래와 협력에서 발생한다는 것은 놀라운 일이 아니다. 조직의 규모와 상관없이, 두 가지 공통 사업 모델을 고려할 것이다. 첫 번째는 중개 판매 파트너 전략이다. 대개 이와 같은 파트너는 상품과 서비스를 유통하는 업체로서 설립하는 경우의 제안 방식이다. 제안에 마진을 적용해 파트너십 포털을 만든다. 이런 포털 대다수는 세일즈포스^{Salesforce}와 같은 회사로부터 구매한 패키지 솔루션이며, 대상 프로덕트 팀과 엔지니어링 팀이 백엔드^{back-end}를 구현한다. 이를 통해 파트너는 로그인하고 프로덕트를 공급할 수 있는 인터페이스와 이 프로덕트(일부 경우 화이트 라벨 또는 동일한 브랜드)를 고객 기반으로 판매 할 수 있는 인터페이스를 가질 수 있다. 어떤 형태든지 이 방법은 수익의 큰 원동력이자 핵심 프로덕트 제공에 있어 중요한 또 다른 포인트다. 어떤 형태로든 커다란 수익을 추진하는 동인이며, 또 다른 면에서는 핵심 프로덕트 제안에 매우 중요하다고 느끼게 된다. 대기업 섹션에서 기능/이익 프로덕트의 커다란 추진 동인은 실제로 팀에 영향을 준다고 언급했다. 많은 경우 이 형식의 파트너는 당신의 핵심 프로덕트의 지원 범위를 증가시키는 것을 요구한다. 이런 요구에 대응하는 방법은 파트너가 솔루션 중 일부를 스스로 구축할 수 있도록 판매사 서버 측 플랫폼의 호출을 노출하는 것이다.

고려할 두 번째 사업 모델, 즉, 직접 판매 파트너 전략은 플러럴사이트 Pluralsight의 전략적 파트너십과 같은 것처럼 보일 수 있다. 그런 파트너십 중 하나는 초대형 마이크로소프트 전문가 네트워크 MSDN의 경우다. 마이크로소프트와 플러럴사이트는 MSDN에 동일한 가치를 부여한다. 이 예에서 플러럴사이트는 마이크로소프트와 제휴하며 마이크로소프트 고객에게 직접 판매한다. 이를 위해 플러럴사이트는 세 가지 공동 브랜드 프로덕트, 즉, 판매 및 마케팅 접근 방식을 요약하는 고 투 마켓, 플레이북과 콘텐츠 전략을 만든다. 이 파트너 전략 중 일부는 페이월paywall (지불 장벽/유료 사이트)을 벗어난 프로덕트를 갖추는 한편, 다른 일부는 수요와 밀착도를 추진하기 위해 MSDN 및 플러럴사이트의 페이월 내부에 있을 프로덕트를 갖춘다. 이 전략은 고객에게 가치를 더 잘 전달하도록 양 파트너 중 최고에게 영향력을 행사한다.

다차원적 인력과 파트너 솔루션

언제 정규직 직원을 고용하고 언제 파트너와 협업할 것인지를 아는 것은 프로덕트 리더에게 어려운 도전일 것이다. 어떤 방법을 택하든 견딜 수 없고 힘든 일의 연속이다. 프로덕트 리더로부터 듣는 좌절 중 일부를 소개한다.

> "우리 대부분은 신생 벤처기업과 같다. 해야 할 일이 아주 많다. 프로젝트를 다루기 시작하기 전에 설계 및 프로덕트 인력을 정말 더 많이 고용할 필요가 있다."
> "개방된 '프로덕트' 포지션이 많아 어디서부터 살펴보기 시작해야 할지 모르겠다."

"누군가를 찾는다 하더라도 실무에 투입하고 생산적인 인력이 되려면 수개월이 걸릴 것이다."

"재능이 많은 개발자와 설계자 모집에 도움이 필요하다. 도전 과제는 우리가 섹시한 샌프란시스코를 기반으로 하는 신생 벤처기업이 아니기 때문에 재능 많은 인력들을 끌어들일 수 있을지 모르겠다."

이러한 우려가 프로덕트 회사에만 존재하는 고유한 것은 아니지만, 점점 더 프로덕트 모멘텀이 느려지거나 중단되는 이유가 되고 있다. 하지만 고용은 솔루션의 일부에 불과하다. 그렇게 많은 리더와 관리자가 이 문제로 고심하는 이유는 한 가지 관점으로만 보고 있기 때문이다. 이것은 그렇게 단순한 문제가 아니다.

사람들의 요구로 고용할 필요가 있다고 가정하고 시작하자. 정규직 직원 고용이 항상 유일한 솔루션이 아닐 수도 있다. 빈자리를 채워야 한다는 요구 사항은 다차원적 접근 방식을 요구할 때가 아주 많다. 즉각적인 필요성과 장기적인 필요성에 의한 고용은 거의 항상 어려울 것이다. 최근의 현실에 대한 예가 여기 있다.

에드테크*Edtech*는 온라인 교육 툴에 대한 복잡한 세트를 만들고 있다. 즉시 필요한 사항은 최초 프로덕트 설계 시 프로덕트를 만들고, 시험하며 와이어프레임을 만드는 것이다. 명칭을 붙이자면 *MVP* 단계라고 해야 한다. 중기적인 필요성은 약간 상이하다. 최초 시험이 순조롭다고 가정하고, *MVP* 단계에서 인계받고 성능이 더 좋은 구성 요소를 구축하기 위해 설계자와 개발자로 소규모 팀을 고용한다. 이 사람들은 약간 상이한 업무를 맡고 중복된 제너럴리스트가 될 필요가 있다. 장기적인 필요성은 프로덕트 매니저, *UX* 전략가, *UI* 설계자 및 플랫폼 전반에 걸쳐 각 프로덕트를 실행하기 위한 엔지니어와 같은 전문가로 구성된 자율

팀을 보유하는 것이다.

이 예는 대부분 고도 성장 회사에서 발생하는 것과 다를 바 없다. 회사가 각 단계로 나아감에 따라 상이한 도전 사항에 직면할 것이다.

3~6개월 내에 완료될 필요에 의해 규정된 즉각적 필요성은 재빨리 속도를 낼 수 있는 파트너가 가장 잘 다룰 것이다. 회사가 스스로 그렇게 짧은 기간 내에 믿음직한 인재를 모집해 실무에 투입한 후 실제로 MVP를 생성하는 것을 기대할 수는 없다. 따라서 파트너는 수개월 동안 좌절에 빠지지 않게 하고, 진정한 가치를 제공하게 해준다. 견인력이 생기면 회사는 많은 분야를 다루고 다수 업무를 취급할 수 있는 팀이 필요할 것이다. 이 단계에는 설계하고, 시험하며, 코딩하고, 전략을 짤 수 있는 제너럴리스트가 매우 유용하다. 모두가 제너럴리스트가 돼야 한다는 의미는 아니며, 단지 유용하다는 것이다. 회사나 프로덕트에 탄력이 붙으면서 더 많은 전문화가 필요하다. 플랫폼 규모에 따라 팀이 프로덕트 특화 팀으로 분화되기 시작할 수도 있다.

승리를 위한 다양한 고용 전략

여기서 주의 깊게 생각해볼 점은 목표 지점에 신속하고 알맞게 도달하기 위해 다양한 고용 전략을 실행해야 한다는 것이다. 리더가 정규직 인재를 모집하고 장기적 팀 구조에 대해 계획하는 동시에 외부 팀(프리랜서, 대행사, 컨설턴트)을 고용할 가능성이 높다. 인재 고용은 선형적 접근 방식이 아니다.

훌륭한 프로덕트 리더는 가장 긴급한 일 처리에 노력할 최우수 직원을 얻기 위해 인재 파이프라인과 다중 트랙 전략이 필요하다는 것을 안다.

모멘텀을 얻기 위해 다음 사항을 찾고 스스로에게 자문해야 한다.

- 견인력과 모멘텀을 얻기 위해 (3~6개월 내에) 즉시 필요한 것은 무엇인가?
- 중기(6~18개월)에 필요하게 될 것은 무엇인가?
- 일단 검증된 프로덕트와 고객이 있으면 무엇이 필요할 것인가?
- 핵심 팀을 구축하는 동안 전술 및 전략 문제를 해결하기 위해 외부 기술을 이용할 수 있는가?

파트너십에 대한 최종 정리

훌륭한 프로덕트를 만든 사람들은 프로덕트와 시장, 사업에 대해서도 질문할 것이지만, 함께 일할 팀에 대한 관심도 보여야 한다. 또한 파트너에 대해서도 그렇다. 훌륭한 파트너는 훌륭한 프로덕트 인력을 닮아야 한다. 여기에 우수 프로덕트 파트너에게서 무엇을 찾아야 하는지 몇 가지 제안 사항이 있다.

- 함께 일할 팀에 대해 질문하는가?
- 무엇이 팀을 우수하게/흥미롭게/생산성 있게 만드는지 궁금해하는가?
- 의사소통 스타일과 팀을 관리하는 방법에 대해 묻는가?
- 도전 사항에 대한 이해를 표현하는가?
- 훌륭한 프로덕트를 생산하는 것은 어렵고 좌절감을 줄 수 있는 것을 알면서도 그 일을 여전히 하고자 하는가?

정리의 글

인터뷰를 했던 많은 프로덕트 리더의 지혜가 담긴 이 책이 프로덕트 리더가 되는 것이 무엇인지와 훌륭한 프로덕트를 출시하고 성공적인 팀을 구성하는 방법을 이해하는 데 도움이 되기를 바란다. 여러분의 피드백과 제안으로 이 책이 통찰력이 끊임없이 담기는 역동적인 그릇 역할을 했으면 하는 것이 우리의 바람이다. 책은 이제 출판되므로 더 이상 내용을 편집할 수 없겠지만 웹사이트(http://productleadershipbook.com)를 통해 학습 내용을 계속 공유하도록 노력할 것이다.

물론 프로덕트 리더십은 지속적으로 진화하고 빠르게 발전하고 있는 미성숙한 역할이다. 따라서 다음 사항을 기억하는 것이 중요하다.

가치 있고 실행할 수 있고 쓸모 있게 만든다

프로덕트 관리의 핵심 원칙은 프로덕트 리더가 해야 하는 모든 것을 반영한다. 전술에서 전략까지, 스타트업에서 대기업까지 프로덕트 리더는 항상 고객의 비즈니스에 가치 있고 제공 가능하며 사용하는 데 유익한지 항상 질문해야 한다.

304

학습자의 사고방식 유지

인터뷰를 했던 많은 사람들이 말했듯이 프로덕트 리더는 새로운 학습에 대해 호기심과 왕성한 욕구를 가져야 한다. 최신 기술, 소비자 동향, 관리 아이디어를 계속 유지하고 있는 프로덕트 리더는 현재 상태에 안주할 수 없으며 프로덕트/리스크를 뒷전으로 미룰 수 없다. 영업 팀의 지상 과제가 "항상 마감"이라면 프로덕트 리더에게는 "항상 배움"이 그의 과제다.

생각의 틀 깨기

기술 환경이 급속히 변화하는 동안에도 프로덕트 리더의 기본 도구는 리더십과 관리에 관한 소프트 스킬이다. 다행히 사회 과학은 빠르게 변하지 않으며, 수천 년의 역사를 가지고 있다. 최근 성공한 스타트업, 최신 관리 트렌드에 매달리면 안 된다. 리더십에 대한 영감과 교훈은 경영 이론, 스포츠, 재즈 등 모든 영역에서 나올 수 있다.

변화를 수용하라

책의 첫 부분에 언급한 애자일 선언문은 "계획을 넘어 변화에 대응하기"의 가치를 말하지만, 프로덕트 리더십 역량에는 더 이상 적합하지 않다. 우리가 매일 직면하는 모든 문제를 해결할 수 있는 묘책과 마법 같은 프로세스는 없지만, 팀에 성공에 필요한 변화를 수용하고 유연성을 부여해서 무엇이라도 처리할 수 있다.

겸손함 유지

리더는 프로덕트의 CEO가 아니고, 스티브 잡스도 아니며, 학교에서 프로덕트를 설계하는 고독한 천재도 아니다. 프로덕트 리더는 우수한 팀을 구성하고, 팀이 최선을 다할 수 있는 공간을 제공하는 것이 궁극적으로 리더 자신과 프로덕트가 성공하는 방법임을 잊으면 안 된다.

찾아보기

숫자

에이콘출판의 기틀을 마련하신 故 정완재 선생님 (1935-2004)

프로덕트 리더십

최고의 프로덕트 매니저가 멋진 프로덕트를 출시하고 성공적인 팀을 구성하는 방법

발　행 │ 2018년 7월 31일

지은이 │ 리차드 밴필드·마틴 에릭슨·네이트 워킹쇼
옮긴이 │ 전 우 성·고 형 석·김 동 희

펴낸이 │ 권 성 준
편집장 │ 황 영 주
편　집 │ 조 유 나
디자인 │ 송 서 연

에이콘출판주식회사
서울특별시 양천구 국회대로 287 (목동)
전화 02-2653-7600, 팩스 02-2653-0433
www.acornpub.co.kr / editor@acornpub.co.kr

이 도서의 국립중앙도서관 출판시도서목록(CIP)은 서지정보유통지원시스템 홈페이지(http://seoji.nl.go.kr)와
국가자료공동목록시스템(http://www.nl.go.kr/kolisnet)에서 이용하실 수 있습니다.(CIP제어번호: CIP2018022850)

책값은 뒤표지에 있습니다.